U0488551

票据革命

中国票据市场的震荡、变革与重构

张立洲 等 著

中信出版集团 | 北京

图书在版编目（CIP）数据

票据革命 / 张立洲等著 . -- 北京：中信出版社，2019.8
ISBN 978-7-5217-0692-5

Ⅰ.①票… Ⅱ.①张… Ⅲ.①票据－经济史－研究－中国－现代 Ⅳ.① F832.97

中国版本图书馆 CIP 数据核字（2019）第 107843 号

票据革命

著　者：张立洲 等
出版发行：中信出版集团股份有限公司
（北京市朝阳区惠新东街甲 4 号富盛大厦 2 座　邮编　100029）
承 印 者：北京诚信伟业印刷有限公司

开　　本：787mm×1092mm　1/16　　印　张：22　　字　数：220 千字
版　　次：2019 年 8 月第 1 版　　印　次：2019 年 8 月第 1 次印刷
广告经营许可证：京朝工商广字第 8087 号
书　　号：ISBN 978-7-5217-0692-5
定　　价：89.00 元

版权所有·侵权必究
如有印刷、装订问题，本公司负责调换。
服务热线：400-600-8099
投稿邮箱：author@citicpub.com

前言

震荡与变革[1]

2016年12月8日,上海票据交易所(简称票交所)正式成立,这是中国票据市场发展进程中具有里程碑意义的事件,标志着票据市场的发展进入了一个崭新的时代——票交所时代,并将由此开启中国票据市场发展的新征程。

2008年国际金融危机以后,为应对外部危机的冲击,国家推出了4万亿元规模的宏观经济刺激计划,中国票据市场由此开启了井喷式迅猛发展的历程。票据承兑、贴现和转贴现量快速增长,到2015年,全市场票据交易达到创纪录的102万亿元。票据业务量的急速膨胀带来了市场的非理性繁荣,特别是一部分市场参与机构的放纵式无序扩张,使票据行业乱象滋生,票据市场的风险也因此快速积聚,甚至开始危及整个金融市场的健康运行。

因此,自2016年开始,政府陆续出台了一系列监管政策,对票据市场加强治理和整顿,这导致票据市场交易量开始快速减少,甚至呈现断崖式下跌。票据为中小企业短期债务融资提供了重要途径,同

---

[1] 这篇文章是笔者于2018年12月6日在"中国票据市场2018年回顾与2019年展望主题论坛"上的发言,略有调整。原文题目是"以转型创新为引领,以服务实体经济为核心,建设高质量的新型票据市场"。

时也是体量巨大的金融市场工具，票据市场的剧烈震荡伴随着金融去杠杆的大环境，几乎震撼了整个金融市场。

票据市场在经历激烈震荡之后，如何规范市场、如何健康发展，既是市场之问，也是政府之责。在市场探索和央行酝酿决策的基础上，以上海票交所为核心的票据市场基础设施开始构建，一系列新制度、新规则、新机制陆续推出，为票据市场由分散交易市场转变为场内公开交易市场奠定了坚实的基础，也为票据市场的发展揭开了新篇章。

站在当下时点，回望中国票据市场近40年的曲折发展历程，展望票交所时代未来的发展机遇，我们有理由相信，在票据市场历经剧烈震荡之后，监管层目前正加速推进改革与创新。票据行业相关改革与创新，必将能够实现票据市场体系和运行机制的彻底重构。这场荡涤票据市场痼疾、触及从业者灵魂、重塑行业竞争规则的变革与创新，完全可以被称为票据市场的一场深刻革命，这场革命将对中国票据市场的未来发展产生重大而深远的影响。

上海票交所的正式上线和运行，为票据市场的规范和健康发展奠定了平台基础，建立了规则体系，这一新市场的特征体现为五个"新"——新平台、新规则、新主体、新功能、新模式。这既体现了国家对票据业未来发展的顶层设计，也是票据市场努力的方向，其核心是要从根本上改变以往票据交易分散、割裂和无序的状态，建设规范、统一和公开的全国性票据交易平台，构建完善的基础交易制度，以承载票据市场未来发展的历史重任。

金融业要回归服务于国民经济发展的本源，并要不断增强服务实体经济的能力。重新出发的中国票据市场应该厘清其作为一个金融子市场的核心功能定位——服务于实体经济的发展需要，这也是票据市场健康发展的基础和根本保证。

票据市场作为重要的金融子市场，一头连接着实体经济，另一头连接着货币市场。因此，国家应充分发挥票据市场的融资联通作用，以服务实体经济为核心，以市场转型创新为引领，不断优化和提升票据市场生态,健全和完善票据综合服务体系,促进和深化产品融合创新能力,从而持续强化票据市场的专业服务能力。由此,提高金融资源的配置效率,提升票据融资的便利化,切实降低实体客户融资成本,满足其多样化的金融需求,同时也吸引更多的社会资金与资本投资于票据市场,实现票据市场供需两端间的良性循环。

古语云:"祸兮福之所倚。"票据市场从"大乱"到"大治"的转变,意味着市场经历深刻的大转型、大变革,并获得了新的发展机遇。因此,笔者认为,围绕着票据市场的核心功能定位,可以明确界定票据市场的未来发展战略目标——中国标准化短期直接债务融资工具发行与交易的主导性市场。

作为标准化短期直接债务融资工具发行与交易的公开市场,新票据市场是一个与现有的银行间债券市场、交易所债券市场并列的标准化债务金融子市场。票据市场的这个新定位及转型方向对国家完善金融市场体系,支持实体经济发展以及强化宏观政策管理和防范金融风险具有战略意义;同时,对市场参与机构,无论是金融机构还是实体企业,无论是投资者还是融资者,都将具有非凡的意义。

首先,在当前国家正在推进的"三大攻坚战"中,防范金融风险是重中之重,将过去分散、无序的场外交易票据市场转型为统一、透明和标准化的短期公开债务融资市场,实现票据市场的长治久安,将从源头上有效防范票据市场的系统性金融风险。公开、透明、集中的行内交易,将彻底打破票据市场混乱无序的局面,从而有效治理票据市场乱象,革除灰色地带生存的基础,构建票据市场健康发展的新生态。

其次,票据市场向标准化短期公开债务融资市场的转型,能够引领和推动票据市场获得新发展,进一步扩大票据融资的规模。如此,既能够促进票据一级市场的成长,又能够通过一二级市场的有效联动,将金融市场与实体领域更紧密地连接起来,更加高效地满足实体经济的短期快速融资需求,从而减少资金在金融市场的空转,引导资金资源有效进入实体经济领域，促进实体产业的发展。这对于实体经济发展和金融市场健康成长而言是一个双赢的结果。

再次，票据市场转型的新定位将能够进一步改变中国金融体系的融资结构，也有利于化解票据金融风险过度集中在银行体系的弊端。在短期融资市场上，无论是流动资金贷款，还是商业票据，银行都近乎处于统治地位，短期资金融通几乎完全依赖银行信用和间接融资，直接融资比重仍然偏低。而近年来，商业银行受资本制约、负债压力等的限制，难以有效满足市场融资需求，而且融资效率偏低，这也是企业融资难、融资贵的原因之一。在票据市场转型为标准化短期债务融资市场后，融资规模可以大幅提升，特别是在多样化市场主体的积极参与下，发展壮大后的票据市场更有利于有效满足实体企业短期融资需求。

最后，票据市场向标准化短期公开债务融资市场转型，强化了其为国家金融宏观调控提供精准依据和有效政策手段的作用。作为标准化债务市场的票据市场规模巨大，参与机构众多，其市场均衡利率是典型的市场化利率，也是最能反映实体经济需求的短期利率，票据市场收益率曲线可以作为金融市场的重要风险坐标和参考系。因此，票据市场利率可以纳入国家基准利率体系，为国家宏观政策决策提供准确依据。此外，作为一个公开的债务融资市场，其可以被央行作为宏观政策调控的重要着力点，通过资金投放的数量调控，利率引导的价格调控，以及再贴现政策的精准掌控，以预调微调的形式准确传达央行的宏观调控意图，从而引导金融市场紧跟国家政策的调控方向和目标。

基于票据市场的核心功能定位和未来发展目标，重构中国票据市场，既是现实要求，也是必然趋势。上海票交所的成立带来两个重大变化：一是形成了全国统一的信息化票据交易平台；二是开启了票据及其交易过程的全面电子化和数字化进程。围绕这两大变化，票据市场参与者的扩容与多样化，交易规则与操作方式的升级与优化，以及票据产品及衍生工具的创新与迭代,都将以此为基础全面展开。可以预见的是,历经剧烈震荡后的中国票据市场的创新进程将被重启,票据交易和运作体系将被重置,市场运行规则将被重写,整个票据市场也将因此而被重构。

在宏观上,市场震荡与变革创新的到来,以及由此导致的规则变迁、机构转型与市场重构,必将开辟票据行业新的发展道路。而票据市场作为一个金融子市场,其发展与变革将深刻影响中国利率形成机制与结构、宏观货币政策传导、央行货币政策操作工具运用,以及实体经济服务等,并由此对宏观经济产生重要影响。

在微观上,对市场参与主体,特别是以银行为代表的金融机构而言,这一方面有利于进一步规范其票据业务经营行为,防范票据交易与业务运行风险,提高票据交易及服务的效率;另一方面,也为金融机构梳理和优化票据业务制度和流程,调整内部组织架构和职能分工提供了重要契机。同时,这也必然推进其他市场参与机构的转型与创新发展,原有市场中介机构需要适应市场的变化而向具有更加清晰市场功能定位的参与者转型。笔者认为,原有票据中介转型的方向就是持牌化金融中介机构,发挥其积极功能,抑制其消极作用。将票据中介服务纳入金融监管范畴,实行牌照化管理,其管理方式完全可以借鉴保险等其他金融子行业的监管经验,将票据中介纳入统一的监管范畴,以促进其良性有序发展。

此外,引入新兴票据中介服务机构,一是应在票据一级市场设立票据咨询服务商,协助票据融资企业开发票据服务需求,支持企业更好地利用票据融资工具进行融资;二是在票据二级市场设立经纪商,促进票据市场的专业交易,为非专业投资者提供投资咨询服务,以及接受客户指令代理票据投资等。同时,包括票据评级机构、增信机构和经纪机构在内的其他中介组织也应陆续引入市场,以不断完善市场的各种基础功能。监管机构、票据交易所和行业自律组织应为这两类机构设立准入标准、展业规则,以及违规惩罚和行业退出机制。

监管机构和交易所应为这些机构展业提供标准与支持，同时严禁非持牌机构违规进入票据产业链，由此规范票据市场业务链条，重塑票据中介服务产业链，以根除产生市场乱象的源头。

展望未来，人类正在经历科学技术的重大创新与变革期，随着大数据、云计算和人工智能等现代科技在社会与经济活动中的广泛应用，世界正在迈入数字化和智能化时代。随着新科技在金融领域的应用，金融业也处在即将出现重大变革的前期，票据数字化及其创新发展正迅速成为显著趋势。区块链是近些年崛起的新技术，以比特币为代表的金融应用日渐盛行，基于区块链技术的数字票据也正在被深入探索和积极尝试。

票据市场近40年的跌宕成长与发展代表了中国金融业由弱小到壮大，由单一到体系化，由无序到规范的发展历程。我们相信，随着票据新时代的开启，历经波折的中国票据市场必将迎来崭新的发展阶段。

让我们共同期待并携手创造中国票据市场更加辉煌的未来！

目录

第一章

激荡求索：票据成长 40 年　　1

市场基石：金融体系中的票据　　3
跌宕成长：中国票据市场的发展历程　　11
中国特色：票据市场的发展特征　　24

第二章

狂飙断崖：市场非理性繁荣　　29

市场潮起：票据的金色时代　　31
潜藏隐忧：创新热潮下的祸因　　39
风险爆发：大案与风险事件　　47
剧烈震荡：监管治理与行业严冬　　50
理性透视：票据风险追根溯源　　56

第三章

浴火重生：迈入票交所时代　　65

市场转型的突破口　　67
酝酿与创立票交所　　70
全面推进票交所建设　　76
开启票交所新时代　　78

第四章
市场重构：票据发展新蓝图　　　93

- 票据市场定位与功能重构　　　95
- 票据产品创新与业务重塑　　　97
- 市场主体重塑与结构优化　　　100
- 票据的标准化创新　　　103
- 市场信用体系的重塑　　　106
- 市场交易机制的优化　　　108
- 新型市场的风险管理　　　110

第五章
机构转型：银行票据新战略　　　115

- 银行票据的双重目标："鱼"和"熊掌"　　　117
- 票据业务面临的传统压力　　　119
- 票交所时代面临的新挑战　　　120
- 银行票据业务转型之路　　　127
- 商业银行票据新战略　　　131

第六章
生态再造：票据市场再平衡　　　139

- 票据市场转型的方向　　　141
- 票据中介机构的转型　　　144
- 创新票据市场机制　　　152
- 重塑票据市场产业链　　　157
- 创设票据市场价格指数体系　　　163

第七章

创新涟漪：变革的宏观效应　　167

- 票据市场创新完善金融市场体系　　169
- 优化金融市场利率形成机制　　179
- 优化货币政策传导机制　　187
- 加强票据服务实体经济　　189

第八章

制度变革：跨越成长的阶梯　　195

- 票据市场顶层制度创新设计　　197
- 制约票据市场发展的制度与规则　　199
- 金融监管检查尺度与市场实际的矛盾　　209
- 完善和强化票据监管　　211
- 优化票据发展的法律环境　　213

第九章

未来已来：区块链数字票据　　221

- 区块链及其对金融业的影响　　223
- 区块链票据融合的优势及技术需求　　226
- 票据业务应用区块链的可行性　　228
- 探索发展区块链数字票据　　232
- 区块链数字票据面临的问题　　238
- 数字票据交易所的尝试　　240

附录　中国票据市场主要制度、规则与协议　　249

后记　　331

参考文献　　333

第一章

激荡求索：票据成长 40 年

票据是现代金融体系中的重要金融产品，也是经济活动中被广泛使用的金融工具。票据业务是当代金融市场上交易活跃、规模庞大的常规性业务。因此，票据的使用者、投资者和交易服务者众多。就其起源而言，票据的出现最初是为了便于交易支付，后来逐渐发展成为一种重要的短期信用工具，并由此衍生出融资功能和投资功能等。

在西方，票据最初是因交易和支付的需要而诞生的，并随着近代西方商品经济的兴起，特别是资本主义的发展而快速繁荣起来，逐步建立了规范、完善的票据制度体系，由此成为现代票据和票据市场的主流源头。

在中国，早期社会经济活动中即出现了票据的雏形，这也是经济社会发展的自然产物，反映了票据随经济发展应运而生的最初动因及历史源头。具有现代意义上的金融功能的票据是在近代出现的，并在中华人民共和国成立前得到比较广泛的应用。但在中华人民共和国成立后，直到改革开放以前，在高度集中的计划经济体制下，票据的重要金融工具作用几乎消失了，其只能在非常狭窄的领域中被长期有限使用。

中国票据市场的重新发展是在20世纪80年代初。在改革开放政策推动计划经济体制向有计划的商品经济转型进程中，中国票据市场才逐步得以恢复和成长，并在建立市场经济体制的持续改革中，作为支付工具而被重新利用起来，逐渐形成规模庞大的票据市场，由此，票据在中国建立现代经济体系的历史进程中获得了新生。

市场基石：金融体系中的票据

票据的起源与发展

中国古代的票据起源

就中国的票据起源而言，最早与票据相关的记载可以追溯到周朝的傅别。在早期的私人借贷交易中，既有实物，也有货币，既有信用放贷，也有质押放贷。为了体现借贷关系的严肃性，借贷双方就把这种信用关系付诸契据——傅别。在《周礼·天官·小宰》中有记载："听称责，以傅别。"郑玄注："称责，谓贷予。傅别，谓券书也。"书中所说的称责即为贷款，傅别就是契据。这种因借贷而订立的契据采取两联式，在两联契据的中缝上写一行字，并将其一分为二，由债权人、债务人双方各执一半，收债时再将两联合二为一，验证中缝上的字迹是否吻合，吻合后即偿付。债主常执左券以索偿，在战国时代，把"左券在握"引申为成语，表示有把握，可见傅别的影响力。

由此可见，傅别是一种债权凭据，谁有傅别，谁即享有债权，傅别若灭失，则债务消亡。傅别已初步具备票据所必需的契约性和技术性，因而已经具备了票据的初步功能，成为现代票据的雏形。

支票与汇票的起源：帖和飞钱

在中国唐代曾使用过的被称为"帖"的票券，因其出现初期的功能和使用方式，可以看作中国支票的起源。

在帖的使用中，由存户将自己的钱存进柜房，在存款余额内，不需要自己支取，凭存户开具的支取凭证，就可以将存款的所有权让渡给他人。最初是以物为凭，但是以物为凭验证起来比较困难。后来就逐步发展为帖或者书帖。商人购买商品时，可以在帖或书帖上开列出付款的数目、出帖日期和收款人的姓名，然后由出帖人签署姓名，交给收款人。收款人可以拿着该帖或书帖去柜房领钱。这种帖或者书帖，就其功能而言，非常类似于现代的支票。

隋唐时期，国家统一，经济发展，国内市场空前繁荣，交易发达，货币需求量随之增加。以铜为材料铸造的钱币逐渐不能满足市场流通对货币的需求，出现"钱荒"，引发钱帛并行的矛盾现象。在唐朝后期，商品和货币流通之间的矛盾更加尖锐，为了满足茶、丝、纸、瓷等贸易发展的需要，政府创立了早期的汇兑制度，一种被称为"飞钱"的早期汇兑工具由此诞生。

《新唐书》卷五十四《食货志》中记载："时商贾至京师，委钱诸道进奏院及诸军、诸使富家，以轻装趋四方，合券乃取之，号飞钱。"当时，各地政府在京师都设有代表办事处，名为"进奏院"，用于地方政府同中央政府之间的联络。商人们在京师把货物卖出后，如果不愿意携带现款回家，可以将货款交给本地的进奏院，进奏院开出一张票券，称为文牒或公据，并将文牒或公据分成两半，一半给汇款人，另一半寄回本地，商人回到当地以后，在合券核对无误后，就可以领回货款。

飞钱又被称为"便换"，唐朝赵璘在《因话录》中记载："有士鬻产于外，得钱数百缗，惧以川途之难赍也，祈所知纳钱于公藏，而持牒以归，世所谓便换者。"飞钱（便换）的出现，缓解了地区间因货币供应量不足所产生的流通阻塞问题，促进了财政集中、灵活调度上缴税款，解决了商人运输、携带现款所面临的种种困难与风险。

本票起源：交子

宋朝出现的交子是中国本票的最早源头。交子的"交"，即为交合之意，指两张券合起来就交钱。交子最初在四川地区产生，早期由私人发行，后改为国家发行。

据《续资治通鉴长编》第101卷，仁宗天圣元年（1023年）11月戊午条记载："初，蜀民以铁钱重，私为券，谓之'交子'，以便贸易，富民十六户主之。"这里所说的十六户富民并非交子的创始人，他们只是通过连保方式取得了交子的发行权。但是，这十六户发行者借助发行权收买蓄积而大发横财，引起民众不满。由政府出面干预，关闭了私营交子铺，改私营为国营，由国家统一发行，并在四川设立交子务，管理交子的印制、发行和兑换等事宜，并禁止民间私自印制。

私营发行改为国营发行促进交子使用范围的扩大，宋神宗熙宁年间至宋徽宗崇宁年间（公元1068—1106年），交子的使用已经推广到了陕西、京西、西北一带。在宋徽宗大观元年（公元1107年），政府将交子改称为"钱引"，撤销了四川的交子务，在都城东京设立了钱引务，交子的使用范围由此扩大到全国。

准现代票据：庄票

中国古代钱庄最早于明朝后期形成，到了清代已具有相当规模，其称谓各有不同，如银号、票号等。"庄票"是钱庄使用的信用工具。"庄票有即期与期票两种。即期见票即付，……期票注有期日，未到期前，不能向钱庄兑款，但可以由贴现方法，以补其不足。票上载有应付银两的数额，出票号目，加以钱庄戳记。若系期票，则注明期日。……至各钱庄整理收付之庄票，则用汇划法，以其所应收，易其所应付，以盈欠数，作末次之结算，若英国之票据交换所者然。此庄票之大概也。"[①]

庄票也有不盖钱庄戳记的。"从前南市元大亨钱庄开出庄票，只盖骑缝图章，庄名用笔书写，不再加盖庄章。按钱庄庄票用笔书写庄名不盖庄章的，前后只此一家。"[②] 庄票的名称、格式、内容等多种多样，没有明确统一的规定，缺乏票据必须具备的要件。但其已经具备了现代票据的基本功能，可以说庄票是现代票据的前期形态，是现代票据的基础，对中国票据的发展有深远影响。

---

① 《上海钱庄史料》，上海人民出版社，1960。
② 同上。

国外票据的兴起与发展

在西方，票据是近几个世纪商品经济和资本主义经济发展的产物。追溯历史，西方票据的雏形可以溯源到罗马帝国时期。当时的"自笔证书"，与现代的票据有某些相似的因素，但类似于现代的"白条"，即自笔证书由债务人做成后，交债权人持有，债权人在请求给付时，必先出示证书，当其获得付款时，须将证书返还债务人。这也是西方最早确定债权债务关系的证明。

12世纪，意大利商品经济的发展是现代西方票据发展的真正源头。例如，本票的起源可以追溯到当时意大利兑换商发行的"兑换证书"。那时，商贸发达的意大利贸易极盛，商人云集，货币兑换变得十分重要，兑换商不仅从事即时兑换货币业务，还兼营汇款。甲地兑换商在收受商人货币后，向商人签发兑换证书，商人持此证书，向兑换商在乙地的分店或者代理店请求支付款项，支取乙地通用的货币。这种兑换证书，非常类似于现代异地付款的本票。因此，被认为是西方国家票据的起源。

汇票的萌芽是12世纪中叶意大利兑换商发行的另一种货币工具"付款委托证书"。兑换商在向其他商人发行异地付款证书时，附带一种付款委托证书，持证人在请求付款时，必须同时向付款人出示两种证书，否则不予付款。到了13世纪以后，付款委托证书逐渐单独具有付款证书的功能，并由此脱胎而成汇票，发展至现代。

支票最早产生于贸易发达的荷兰，并在17世纪传到英国，至19世纪中叶后，再由英国传至法国、德国，之后逐渐被世界各国采用。

现代票据制度则形成于近代资本主义商品经济发达以后。汇票萌芽虽起源于意大利，但现代意义上的汇票则发展于英国。英国在17世纪末到19世纪之间先后出台了《票据付款法》(The Payment of Bills Act)、《期票法》(Promissory Notes Act)、《汇票法》(Bills of Exchange Act)。从英国票据市场的发展历史看，承兑汇票兴起于19

世纪世界范围内贸易及贸易融资方兴未艾之时。来自其他国家的进出口商在伦敦金融市场的信用不足，伦敦的商人银行通过对汇票进行承兑，弥补了他国进出口商的信用，从而极大地促进了汇票的流通和贸易的发展，也促使伦敦成为全球金融中心，英镑成为当时唯一的国际货币。

在20世纪初崛起的美国，为了促进本国国际贸易的发展，同时将纽约建成能与伦敦竞争的国际金融中心，在20世纪初开始发展自身的银行承兑汇票市场，直接推动了现代票据市场的发展与壮大。

金融体系中的票据子市场

金融市场分为货币市场和资本市场。货币市场是短期资金融通的市场，交易期限通常在1年以内，其主要功能在于满足交易者的资金流动性要求。货币市场包括短期存贷市场、同业拆借市场、票据市场、回购协议市场、短期债券市场、外汇市场以及大额存单等短期融资工具市场。相对于货币市场，资本市场是长期资金融通市场，融资期限一般在1年以上，将储蓄等社会分散资金转化为投资，实现资本增值。资本市场包括中长期信贷市场和证券市场。

货币市场的功能主要包括四个方面：第一，市场参与主体可以利用货币市场工具进行流动性管理，短期资金的供给方可以获得收益，而短期资金的融入方可以获得流动性融资；第二，货币市场中的短期资金，通过金融机构的调期操作，可以转化为长期资金使用；第三，货币市场工具的利率通常作为"基准利率"，成为其他债务融资工具的参考利率；第四，中央银行以货币市场利率走势为重要依据，来判断和制定宏观货币政策，进行公开市场操作，以调节整个金融市场的货币供应量。

票据市场是货币市场的重要子市场，票据是1年以内的短期金融工具，在国内，银行信用一直主导票据的流通与交易，从而使票据具有流动性强、信用等级较高、交易量巨大的特点。因此，很多金融机构把票据作为其管理现金头寸的重要工具，很多商业银行配置规模很大的票据资产作为其进行日常流动性调节的蓄水池。作为货币市场的子市场，票据市场不仅对货币市场本身十分重要，对于整个金融市场而言也十分重要，是金融市场的重要基石。

票据市场的主要作用

现代金融市场的重要基石

在现代金融体系中，货币市场的发展完善是资本市场发育成长的基础。在市场经济条件下，货币市场信用包括商业信用、银行信用和财政信用三大主体信用形式，它们构成了社会信用的基础，而社会信用的形成，又是资本市场发展的基础。总体而言，票据市场是货币市场的基础，货币市场又是资本市场的基础，相应地，票据市场在货币市场、资本市场乃至整个金融市场中都发挥了基础性功能，因而是金融市场的重要基石。

票据市场作为货币市场最重要、最基础的组成部分，构成了整个货币市场，也是整个金融市场的基础，长期资金融通不过是短期资金融通的延伸，证券交易也是票据流通的拓展。这是因为票据市场距离企业的再生产过程最近，对企业再生产过程的作用最直接。企业再生产的完整过程包括生产与流通两个环节，而生产与流通是互为前提的。在市场经济条件下，由企业生产经营特点所造成的短期资金运转不均衡，必然会通过商业信用的形式求得均衡。在日趋激烈的商业竞争中，企业为了赢得更多的客户，获得更多的市场份额，必然会大量采取商业信用的方式完成整个再生产过程。

但是，商业信用毕竟是一种低等级的信用形式，具有严格的"单向流程"限制，其作用的范围也比较小。更重要的是，商品或服务的交换者之间产生商业信用活动以后，作为卖方，会因买方延期支付货款而发生货币回流延后或停滞,生产过程延续受到影响。此时,通过票据市场的贴现机制,将买卖双方的债权债务关系转换为银行与企业的债权债务关系,同时向卖方注入相当于商业信用额的等量货币资金,实际上就是票据市场将局部的、单向的商业信用转化为高等级的、以社会资金枢纽为中心的银行信用的过程,从而使整个社会资金周转的速度加快,资金使用效率提高。

因此,票据市场所提供的"第一驱动力"与"持续驱动力"是作用于企业简单再生产过程的。简单再生产是扩大再生产的基础,从经济决定金融,金融反作用于经济的辩证关系看,票据市场必然是货币市场的基础,也是整个金融市场的基石。

票据市场能成为货币市场的基础,还因为任何统一、规范、标准的货币融资工具,都是以票券形式存在的。广义上的票据市场几乎涵盖了整个货币市场,票据行为遍布整个货币市场体系。由于票据融资工具在货币市场中的普遍性,其他任何一个货币子市场的运作,都需要票据市场提供支持。比如同业拆借市场,需要发展同业拆借本票和金融同业票据作为融资工具,而市场对这两种新型融资工具的认同和接受程度,在很大程度上取决于有没有一个票据交易贴现所来为其提供活跃的二级市场变现场所。其他的货币子市场一样,也离不开票据市场的支持。

货币市场与资本市场的重要连接点

在现代发达国家的金融体系中,金融市场是由货币市场和资本市场两部分构成的,这两大市场既相对独立,又紧密联通,密不可分。在中国金融市场体系中,就市场参与者而言,商业银行是货币市场的主要参与者与主导力量,这与中国以间接融资为主的金融市场结构密切相关。资本市场的参与者以证券机构为主,证券公司是资本市场的主要参与者。但是,随着混业经营趋势的加深,金融创新使它们逐步深入彼此的主导领域。此外,在金融体系中居于重要地位的保险机构，则通过保险资金的投资运用，成为两大市场的参与者。因而，整个金融市场就是一个密切联系的有机体。

作为金融市场主要服务对象的企业部门、政府部门，也是两大市场的参与主体，同时在两大市场获得资金与资本，这就决定了货币市场与资本市场的联通性。因此，两大金融子市场之间天然的内在联系，决定了金融业必须积极探索与开辟合理的渠道，以沟通货币市场与资本市场。票据市场的主要服务对象——企业是资金的最终使用者，既从货币市场获得短期资金，也从资本市场获取长期资金，并投入生产、建设与交易流通之中以实现增值，只有长短期资金相互配合，相互转化，才能发挥推动经济增长的作用。因此，直接以企业作为市场参与主体和资金运转中心的票据市场是货币市场与资本市场最好的沟通渠道。随着票据使用量的扩大，票据市场的交易规模空前增长，票据市场利率作为短期利率对优化资本市场的定价机制和定价效率具有重要参照价值。

各货币子市场的融合通道

在发达的金融体系中，商业票据作为短期金融工具，既是服务企业的最重要的短期支付工具，也是最重要的短期融资工具，是长期融资工具的重要配合者。中国票据的年贴现量达十几万亿元之巨，2016年的贴现量更是超过18万亿元，这体现了票据作为重要的支付、融资和信用工具的巨大影响力。同时，商业票据作为商业信用流通工具，经背书后可以在商品生产者之间流通，作为支付手段和市场的信用工具，进行债权债务关系的转移和抵销。

不仅如此，经金融机构承兑、背书的商业票据还可以依托银行等金融机构的信用实现二级交易——贴现、转贴现和再贴现。此时的票据实际上已经成为一种原始交易关系被淡化了的流通金融产品，金融市场的各类参与者——投资者、融资人，都可以参与其交易与流转。票据由此成为一种整个金融市场参与者都可以参与投资和交易的一般性金融资产。例如，2015年，中国票据市场的交易总量突破100万亿元，市场参与主体涉及实体经济和金融投资领域的众多企业、机构，甚至包括间接参与其中的个人。

货币市场作为短期资金流通的场所，以商业信用、银行信用及其他信用形式为基础。票据市场的参与主体，如企业与金融机构等，也是拆借市场和回购市场的资金供求者。因此，由票据资产创造、流通、交易形成的票据市场便成为各个货币子市场共同的重要交汇点，也是联通各个货币子市场的最重要通道之一。

跌宕成长：中国票据市场的发展历程

中华人民共和国成立后，高度集中的计划经济体制着重强调一切信用均应集中于国家银行，排斥银行信用以外的所有信用形式，因而商业信用在很长时间内受到限制。据不完全统计，从1955年3月到1965年10月，中国人民银行和国家其他部委先后发布了20多个取消商业信用的文件，平均每年发两个。国家对商业信用的限制甚至禁止，使票据市场失去了发展所必需的土壤。在当时的环境下，汇票仅允许在国际贸易中使用，国内不得使用汇票、本票，企业与其他单位的转账以支票为主，而个人不得使用支票。

进入20世纪80年代，随着十一届三中全会确立的改革开放政策落地，经济社会发展的需要促使国家对商业信用的限制政策逐步放松，开始陆续实行有计划和有调控的开放。具有商业信用工具特征的票据也得以逐步恢复和发展，票据在中国经济金融体系中缓慢而持续地崭露头角，并随着国家经济改革与发展的需要逐步得到大规模应用。票据市场逐步成为中国货币市场中一个重要的子市场。

改革开放以来，中国票据市场从夹缝中生存的状态到实现缓慢恢复和持续发展的状态，经历跌宕起伏的成长历程，既有市场高潮迭起的"黄金六年",也有监管强化的低潮时期;既曾因解决"三角债"问题而获得发展契机,也曾因交易膨胀搅动金融市场而被严肃治理。大体上,我们可以把40年的票据发展历程分为六个时期。

探索和起步时期(1979年至1985年)

20世纪70年代末至80年代初,在"计划与市场调节相结合的商品经济"体制下,银行信用"一统天下"的局面被打破,商业信用作为发展商品经济不可或缺的信用形式逐步开放,依托于商业信用的票据市场终于迎来了发展契机。在此期间,中国人民银行、中国工商银行和国有企业作为主导力量,共同探索了中国票据市场的发展方向。

1979年,中国人民银行开始批准部分企业签发商业承兑票据。十一届三中全会后,学术界和金融界分别从理论与实务的角度基于计划经济条件下利用市场搞活经济的精神,开始对票据市场展开研究与探索。上海金融界,借着上海相对活跃的金融氛围成为其中的先行者,率先着手研究票据贴现问题。

1981年,上海市草拟了票据承兑和贴现办法,并在小范围内积极组织试点。同年2月,中国人民银行上海分行杨浦区、黄浦区两个办事处合作试行了第一笔同城商业承兑汇票贴现业务。可以说,这是改革开放以后货币市场最早的萌芽。

随后,试点范围由同城扩大为异地,1981年10月,由上海徐汇区办事处和安徽天长县支行试办了跨省的银行承兑贴现业务。1982年5月,中国人民银行总行在上海分行提出的《关于恢复票据承兑、贴现业务的请示报告》上做了批复,肯定了其试点的做法和经验,并决定在重庆、沈阳、武汉等地试办此项业务。

1984年12月,中国人民银行在总结试点经验的基础上,颁布了《商业汇票承兑、贴现暂行办法》,决定从1985年4月开始,在全国范围内开展该业务。因此，在改革开放的大背景下，地方的积极探索和尝试推动了央行积极地介入中国票据市场及制度的恢复与发展，但票据业务总量仍然非常小，票据市场的发展刚刚起步。

初步发展与徘徊时期（1986年至1994年6月）

经过改革之初几年的探索，票据市场经过萌芽期，开始步入初步发展的阶段。为解决当时企业间拖欠货款、占用资金严重的问题，1986年4月，中国人民银行和中国工商银行联合颁布了《关于实行商业汇票承兑、贴现办法清理拖欠货款的通知》，并在北京、上海、天津、广州、重庆、武汉、沈阳、哈尔滨、南京等城市进行试点，系统推广商业汇票承兑、贴现业务，以清理拖欠账款，同时辅以配套政策，允许专业银行对企业进行票据贴现[①]、允许专业银行间开展转贴现业务。

为推动票据贴现市场的发展，中国人民银行于1986年颁布了《中国人民银行再贴现试行办法》，正式开启了票据再贴现业务。1988年，中国人民银行改革银行结算制度，取消了银行签发汇票必须确定收款人和兑付行的限制，允许一次背书转让，并开始试办银行本票业务。

1989年4月1日，经国务院批准，中国人民银行发布《关于改革银行结算的报告》，制定了新的银行结算办法，确定了以汇票、本票、支票和信用卡为核心的"三票一卡"的银行结算制度，商业汇票成为企业贷款清算的重要工具之一，票据业务由此得到进一步发展。到1990年年底，整个票据承兑贴现市场累计融通资金量达到32 167亿元，相当于当年国家银行贷款余额的21.2%。

但是，票据市场的逐步繁荣与背后的混乱信用秩序并存。企业为套用资金违规签发、贴现票据的现象屡见不鲜，独立了几年的商业银

---

① 票据贴现是在商品交易基础上产生的，包括商业承兑汇票和银行承兑汇票。

行经营不规范，对其已承兑汇票到期拒不兑付的情况时有发生，票据业务纠纷频发，经济诉讼陡增。

针对市场上存在的一系列不规范行为，1991年9月，中国人民银行颁发了《关于加强商业汇票管理的通知》，进一步规范了商业汇票的使用和银行票据承兑、贴现行为。该规定出台后，企业使用商业汇票结算，以及通过票据贴现方式融资的行为显著减少，市场出现了萎缩停滞现象。以上海票据市场为例，1992年上海票据市场贴现总额由上年的232亿元降至150亿元，同比降低了82亿元，降幅超过35%。由此，票据市场由长达6年的快速发展期，进入业务停滞徘徊阶段。

在这一阶段，商业信用票据化和规范化的重要性不言而喻。为推动票据市场的系统性、规范化发展，1993年5月，中国人民银行发布了《商业汇票办法》，对票据市场进行强制性制度改革。

规范发展与制度化时期（1994年7月至1999年）

1992年，邓小平南方谈话极大地调动了全社会改革与发展的积极性，到1994年，国民经济已经出现过热的局面。在经济快速发展中形成的企业"三角债"问题十分突出，成为制约经济发展的主要障碍，必须着手加以解决。

因此，1994年年底，为解决一些重点企业之间互相拖欠货款、资金周转困难以及部分农副产品调销不畅的问题，中国人民银行会同有关部门提出在煤炭、电力、冶金、化工和铁道五个行业，以及棉花、烟叶、生猪、食糖四种农副产品的购销环节使用商业汇票，开办票据承兑授信和贴现、再贴现业务。中国人民银行首次专门安排100亿元再贴现资金，专项用于上述"五行业、四品种"的票据再贴现。

至此，票据业务又获得了新的发展契机，再贴现政策也由此真正开始成为央行的货币政策工具，在调节货币供应量和调整产业结构中发挥积极作用。在新政策的推动下，票据再贴现规模显著增长。据统计，截至 1994 年年底，全国票据再贴现余额达到 203.7 亿元，比年初增加 155 亿元，占当年中央银行贷款增量的 20% 左右。

在这个时期，中国票据市场的基础建设得到逐步加强，相关法律框架基本形成。1995 年 5 月 10 日，八届人大十三次会议通过了《中华人民共和国票据法》（简称《票据法》），并于 1996 年 1 月 1 正式施行，有关票据业务的制度规范正式上升到国家法律层面。

同年，中国人民银行颁布了《中国人民银行关于进一步规范和发展再贴现业务的通知》，明确提出通过推广使用商业汇票改善金融服务的思路。随后，中国人民银行于 1997 年陆续颁布了《中国人民银行对国有独资商业银行总行开办再贴现业务暂行办法》《支付结算办法》《票据管理实施办法》和《商业汇票承兑、贴现与再贴现管理暂行办法》，于 1999 年颁布了《关于改进和完善再贴现业务管理的通知》，这一系列法律法规的制定标志着中国票据市场制度的初步完善。1999 年颁布的《关于改进和完善再贴现业务管理的通知》，变更了再贴现率与贴现率的确定方式，扩大了贴现率的浮动幅度。

20 世纪 90 年代初到 20 世纪 90 年代中后期，是中国金融业由原始混业经营向分业经营过渡的制度确立期，很多制度规范都是在此期间确立的。中国票据市场在此过程中不断得到规范，票据市场发展所需的法律与制度框架基本形成，这为后期票据市场的进一步蓬勃发展奠定了坚实的制度基础。

完善和快速发展时期（2000 年至 2008 年）

进入 21 世纪，中国成功加入 WTO（世界贸易组织），经济获得高速发展，贸易空前繁荣，票据业务获得了广阔的市场发展空间。为适应经济发展和市场需要，商业银行积极探索票据业务的专业化发展模式，并得到中央银行的大力支持。

2000 年 11 月 9 日，经中国人民银行批准，中国工商银行在上海开办了国内第一家专业化经营票据的机构——中国工商银行票据营业部。2005年5月，经银监会批准，中国农业银行也成立了票据专营机构——中国农业银行票据营业部。

2003年6月30日，中国票据网正式启用，为全国统一票据市场的发展提供了必要的平台。同年7月1日，中国工商银行正式对外发布由其编制的工银票据价格指数，这是迄今为止国内编制的第一个票据价格指数。工银票据价格指数包括转贴现价格指数和贴现价格指数。票据指数的推出有利于全面、准确、及时地反映票据市场中票据交易的总体价格水平和变化趋势，也有利于为中央银行和各商业银行、票据业务机构提供票据利率走势信息，有利于推动票据市场实现集中交易。

中国人民银行在2000年推行支付结算业务代理制以后，原由中国人民银行代理兑付跨系统银行汇票的股份制商业银行陆续与国有商业银行建立了代理关系，签订了代理兑付银行汇票业务的协议。鉴于此，中国人民银行于2004年发布《关于中国人民银行停止代理商业银行兑付跨系统银行汇票的通知》，明确规定，从2004年4月1日起，中国人民银行停止办理股份制商业银行签发的跨系统银行汇票的代理兑付业务。汇票的代理兑付业务由商业银行按照《支付结算业务代理办法》的有关规定相互进行代理。

在这一时期，随着票据业务在全国范围内的开展，其运作机制逐渐成熟，无论从规模还是专业程度上来看，商业银行票据业务都有了显著提升，这进一步促进了票据业务的快速增长。与此同时，票据市场参与主体也迅速扩大，除票据业务恢复初期的大型国有商业银行，股份制商业银行、城市商业银行、财务公司和信用社等金融机构也纷纷开展票据业务，票据市场的交易活跃度大幅提升。

票据业务在一系列制度规范的促进下，开始走上规模化和专业化发展轨道，全国票据市场业务量成倍增长。表1-1显示了1995—2008年中国票据市场的发展情况。2008年，中国商业汇票承兑发生额达到 7.1 万亿元，比 1995 年增长了 28.3 倍；贴现、转贴现发生额达 20.6 万亿元，比 1995 年增长了 52.7 倍；票据贴现余额达到 1.9 万亿元，比 1995 年增长了 127.5 倍。

表 1-1　中国票据市场的发展情况（1995—2008 年）　　　（单位：亿元）

年份	累计承兑		累计贴现		交易规模		未到期承兑余额		贴现余额	
	金额	年增长率(%)	金额	年增长率(%)	金额	年增长率(%)	金额	年增长率(%)	金额	年增长率(%)
1995	2 424	278.75	1 412	200.43	3 836	245.59	865	—	150	—
1996	3 898	60.81	2 264	60.34	6 162	60.64	1 285	48.55	505	236.67
1997	4 600	18.01	2 740	21.02	7 340	19.12	1 335	3.89	581	15.05
1998	3 841	−16.50	2 400	−12.41	6 241	−14.97	1 595	19.48	547	−5.85
1999	5 076	32.15	2 499	4.13	7 575	21.37	1 873	17.43	552	0.91
2000	7 445	46.67	6 447	157.98	13 892	83.39	3 676	96.26	1 535	178.08
2001	12 699	70.57	17 645	173.69	30 344	118.43	5 110	39.01	2 795	82.08
2002	16 139	27.09	23 073	30.76	39 212	29.22	7 347	43.78	5 200	86.05
2003	27 700	71.63	44 400	92.43	72 100	83.87	12 800	74.22	8 167	57.06
2004	34 000	22.74	45 000	1.35	79 000	9.57	15 000	17.19	10 000	22.44
2005	44 480	30.82	67 508	50.02	111 988	41.76	19 574	30.49	13 837	38.37
2006	54 300	22.08	84 900	25.76	139 200	24.30	22 100	12.90	17 200	24.30
2007	58 700	8.10	101 100	19.08	159 800	14.80	24 400	10.41	12 818	−25.58
2008	71 000	20.70	135 000	33.60	206 000	28.91	32 000	30.90	19 279	50.40

随着票据业务的增长，票据融资已成为重要的短期融资渠道。从表 1-2 可以看出，在票据贴现余额成倍增长的同时，票据融资在贷款中所占比重，尤其是在短期贷款中所占比重逐年稳步上升。这表明，票据业务的发展极大地方便了企业融资，并在一定程度上对短期贷款形成了有益的替代。

表1-2 中国票据贴现占贷款的比重（1999—2008年） （单位：亿元）

年份	贴现余额	各项贷款		短期贷款	
		余额	贴现贷款比(%)	余额	贴现短贷比(%)
1999	552	93 734	0.59	63 888	0.86
2000	1 535	99 371	1.54	65 748	2.33
2001	2 795	112 315	2.49	67 327	4.15
2002	5 200	131 294	3.96	74 248	7.00
2003	8 167	158 996	5.14	83 661	9.76
2004	10 000	177 363	5.64	86 837	11.52
2005	13 837	194 690	7.11	87 449	15.82
2006	17 200	225 285	7.63	98 510	17.46
2007	12 818	261 691	4.90	114 478	11.20
2008	19 279	303 468	6.35	125 216	15.40

专栏 1.1　中国工商银行票据营业部：票据市场专业化升级版

2000年11月9日，经中国人民银行批准，中国工商银行票据营业部在上海宣告成立。这是中国首家票据专营机构，它的成立开创了商业银行票据业务经营的新模式，确立了票据专业化、精细化和规范化经营理念。

从2002年起，中国工商银行票据营业部先后在全国主要区域票据中心沈阳、广州、西安、重庆、天津、郑州、北京和上海设立8家分部，构建了以总部为龙头，分部为分支，独具特色的全国票据经营网络。中国工商银行票据营业部致力于打造"专营、专业、专家"特色，探索创新驱动与转型发展，提出"票据资产质量最优、核心竞争力最强、行业最受尊重的交易做市商和资产服务商"的发展目标。

2002年，该营业部在上海地区牵头成立了上海市票据业务联席会议制度；2003 年，推出了中国金融业首个票据价格指数——工银票据价格指数，并在 2009 年推出了长三角票据贴现价格指数；2008 年，营业部倡议并发起了长三角地区票据业务联席会议制度，成员单位统一签署了《商业汇票转贴现交易合同统一文本》和《票据承付公约》；2010 年，与全国性商业银行总行票据业务经营（管理）机构共同发起了商业银行票据业务联席会议，牵头制定银行业票据业务规范，以推动票据市场产品创新。

在借鉴中国工商银行票据营业部前期成功运行经验的基础上，2005 年 5 月，中国农业银行在上海正式成立中国农业银行票据营业部。票据营业部模式的探索与实践，开辟了具有中国特色的商业银行票据专业化创新发展之路。

创新和高速发展时期（2009 年至 2015 年）

2008 年，发生于美国的次贷危机最终演化成一场全球性金融危机。为应对这场危机对中国经济发展造成的负面影响，中央政府启动了大规模的经济振兴计划，国家推出了高达 4 万亿的宏观经济刺激方案。在庞大的经济刺激行动下，金融市场流动性十分充裕，票据市场由此出现了空前的繁荣，进入高速增长阶段。

在市场流动性充裕的情况下，2009—2015 年全国票据贴现量快速增长，年均复合增长率高达 42.16%。各类商业银行积极投身票据贴现业务，银行票据业务运作的资金化趋势不断增强，各类金融机构不断加快票据贴现后的转贴现周转交易，从而使票据贴现总量呈爆发式增长。2015 年发生的"资产荒"促使银行大力增加对票据资产的配置与交易，全市场票据贴现业务量首次突破 100 万亿元，达到 102 万亿元，同比增长 68%。

票据电子化是促进票据市场发展的另一个重要因素。由中国人民银行推出的电子商业汇票系统（ECDS）带来票据业务的深刻变化，电子化克服了纸质商业汇票操作风险大的缺点，改变了企业与金融机构的支付习惯和交易方式，普及率逐年提高，并随着《中国人民银行关于规范和促进电子商业汇票业务发展的通知》的推出而占据绝大多数市场份额。2011—2015年，电票的累计承兑金额由5 369亿元增加到56 000亿元；累计贴现金额从1 716亿元增加到37 337亿元；累计转贴现金额由2 151亿元增加到221 286亿元。2012—2017年票据承兑余额的变化情况如图1-1所示。2013—2017年票据贴现余额的变化情况如图1-2所示。

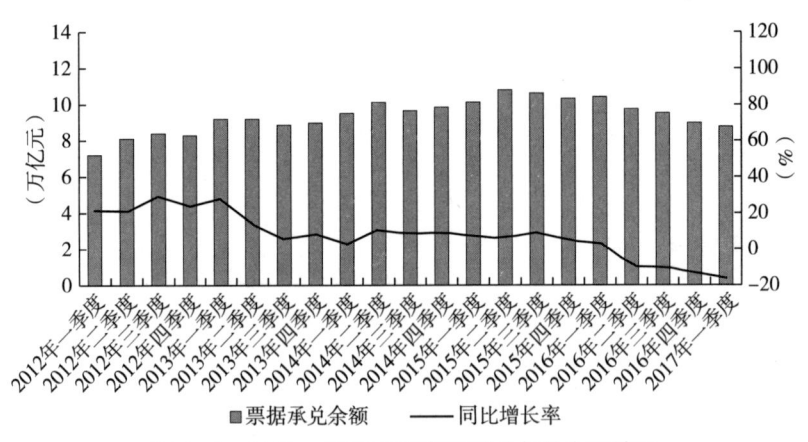

图1-1 2012—2017年票据承兑余额的变化情况

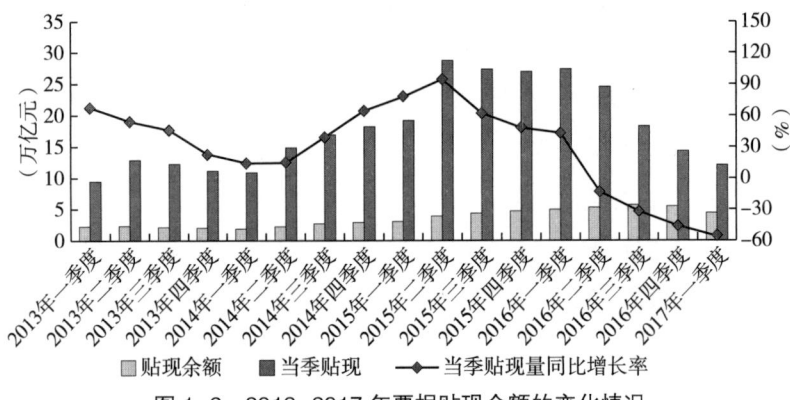

图1-2 2013-2017年票据贴现余额的变化情况

在如火如荼的票据市场发展中，互联网技术的崛起和银行、证券、保险领域资产管理新政的推出，使票据业务创新出现新趋势。在互联网金融崛起的带动下，"互联网＋票据"的理财模式应运而生，金银猫"银企众盈（票据贷）"产品的上线，开创了将融资企业的票据收益权转让给众多理财投资人的P2B（互联网融资服务平台）模式，并在2014年开始大幅推广，该类业务模式创新甚至部分替代了企业贴现，成为全新的票据融资方式。

票据业务的迅猛增长，使得其在银行信贷规模中的占比显著提高。商业银行信贷规模依然受到监管的严格管控。在此背景下，以票据资管、票据资产证券化等为代表的票据产品创新快速崛起，其核心在于将银行表内占据信贷规模的票据资产转出表外，票据收益权逐步成为票据交易创新的焦点。此外，随着近年来区块链技术的发展和应用趋势的加强，数字票据呼之欲出，并在特定机构和场景下得到初步应用，基于区块链技术的票据探索与创新也将成为重要趋势。

治理整顿与创新探索时期（2016年至今）

在票据交易狂飙突进的大浪潮下，社会各类机构和资本通过不同的途径进入票据市场，高杠杆率操作、不合规经营十分普遍。频发的重大案件、层出不穷的各类风险事件、突破监管底线的各类创新、擦边球，使监管层注意到票据市场已经严重过热。因此，规范和治理票据市场的严厉措施随之出台。

2016年年初，银监会陆续出台了一系列加强市场监管的措施，铁腕整治票据市场。中国银监会在关于银行业"监管套利、空转套利、关联套利"专项治理中，针对票据市场就票据承兑、贴现市场、转贴现市场提出了详细的治理要求。

2017年，银监会在"违反金融法律、违反监管规则、违反内部规章"的"三违反"检查中发现，票据业务涉及问题金额1.98万亿元，其中，涉及资金自我循环的票据业务金额6 361.45亿元。[①] 2018年1月13日，银监会发布《中国银监会关于进一步深化整治银行业市场乱象的通知》，违规开展票据业务位列22个工作要点之一。与此同时，央行也出台了一系列相关政策，给"高烧"的票据市场降温，为票据市场的长期稳健发展夯实基础。

在强化票据市场治理的同时，作为规范中国票据市场的治本之策，2016年12月8日，由中国人民银行牵头主导在上海成立上海票据交易所（简称票交所）。上海票交所的成立是中国票据市场基础设施建设的重大突破，为彻底规范票据交易、有效整合票据市场、防范业务与操作风险、优化资源配置、推动商业信用和第三方评级发展发挥重要作用。上海票交所的成立，使票据市场参与主体大大扩展，包括券商、信托、资产管理公司在内的各类金融机构均可以参与票据市场交易，转贴现市场将空前壮大，也使票据业务开始成为联系银行和非银机构之间的主流媒介之一。

在票交所时代，中国票据市场的发展将进入崭新的阶段。正如1992年成立的上海证券交易所对于中国证券市场的意义，上海票交所的成立必将极大地促进中国票据市场的发展。随着2018年10月几乎全部票据进入票交所交易，中国票据市场将迎来快速发展的新时期。我们相信，票据的品种、标准化衍生品会日渐增多，定位于增信、评级、经纪等的各类服务机构也将应运而生，票据繁荣发展的新阶段即将展开。

[①] 《银行监管这一年》，《财新周刊》，2018年第3期。

第一章 | 激荡求索：票据成长40年

专栏 1.2 上海票交所——中国票据市场的成人礼

经过近一年的筹备，2016年12月8日，上海票交所正式成立，全国统一、信息透明、以电子化方式进行业务处理的现代票据市场基础设施初步形成。这改变了过去近40年里，中国票据市场场外分散化无序交易的局面，对促进票据市场健康、可持续发展的意义深远。

上海票交所作为中国人民银行指定的提供票据交易、登记托管、清算结算和信息服务的机构，承担中央银行货币政策再贴现操作等政策职能。上海票交所由16家金融机构发起设立，采用公司制形式，与国际主要交易所采取的模式非常类似。

上海票交所作为全国统一的票据集中交易与服务平台，构建了比较全面的票据交易操作制度与规则体系，实现了前中后台的一体化，实现了纸电一体化，并将逐步过渡到完全电子化。统一、规范市场的形成，有利于扩大票据市场的交易主体，并将逐步引入和形成包括评级公司、经纪商等在内的新市场角色，最终形成比较完备的立体化票据交易与服务体系，为促进中国票据市场的进一步规范发展，有效服务实体经济奠定坚实的基础。

截至2017年12月31日，在票据信息登记方面，登记承兑信息总计620.95万条，票面金额为16 110.45亿元；登记贴现信息总计28.43万条，票面金额为2 074.46亿元。在票据托管方面，累计完成票据权属初始登记2 055 769张，金额为71 440.93亿元；托管票据1 137 162张，金额为48 813.18亿元。在票据交易方面，交易6 950笔，成交金额为7 793.58亿元。其中，转贴现3 192笔，金额为1 134.89亿元；质押式回购3 735笔，金额为6 658.69亿元。在清算结算方面，共办理DVP（票款对付）、FOP（纯票过户）结算121 684

> 笔，累积金额达 15 013.15 亿元。
>
> 根据市场票据有序纳入票交所交易的时间安排，年内票据将全部进入票交所交易，上海票交所的交易量、结算清算量将会显著提升，由此将开启中国票据市场创新发展的崭新时期。

中国特色：票据市场的发展特征

从行政主导到市场化驱动

与中国从计划经济体制向市场经济体制转轨的发展路径一致，中国票据市场的发展也经历了由行政主导到市场化驱动的转型。在票据市场发展初期，主要是为了适应改革和经济转型的需要，在国家主要政策推动下，借助外部的积极推动和行政引导实现发展，并受到政策变动的显著影响，从而打上了突出的政策烙印。

从 1984 年开始，国家陆续推出一系列政策法规，特别是 1994 年颁布的《票据法》，逐步构建起票据市场的基本制度框架，为票据市场的形成和发展提供了基础和保证。与此同时，国家通过对利率的调节来调动商业银行参与票据市场的积极性，以行政方式引导票据市场的发展。票据市场获得的第一个重大发展契机是国家希望借助商业票据的结算功能，去解决企业间长期存在的相互拖欠问题。因此，政府的出发点并不是重视票据的融资功能，而是将其作为结算工具使用。这就与票据市场的本质相悖，必然会限制市场规模的有效扩大。在 1995 年以前的 10 余年间，中国票据市场发展十分缓慢，远远落后于同业拆借市场和债券回购市场等货币子市场。

但是，随着经济改革的深入，特别是市场化的进步，票据的融资功能逐渐被市场认可与利用，企业开始积极寻求通过商业票据获取短期运营资金。因此，从1999年开始，票据的签发量和贴现量迅速增长，市场规模也持续扩大，票据融资成为一些企业重要的外部融资途径。市场化力量成为驱动票据市场后期加速成长的主要动因。

银行信用主导票据市场发展

在近40年的票据发展历程中，商业银行一直处于中国票据市场的中心地位，银行信用是驱动市场运转的核心力量。正是商业银行的主导性参与，票据市场信用才得以传导和扩展，结算功能和融资功能才得以延伸与发展。在市场发展前期，是银行信用"驱动"商业信用的发展，而到发展后期，则是商业信用"引导"银行信用。

票据融资的业务链条，始于商业信用，即企业间的延期支付行为，进而再向银行贴现，转化为银行信用。由于国内商业信用基础比较薄弱，国家为规范和引导商业信用行为，促进商业信用票据化，在票据市场发展初期，首先推动银行开展票据贴现业务，保证持票企业能够获得银行的资金支持，以增强企业间票据结算的意愿，将基础薄弱、分散的商业信用引导到银行信用体系内，从而"驱动"商业信用的发展。同时，中央银行通过再贴现的方式，支持商业银行的票据贴现业务，以保证银行保持有效的流动性，从而形成了"央行—商业银行—企业"的票据发展驱动模式。

到了票据市场发展后期，票据依托银行信用获得市场的广泛认可，企业开始主动利用票据获取融资，因而大量签发商业票据。如此一来，一方面，企业可以取得银行承兑以增强票据信用，在商品交易中获得卖方提供的信用支持；另一方面，企业将持有的票据向银行贴现，从银行获得运营资金。同时，商业银行为适应企业需求，获得客户和利润，也大力发展票据业务，为企业提供承兑和贴现等服务，使银行信用进一步渗入商业信用之中。

按照国内监管规则，商业银行贴现持有的票据占用了资本、准备金以及风险资产，在资金不足、资本紧张和风险资产规模过大时，需要向其他银行转贴现持有的票据或向央行进行再贴现。尤其是一些资金存在缺口、资本实力不足的商业银行，会通过加快流转的方式做大票据业务流量以获利，依赖向其他银行转贴现和向央行再贴现转移票据，保持较小的票据持有规模，从而进一步吸引央行的资金支持，形成了"企业—商业银行—央行"的引导模式。

央行重要的货币政策工具

按照货币政策理论，国家货币政策传导既通过银行信贷的间接融资渠道进行，也通过资本市场的直接融资渠道进行，而市场利率等价格变化是最直接的传导信号。目前，中国以间接融资为主导的金融结构，决定了货币政策的传导机制主要依靠信贷传导途径，货币政策传导效果受商业银行等金融机构行为的影响很大。作为重要的短期金融市场，票据市场是中央银行重要的货币政策传导市场，票据市场利率是重要的短期价格信号。

在银行直接监管职能从央行剥离，商业银行市场化改革完成后，通过直接管制或指导的方式增强中央银行货币政策执行效果的途径被取消。虽然在经济景气度降低时，央行可以通过降低利率或调低存款准备金率的方式，来促进商业银行发放贷款，但是，央行并不能直接要求商业银行放贷，信贷主动权掌握在银行手中。

银行在担心风险升高的时期，可以通过增加信贷申请难度、提高信贷审批门槛和放贷标准等方式收缩贷款，出现"惜贷"局面，并将多余的流动性资金存放在央行（形成超额准备金）或购买债券。在经济趋于过热时，央行往往通过提高利率或法定准备金率的方式来收紧银根，缩小信贷规模，此时商业银行也可以通过不断消耗超额储备的方式来解决流动性紧张问题，保持信贷扩张。此外，在信贷投向结构上,银行也可以压缩对中小企业和非公有制企业的贷款,促使这些企业流动资金紧张,使央行货币政策的结构性调控目标落空。中国在2003—2004年曾出现这类典型问题。

引导和推动商业银行,使其经营行为对货币政策产生正反馈,是加强货币传导,提高货币政策效果的重要途径。但是,要实现这一目标并不容易,目前比较现实可行的做法是提升货币政策的市场传导效能。由于票据是在贸易、生产等实体经济活动中产生的,其直接反映了资金最终使用者的需求,而票据二级市场投资者众多,包括企业、金融机构、投资机构,以及个人等,因此通过票据工具,资金的供给和需求得以有效结合,非常有利于形成真实、合理的货币市场利率,便于中央银行通过调节货币市场资金供求关系来影响货币市场利率,从而直接影响企业融资成本以及投融资行为。

此外,中央银行还可以通过票据市场进行再贴现操作,从而增强货币政策工具选择的灵活性。通过发展票据市场,完善和深化货币市场,为提高中央银行公开市场操作的政策效果创造条件,有利于增强金融调控的灵活性、针对性和时效性。国际经验表明,一个发达成熟的票据市场是货币政策顺畅传导的有效基础。例如,在美国,1994年的票据市场交易额就远高于联邦基金和回购协议市场的交易额,达到三者之和的80.54%。近年来,中国票据市场取得迅猛发展,票据直贴、转贴的规模持续攀升,票据交易总量巨大,一个繁荣、稳定、发达的票据市场将为中央银行的货币政策操作提供稳定的基础,为货币政策有效传导提供重要的主渠道。

由双轨制利率转向统一利率的重要途径

目前,在国内金融市场上,同时存在央行公布的基准利率与货币市场利率。尽管央行基准利率是指导性利率,是为以商业银行为主的金融机构提供的存贷款利率参考,但其与货币市场形成的更趋市化的利率并存，两者之间存在的差异导致价格信号不够统一，不利于提高金融市场资源的配置效率，也不利于各类市场主体的金融决策。因此，按照央行的计划，要逐步向统一的市场化基准利率转变。在2018年的博鳌亚洲论坛上，央行行长易纲表示，央行希望未来将双规制利率合并为统一利率，并交由市场决定。

票据市场是货币市场的重要子市场，也是短期债务融资的主要市场，随着票据全部进入交易所市场交易，将会形成由主流金融机构和众多市场主体参与的巨量短期债务融资与交易，票据市场形成的市场化交易利率对金融市场具有举足轻重的意义，是形成统一的市场化基准利率的最重要基石。

第二章

狂飙断崖：市场非理性繁荣

2008年全球金融危机以后,为应对外部危机带来的冲击,保持中国经济平稳增长,国家推出了4万亿规模的经济刺激计划。国内各类金融机构也提供了大量的配套金融服务,为经济刺激计划的落地提供机构融资支持。这也为票据业务的繁荣提供了巨大的机遇,中国票据市场发展由此迈入快速增长的金色时期。

票据是与实体经济发展紧密相关的便利支付工具和短期债务融资工具,随着大规模经济扩张计划的推行,票据业务获得快速增长,企业累计签发的票据量、金融机构累计贴现量、期末票据未到期规模、期末贴现余额等票据量化指标均逐年创出历史新高。2015年,票据累计贴现(含转贴现)量达到102.1万亿元,突破百万亿元大关,票据市场已经成为中国货币市场的主要力量。

市场潮起：票据的金色时代

市场：大潮涌起

在经济高速扩张的大环境下，中国票据市场经历了快速的发展与成长，票据逐渐成为最契合实体企业需求的短期融资工具之一。同时，票据也在完善货币市场功能方面扮演着越来越重要的角色。

央行发布的《中国货币政策执行报告》显示，中国票据市场发展迅速。纵向比较来看，商业汇票累计签发量从 2010 年的 12.2 万亿元增长到 2017 年的 17 万亿元，增幅近 40%；金融机构累计贴现量从 2010 年的 26 万亿元增长到 2017 年的 40.3 万亿元，增幅达 55%。这两项指标均在 2015 年达到峰值，当年全国金融机构商业汇票累计签发量和累计贴现量分别为 22.4 万亿元和 102.1 万亿元，比 2010 年分别增长 0.8 倍和 2.9 倍，比 2001 年分别增长 16.5 倍和 54.8 倍，年均增速分别高达 22.7% 和 33.3%。商业汇票累计签发量、金融机构累计贴现量与票据融资余额占贷款比例如图 2-1 所示。

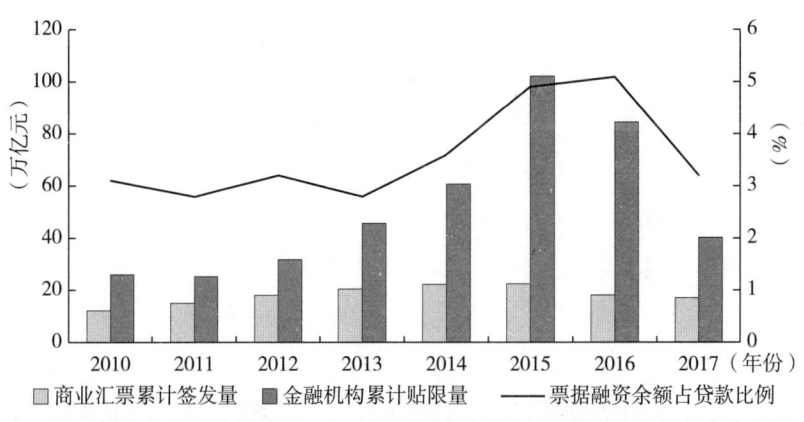

图 2-1　商业汇票累计签发量、金融机构累计贴现量与票据融资余额占贷款比例
资料来源：中国货币政策执行报告。

票据市场期末商业汇票未到期金额2010年年末为5.6万亿元，2017年年末为8.2万亿元，增幅达到46.4%；期末贴现余额2010年年末为1.5万亿元，2017年年末为3.9万亿元，增长了1.6倍。2010—2017年期末商业汇票未到期金额与期末贴现金额如图2-2所示。

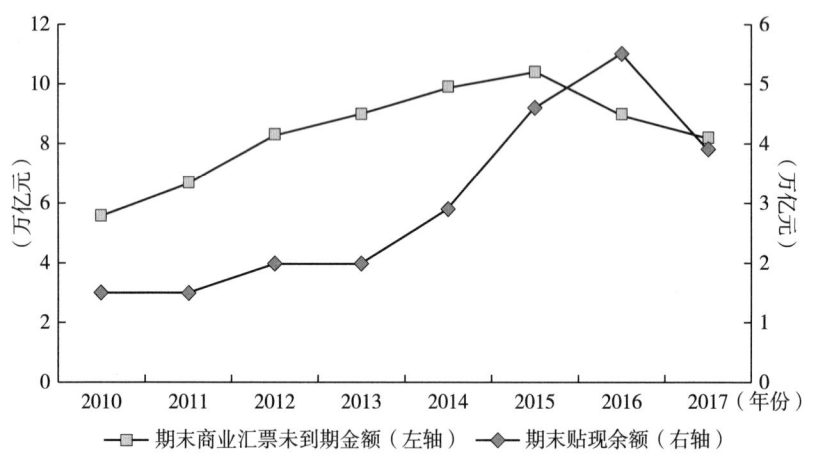

图2-2 2010—2017年期末商业汇票未到期金额与期末贴现金额
资料来源：中国货币政策执行报告。

从货币市场选取金融机构票据累计贴现量、同业拆借累计成交金额和银行间债券回购累计成交金额进行横向比较发现，票据累计贴现量与同业拆借累计成交金额近些年整体规模相当，但在票据市场信用扩张最为快速的2013—2015年，票据累计贴现量迅速超过同业拆借累计成交金额。在两者规模相差最悬殊的2015年，票据累计贴现量是同业拆借累计成交金额的1.6倍。2010—2017年金融机构累计贴现规模在货币市场中的占比如图2-3所示。

近些年，票据作为实体经济的一种重要融资工具，既推动了中国金融产品的发展与创新，又为金融机构提供了新的利润增长点。票据市场进入快速发展阶段，在服务实体经济、提升金融市场资源配置效率等方面均发挥了积极作用，取得了很大突破。

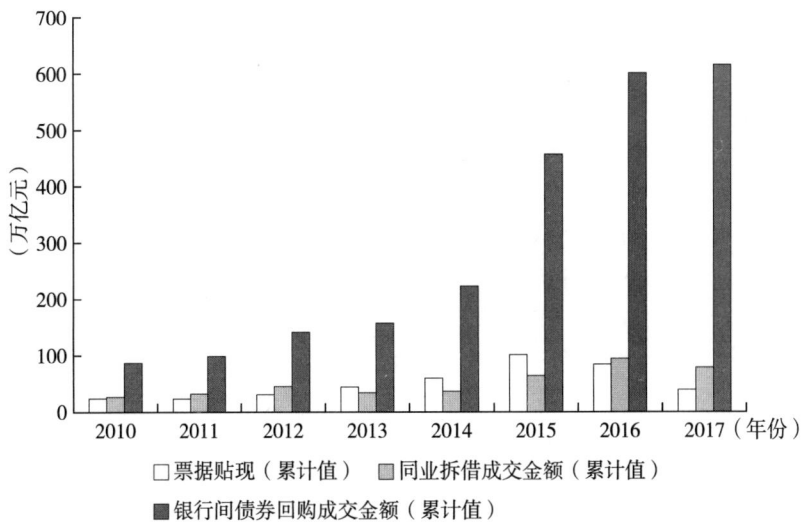

图 2-3 2010—2017 年金融机构累计贴现规模在货币市场中的占比
资料来源：中国货币政策执行报告。

金融机构：新增长点

2010 年前后，在宽松货币政策和监管环境的影响下，票据业务因其特有的信贷市场属性和易于流通的货币市场属性而备受企业客户和商业银行青睐。一方面，商业银行发展票据承兑业务，通过收取保证金的方式增加负债来源；另一方面，通过贴现后多种渠道的转贴现交易，可以实现快速流转，在合理调节信贷规模的同时，又能获取利差收益。因此，票据业务成为一项兼顾存款和创收的重要金融业务。2012—2017 年中国商业汇票签发和贴现情况见表 2-1。

表 2-1 显示了票据市场规模的爆发式增长，其中，2012—2015 年全国票据业务贴现规模飞速增长。面对票据市场以万亿元计的超级蛋糕，国有大型银行、股份制银行、城市商业银行、农商银行、农村信用社等各类大小银行机构纷纷涉足并不断加码票据业务规模，金融

表 2-1　2012—2017 年中国商业汇票签发和贴现情况　　（单位：万亿元）

年份	签发量	增长率（%）	贴现量	增长率（%）
2012	17.9	18.80	31.6	26.40
2013	20.3	13.30	45.7	44.30
2014	22.1	8.90	60.7	33.00
2015	22.4	1.30	102.1	68.20
2016	18.1	−19.30	84.5	−17.20
2017	17.0	−6.10	40.3	−52.40

资料来源：2012—2017 年央行货币政策执行报告。

市场的一场票据"盛宴"汹涌而来。

在票据空前繁荣期，很多商业银行的年度经营计划中，票据业务创利均作为重要的利润增长点。从最早的中国工商银行票据营业部、中国农业银行票据营业部等大行的总行专营机构，到招商银行、民生银行、中信银行、平安银行等股份制银行内设的条线机构，再到中小型金融机构在上海、北京等票据活跃的交易中心特设的分支代理机构，票据市场在缓慢发展 20 多年后终于沸腾起来。

在市场迅速升温之时，一些嗅觉灵敏的小型金融机构也加入其中，其中一些机构甚至将票据业务作为保证机构短期内生存的战略性支柱业务，积极投入各类资源，分享市场蛋糕，从机构设置、人员配备到资金配置等各个方面，支持和鼓励分支机构参与分享票据市场的这场空前盛宴。

主流金融机构推动的这场盛宴搅动着社会资本的神经。看似低风险、快流转、高收益的票据业务吸引了民间资金，民间票据中介机构迅速加入这场盛宴：它们或是利用自身的信息优势嵌入银行间的交易流程，成为票据掮客；或是利用自有资金，加上杠杆成为票据投机者，直接进行买卖断交易；或是联合实体企业扩大票据签发量,成为票据源的"创造者"。由此而起,全国各地的民间票据中介多如牛毛,并逐步渗入金融体系的各类交易之中,以规范或不规范的方式推动了票据市场的快速繁荣,但也带来了巨大的金融风险隐患。

从业者:畅享盛宴

2011—2015 年,中国票据市场经历了高速发展的黄金年代。这是金融机构的"好时代",也是市场上票据人的"好时光"。彼时,票据队伍是众多商业银行金融市场条线的功勋团队,票据业务员工是机构的宠儿,包括市场上的各类票据中介人都生活在"阳光灿烂的日子"里,"幸福像花儿一样"。

在不少金融机构里,一名业务人员经手的票据规模甚至达到千亿元级别,创利规模上亿元。自然地,票据员工的个人收入也不菲,在机制灵活的机构里,员工的业务提成甚至赶得上普通员工几年的年度奖金。一些大学毕业没多久便加入票据行业的员工甚至觉得这一切像幻境一样,票据业务简直是最完美、最令人中意的工作了,"金融民工"的生活原来如此幸福。对于这个行业的资深从业者而言,虽然平时非常繁忙,但收获颇丰。

在金色的日子里,票据大腕们在电话中时常侃侃而谈的"代持、转贴现、买入返售、代理回购"等多种"消规模"的花式票据玩法轮番兴起,不断壮大的票据新贵们在不断的业务创新中带动了银票承兑、贴现、转贴现交易量的直线飙升。自然而然地,这些业务也为银行贡献了可观的利息收入和中间业务收入。

一年紧张而充实地忙碌下来,到了年末银行机构内部考评,挂靠在分行金融市场部下的票据业务团队由于利润贡献突出,顺理成章地成了优秀团队。接踵而至的好消息是,整个团队次年将独立成为一个正式部门。与此同时,创利突出的员工能够评上先进个人,有幸走上领奖台领取优秀员工奖,尽管由此而获得的几万元奖金可能并不算什么,但台上炫目的追光灯和台下领导同事们热情洋溢的掌声,让人真正感到兴奋和荣耀。"明年一定再加把劲儿,再苦再累也不怕",明年的明年一定会更好。

整个票据行业的繁荣不仅承载着银行员工这样的金融机构"正规军"的职业梦想,还给自称"杂牌军"的票据中介带去一夜暴富的机会。在庞杂的票据中介队伍中,除了小部分是从金融机构辞职"下海"经营票据公司的业内人士外,大部分的从业人员来自各行各业,后因各种机缘巧合被同学、亲戚、朋友带入票据行业。因此,中介从业人员来源复杂,职业素养自然也参差不齐。

在2015年之前,票据行业被公认具有高赢利机会,参与其中的票据中介的组织形式大致可分为三类。第一类是大型中介公司,从业人员有50~100人。若行情好,月利润保守估计可达1 000万元以上。大公司从收票、做错配、代持,直到最后卖断,内部都有明确的分工,业务精通且诚信度较高,不夸张地说,许多大型中介公司从业人员的票据业务知识和实际操作经验是很多金融机构工作人员无法媲美的。第二类是小型中介公司,从业人员在20人左右,它们没有资源和能力去运营票据转贴现业务,只能在贴现端直接面对企业客户收票,再依托大公司出票,业务模式单一,快进快出,有利就跑。小公司在行情景气的时候,月利润可达100多万元;在行情不景气时,收入仅够维持日常开支。这类小公司多经不起市场利率的波动,一旦遇到利率上行,收票卖票间存在利率倒挂,便容易导致公司倒闭。第三类是以个人为单位的从业人员,俗称倒票个体户,他们自嘲在市场"搬砖",练就一身纯正的"左手"倒"右手"功力,主要分布在全国各中小型城市,没有固定的办公场所,直接面对所在城市的企业,行情景气时,月利润达几万至十几万元。

专栏 2.1　2013 年的"钱荒"事件[①]

诱因

2013 年 4 月，银行间市场流动性异常充裕，Shibor 隔夜拆借利率长期保持在 3% 以下，充足的流动性和低利率诱惑金融机构不断提高杠杆水平。5 月下旬，流动性异常宽裕局面出现逆转，资金利率开始呈现攀升趋势，但金融机构往年都习惯于在 6 月初拆入资金以达到半年末时点的监管指标要求，市场资金需求量也没有大幅上升。然而，进入 6 月，市场流动性骤然变紧，6 月 5 日，一则"光大银行 60 亿元同业违约"消息在市场上传开，尽管光大银行迅速对外予以否认，但传闻造成的市场恐慌氛围已经形成，部分原本头寸充足的银行拆出资金意愿开始降低，市场"钱荒"开始显现。

发酵

随着市场流动性紧张加剧，资金价格不断上涨，到 6 月 6 日，Shibor 隔夜拆借利率骤升 135.9 BP（基点）至 5.98%，隔夜回购利率暴涨 139 BP 至 6.13%。6 月 7 日，央行召集各银行金融市场业务相关负责人开会，市场由此预期央行将会注入流动性，但是，央行不但没有向市场注入资金，反而继续发行央票，同时还进行了 100 亿元的正回购操作，回收流动性。

6 月 13 日，央行几个月以来首次在常规操作日未进行任何市场公开操作。这一度令市场认为，央行对释放流动性的态度有所缓和，但是，央行却出乎意料地并没有采取任何措施向市场注入流动性，导致市场利率在短暂回落后继续攀升。6 月 17 日，央行发函要求各商

[①] 引自《钱荒事件的表现、原因及启示》，李新、庆建奎、陈清磊著。

业银行强化流动性管理。面对市场资金价格飙升的局面，央行一反常态，铁血纠偏市场机构的放水预期，市场流动性紧张预期由此强化为市场共识，紧张情绪迅速蔓延。

高潮

国际金融市场上，在美联储（FED）6月18日至19日的议息会议上，主席本·伯南克（Ben Bernanke）的讲话内容导致国内市场的资金紧张预期进一步加剧。6月19日，原本作为资金拆出方的大型商业银行也加入借钱大军，银行间拆借利率飙升，受此影响，银行间市场人民币交易系统闭市时间延迟半个小时至下午5点。到6月20日，央行不但依然没有向市场注入流动性，反而继续发行20亿元央票，央行的突然"断奶"令市场的担忧情绪瞬间到达顶点，当日隔夜头寸拆借利率急剧飙升578 BP，达到13.44%，创下历史新高，盘中利率甚至一度蹿升至30%的惊人高位，各期限资金利率也全线大涨，资金市场几乎因失控而停盘，市场风声鹤唳，"钱荒"事件达到高潮。

扩散

尽管在央行的干预之下，6月21日之后，市场流动性开始趋于好转，隔夜拆借利率也开始回调，但恐慌情绪蔓延造成的多米诺骨牌效应渐次显现，流动性紧张的影响仍逐渐波及货币基金、债市、股市等整个金融市场。由此导致货币基金赎回量激增，6月21日，市场传出北京一大型基金公司的明星货币基金出现爆仓的消息；在公司债券市场，随着投资者平仓套现，短期公司债收益率激增，1个月到期且评级为AAA的公司债收益率升至10%，远高于期限较长的公司债收益率；受负面情绪影响，股市出现大幅下跌，6月24日，沪指跌5.30%报1 963点，创近四年最大单日跌幅。

平息

银行间市场大面积流动性紧张、利率狂飙状况持续近1个月后，

> 央行救助措施终于出台。6月25日，央行发布公告称，为保持货币市场平稳运行，已向一些符合宏观审慎要求的金融机构提供了流动性支持；同时，央行连续三周在公开市场操作中采取"无为而治"的措施，停发央票，不进行任何方向的回购操作，让央票和正回购自然到期，缓解市场资金面紧张现状，向市场传递积极信息。与此同时，在央行窗口指导作用下，国家开发银行、中国邮政储蓄银行等一些自身流动性充足的大行也开始发挥稳定器作用向市场融出资金，货币市场利率逐步回落，截至7月18日，Shibor隔夜拆借利率降至2.998%，重回3%以下，市场逐渐回归平静。

潜藏隐忧：创新热潮下的祸因

2010—2015年，中国票据市场高度繁荣，票据交易十分活跃，新产品及新模式层出不穷。在近乎野蛮生长的状态下，利润追逐与职业底线在从业人员心中常常处于失衡的状态。激情狂奔的市场参与者在创新逐利的同时，与风险防控标准和监管要求背道而驰，渐行渐远。

隐忧：暗潮涌动

过去几年中，在各类层出不穷的金融创新驱动下，很多金融业务迅速出现"异化"趋势，并快速膨胀，票据业务也是如此。

在市场高成长的过程中，在规避监管目标的驱动下，票据业务创新逐渐偏离了其本源属性，其信贷属性日益被淡化乃至淡忘，而市场套利目标驱动的资金业务属性则日渐增强。在空转套利潮起的大环境下，这种异化趋势又反过来刺激了票据市场的进一步膨胀，票据业务逐渐走入自我循环膨胀的怪圈之中。

事实上，在社会逐利资金快速向票据市场汇聚的同时，银行金融同业业务的快速崛起，也进一步助推了票据业务规模的迅速飙升。在某种意义上，资金业务属性日渐显著的票据业务与金融市场上创新纷繁的同业业务同时膨胀起来，成为货币市场上急速崛起的创新"双雄"。但在"双雄"崛起的同时，风险也在快速集聚，业务繁荣的背后潜藏着巨大的风险隐患。

首先，基础票据资产创造的合规性及其质量是风险的源头。在2012年以后，中国经济增速呈显著放缓之势，在金融市场资金脱实向虚的大趋势下，实体经济不断失血，同时其有效资金需求明显不足。因此，具有真实交易背景的合规性票据的增长潜力不断下降，导致银行承兑业务增长乏力，业务量增速在2015年开始出现明显下降。根据央行统计数据，2015年，企业累计签发商业汇票22.4万亿元，同比仅增长1.3%，增速同比下降了7.6%；期末商业汇票未到期金额为10.4万亿元，同比增长5.4%，增速同比下降3.9%。

正是在这样的背景下，大量具有融资性特征的票据被"创造"出来，遍地开花的票据中介机构更是推波助澜，成为票据资产创造的主力。一些注册资金不到千万的空壳企业，却签发巨额的票据。票据监管规则所要求的贸易背景真实、基础交易关系真实等成为市场众人皆知的表面文章。这与2008年美国次贷危机爆发前，金融机构为不具备偿还能力的借款人提供融资具有很大的相似性，狂飙的市场正在形成巨大的金融风险。事实上，在金融活动中，不管如何创新，如果在基础资产端出现大量违规行为，甚至是主动"造假"行为，那么离危机爆发也许就只有一步之遥了。

其次，在货币政策宽松的金融环境下，流动性宽裕使票据业务借助基础资产的膨胀，逐渐发展成为具有空转特征的快速套利业务。在这样的交易逻辑及追求短期利益的经营模式驱动下，票据市场交易量不断攀升。特别是在缺少统一公开交易场所的情况下，无序发展的巨量交易导致泥沙俱下，各类风险被裹挟其中。

统计数据显示，在金融机构的票据业务经营模式开始转向加速票据创造、高流转和交易套利后，票据转贴现量迭创新高，票据流转也不断加快。票据市场成了一个具有自我壮大机制的巨型雪球，越滚越大。2015年，全行业票据累计贴现量更是呈爆发式增长，金融机构全年累计贴现量突破100万亿元大关，达到102.1万亿元，同比增长68.2%。期末贴现余额也达到4.6万亿元，同比增长56.9%。票据业务交易规模之大和周转速度之快令人震惊。2012—2017年主要商业银行票据转贴现业务量如图2-4所示。

再次，激烈的市场竞争使票据业务创新方向逐渐偏离服务实体经济的轨道，转向与监管进行博弈，努力规避监管规则，甚至打擦边

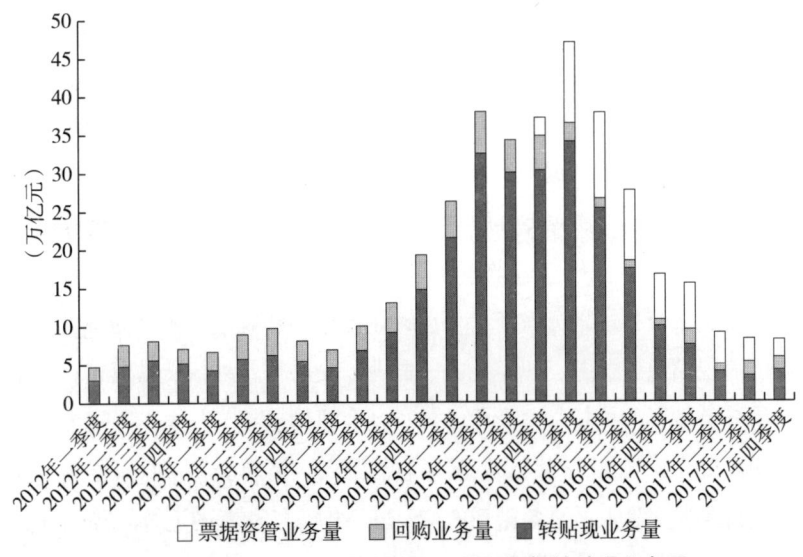

图2-4　2012—2017年主要商业银行票据转贴现业务量

注：主要商业银行是指工商银行票据营业部、农业银行票据营业部、交通银行、邮政储蓄银行、浦发银行、广发银行、民生银行、上海银行、招商银行、中信银行、光大银行、兴业银行和平安银行这13家商业银行。

资料来源：同业票据数据交换。

球的方向，以"消规模、省资本、同业空转"为特征的发展趋势加剧。

市场机构票据业务创新呈现出鲜明的特征：一是重视买入返售业务发展，通过期限错配，以巨额同业资金做大交易量，提升收益水平；二是以"消规模"为特征的代理类回购业务大行其道，一些中小机构也通过此类业务"以量补差"，进行海量交易，以博取价差收益；三是围绕通过票据流转创收的目标，各类机构借助资产管理业务大发展的环境，通过票据理财、票据资管等模式进行不规范的跨市场套利；四是各类互联网理财平台被引入票据市场，花样百出的票据理财产品不断见诸市场；五是随着资产证券化（ABS）的兴起，票据资产借以实现"非标转标"，进一步扩大了票据资产的投资主体和资金来源，加速市场的进一步延伸。

最后，复杂交易结构和不规范套利使票据业务的操作风险显著上升，交易环节乱象丛生，层次参差不齐的参与者迅速涌入，也加剧了潜藏的交易链条和交易对手风险。

在票据业务大扩张周期里，万亿级"被过度发掘的融资性功能票据"通过贴现方式进入银行体系。银行面临两个窘境：一方面受存贷比规模限制，表内可承载票据资产规模有限，存量票据资产有出表的压力；另一方面，市场竞争加剧，以票据为基础资产的业务模式同质化日益严重。因此，为了能够绕开监管限制做大票据业务规模，获取更多的利润，商业银行利用地方农信社等会计制度尚不够规范、健全的时机，创造出消规模通道业务、过桥业务、同业户交易等各种新交易模式。由于交易链条被不断拉长和复杂化，各种社会机构也参与其中，民间中介机构和人员介入交易，"代行业务"日益活跃，"清单交易"日渐普遍，在与银行票据交易人员日益密切的交易联系中，从业者的道德风险日渐突出，甚至个别中介机构与银行人员合谋，通过"一女二嫁"、"一票多卖"等形式套取交易对手资金的行为也逐步浮出水面。正是这些不规范的交易和业务操作，为日后票据业务风险事件的集中爆发埋下了祸根。

此外，通过票据业务获得资金的便利性，也使一些不法机构开始尝试将通过票据业务套取的资金投向股市和房地产投资等违规领域。特别是2015年，中国资本市场快速发展，股市的快速赚钱效应增强了对套利者的诱惑，促使一部分机构和个人将票据交易资金投入股市。然而，随着股市紧接而来的急剧下跌，违规进入股市的票据资金随着泡沫的破裂而灰飞烟灭。与此同时，一些几经辗转而违规进入房地产领域的投机资金，也因国家的地产调控政策而深陷旋涡，难以退出。在票据市场极度繁荣的表象下，各类因短视、贪婪和无知而出现的扭曲、违规和不法经营行为，使票据行业深陷风险旋涡，这预示着票据市场正面临一场剧烈的大风暴。

天量交易：消规模

近年来，利率市场化带来的利差收窄使得商业银行的经营业绩压力不断增大。因此，做大资产规模的"以量补价"模式是银行的普遍策略，特别是在经济下行导致"资产荒"蔓延的大背景下，高质量高价格的优质金融资产越来越稀缺。票据，作为金融市场中一种快速膨胀的短期资产，受到各类机构的青睐，商业银行也不例外。由于票据贴现业务占用银行信贷额度，银行业务创新的逻辑就是想方设法把票据贴现占用的信贷规模从资产负债表中腾挪消减掉，由此票据"消规模"的业务运作模式应运而生。

"消规模"最常见的模式是农信社模式。河南、东北等地区的村镇银行、农信社沿用老式会计记账方法，票据卖断和卖出回购业务在会计处理上不做区分。商业银行很快就意识到这是一个可以用来规避规模监管的空白地带，便将自身买断的票据先卖断给此类农信机构，再进行买入返售，顺利将票据贴现资产出表，并置换成买入返售同业资产，为银行腾出了宝贵的信贷额度。从农信机构来看，由于同时操作了一笔买断和回购，而回购和卖断同属一个会计科目，自身的资产规模没有变化，表面经营仍然合规。因此，借道农信社的运作模式迅速蔓延扩大，成为银行"消规模"的主力渠道。

农信社模式曾经在 2011 年被监管叫停过，但由于利润诱惑太大，之后还是有一些农信社前赴后继、以身试险。对于可以进行消规模处理的农信机构来说，这类创新业务模式可以迅速带来利润，甚至是暴利。举例来说，按照一次交易金额为 1 亿元的半年期银行承兑汇票来算，当时一次消规模的费用是 100 个 BP，也就是说，一次交易便可净赚 50 万元，而当时一个消规模行一天的交易至少为 100 亿元，这意味着消规模行一天便可实现 5 000 万元的盈利。即使之后由于同质化竞争导致利差缩小至 2 个 BP，但是通过同业户开立，农信机构一天的交易量可以放大到 200 亿元，按照一年 250 个工作日计算，年创利也接近 10 亿元。因此，一些农信社为了快速攫取利润冲抵不良资产，不惜以此方式违规操作。

除此之外，票据信托模式、券商资产管理模式等也是市场创新演变出的"消规模"途径，差别仅在于，交易对手从农信社换成了信托公司或者证券公司。与农信社相似，信托公司和证券公司均不受信贷规模控制，最适合作为银行实现票据资产出表的通道。

代持暗流：逃资本

票据代持业务也称"双买"，区别于买入返售的学名应该是买断式回购业务，是指正回购方（资金融入方）将票据卖断给逆回购方（资金融出方）的同时，交易双方约定在未来某一日期，由正回购方再以约定价格从逆回购方买回同批次票据的融通交易行为。票据代持本质上是买卖信贷规模的行为。

具体来看，票据代持操作模式是由于资金、信贷规模或风险资本不足，银行 A 将库存贴现票据卖断给资金、规模或资本相对充足的银行 B，并口头约定在未来某一时间将该批票据从银行 B 买回。票据代持的特点是，即期和远期进行的都是买断式操作，双方签订的也是标准的买断式合同，但远期买回一般是口头约定的。银行 A 在资金和信贷规模允许的情况下，一般就会发起买回交易，这不同于卖出回购交易，标准的卖出回购交易的远期赎回是刚性的。

票据代持交易中的票据实物，视交易双方的熟悉程度和交易目的，可以不发生转移。假如交易双方比较熟悉，而办公地点相距较远，代持期限相对较短，经过协商，实物就可以不发生转移，转为签订一份票据代保管协议作为替代，由买断方委托卖断方在代持期间代保管票据。由此形成的交易默契逐渐在市场上流行开来，代持交易少了票据实物作为质押物，完全沦为一项资金业务，在经济形势良好、市场环境宽松的情况下，凭借机构间的信任，风险相对可控。

由于票据代持的远期赎回大多是口头承诺，并不是刚性的，不能按照会计准则的要求把它计为标准的卖出回购业务。但这种业务明显是违规的，主要原因在于，大多数不见票的票据代持交易，都是不做转让背书的，这违反了央行《支付结算办法》中关于银行间票据转让必须做转让背书的规定。另外，从总体上看，虽然银行体系信贷规模总量保持不变，但从微观结构上看，银行 A 将所持有票据体外转移，变相加杠杆，其中蕴藏的流动性风险和利率风险是巨大的。

银行进行票据代持一般是为了暂时消减信贷规模，调节时点上的风险资本报表数据。然而，在票据业务狂飙突进时期，代持业务中交易双方均有利可图的"双赢"局面麻痹了银行本应该紧绷的风险神经，信贷额度出表、消减风险资本和期限错配做大利差的强烈冲动，又促使银行一而再，再而三地突破风险底线，这为日后的风险案件爆发埋下了祸根。

中介渗透：利益链

近十几年来，中国的票据市场取得了飞速发展，全国票据签发量从 2004 年开始以平均每年 20% 的速率增长，年累计贴现量更是每年达到 30% 的增幅。票据一端连着实体经济，一端连着货币市场，除了参与主体企业和金融机构，还有一个字眼敏感却身影活跃的参与者——票据中介。

票据中介机构便利了票据的流通，充当了实体企业和金融机构之间的润滑剂，而且，专业化的票据中介机构可以凭借信息优势和效率优势在票据的发行、流通等领域发挥重要作用，提高票据市场的交易效率，成为票据专营机构的有力补充。但有效监管及统一规范的流转平台的缺乏，导致很多不合规票据经营主体的存在，使其中潜藏的风险随市场规模的扩大而增加。因此，一方面，票据中介的存在促进了票据市场的发展，另一方面，混乱无序的发展方式使它们的不合规甚至是不合法经营行为伴随巨大风险。

一般来说，票据中介在票据违规操作中均扮演着"同业户"或"包装户"的角色，它们通过某种形式实际控制了利益链中部分银行的"同业户"后，"操纵"这些银行完成某些非正规交易。常用手法是，通过错配形式进行票据交易，错配交易会使大量的远期利息留存在票据中介控制的同业账户上。这部分远期利息一旦被挪用，银行体系资金就流进了掮客们的"包装户"，资金最终被中介操控流向期货、股票等高风险领域，为票据市场埋下了风险隐患。

违规操作：埋祸根

票据交易具有模式灵活、流转迅速的特点，然而近些年不规范的票据产品创新使票据交易逐渐呈现业务链条复杂化、交易结构嵌套多层化的局面。除了变造、伪造票据，以及私刻萝卜章等违法行为，票据业务野蛮生长过程中还形成了不少违规操作模式，如代理交易、清单交易、倒打款等。例如，城商行 A 通过代理农信社 B 与大行 C 签订卖出回购协议，并通过清单交易、倒打款，最后"一票两卖"将票据资金套出银行间市场。这是一种典型的违规模式。

具体来看，农信社 B 被中介控制有融资需求，大行 C 有资金融出需求，然而两者信用等级相差较大，无法直接成为交易对手。城商行 A 作为过桥行，将农信社 B 与大行 C 的业务需求连接起来，即大行 C 出买入返售资金给城商行 A，城商行 A 再通过交易划给农信社 B。

业务操作时，城商行 A 卖出回购给大行 C 一批票据，如果他们之间签订卖出回购协议并约定不转移票据实物，则这批票据就不需要背书，也不用加盖大行印鉴，相当于大行 C 拆借一笔资金给城商行 A，这就属于清单交易。

城商行 A 与农信社 B 之间如签订代理回购协议，城商行 A 收到大行 C 的资金后，不入账也不操作行内票据系统，由运营直接划转至农信社 B 账户中，城商行 A 代理农信社 B 操作与大行 C 的卖出回购业务。这就属于代理交易。

业务到期后，大行 C 如果需要续作，本应先结清到期业务再发起新增业务，但城商行 A 和农信社 B 均无相应还款头寸，则约定大行 A 先将续作款项按照原路径汇划，农信社 B 收到续作款项后，再按照到期流程将本金通过城商行 A 划还给大行 C，销记大行 C 到期业务。这就属于倒打款。

如果大行 C 出资金操作买入返售业务的这批票据实际并不存在，是农信社 B 被中介控制，通过清单交易将资金套出银行间市场，那么这就属于"一票两卖"。

因此，在这类票据交易的整个链条中，只要其中每一环的资金链不出现断裂，这类瞒天过海、乾坤大挪移的操作模式就会继续下去，但是，票据市场的风险隐患也因此日益积累。

风险爆发：大案与风险事件

票据市场在 2015 年达到沸腾的顶点以后，于 2016 年迎来了极不平凡的一年。票据业务风险随着市场的跌落而被快速引爆，风险事件呈现频发和突发性特点，全国各地发生了多起重大银行票据风险案件，涉及重大风险的业务规模达 120 亿元。其中，票据买入返售业务导致商业银行损失 57.84 亿元。商业银行在票据业务经营过程中存在的风险隐患正在转变为现实风险事件。当年受到监管机关通报或被媒体披露的重大风险事件包括：

农业银行票据大案

2016年1月25日，中国农业银行股份有限公司发布公告称，农业银行北京分行（简称农行北分）票据买入返售业务发生重大风险事件，经核查，涉及风险金额39.15亿元。两名农行工作人员因涉嫌挪用交易款项投入股市，已被公安机关立案侦查。

据媒体披露，农行北分与某银行进行银行承兑汇票转贴现业务，在回购到期前，银票应存放在农行北分的保险柜里，不得转出。但此笔业务涉及的银票在回购到期前，就被某重庆票据中介提前取出，与另外一家银行进行了回购贴现交易，而资金并未回到农行北分的账上，而是非法进入了股市。

风险事件频发

中信银行兰州分行票据风险

2016年1月28日，中信银行发布公告称，该行兰州分行发生票据业务风险事件，涉及风险金额为9.69亿元，公安机关已立案侦查。

2015年5月至7月，有犯罪嫌疑人伙同中信银行工作人员，利用伪造的银行存款单等文件，以虚假的质押担保方式在银行办理存单质押银行承兑汇票业务，并在获取银行承兑汇票后进行贴现。该案伴随着2015年四季度资本市场波动暴露出来。

天津银行上海分行票据风险

2016年4月8日，天津银行发布公告称，其上海分行票据买入返售业务发生一起风险事件，涉及风险金额为7.86亿元，公安机关已立案侦查。4月22日,天津银行再次公告,称已对相关交易的对手行提起民事诉讼。

与农业银行的案件相似,该案件也是票据逆回购方在交易中被取走担保物"票据",而回购款未能到账所引发的。天津银行与中介汇涛金融控制的重庆银行西安分行同业户达成票据回购交易,交易金额为9亿元,天津银行作为票据的逆回购方出资金,汇涛金融控制的同业户作为正回购方借钱。据悉,该9亿元回购到期后,中介控制的金融机构取走票据后,只付了2亿元,尚有7亿元及利息未支付。

4月8日下午重庆银行发布官方声明:截至日前,重庆银行从未开展通过同业账户办理银行(商业)承兑汇票贴现、转贴现业务。

宁波银行深圳分行票据风险

2016年7月7日,宁波银行发公告称,在开展票据业务检查过程中,发现深圳分行原员工违规办理票据业务,涉及3笔业务,金额合计人民币32亿元。"目前该3笔票据业务已结清,银行没有损失。"公告称。

公告内容显示,"经本公司进一步检查发现,上述原员工还涉嫌金融票据违法犯罪,公安机关已对其进行立案侦查"。与农业银行、天津银行票据转贴现中丢票丢钱不同,本次宁波银行公告的票据风险虽然涉案金额巨大,但钱已经被追回,没有产生损失。

广发银行佛山分行票据风险

2016年8月8日,广发银行证实9.3亿元票据被调包流入股市。广发银行表态称,事件是由外部同业在票据交易中的不规范行为导致的。截至2018年7月22日,该行已收回约5.2亿元现金。

据了解,广发银行这次涉事的交易一共有98张票据,涉事行为广发银行佛山分行,交易时间为2015年8月18日至10月19日,交易对手方为中原银行信阳分行。据媒体报道,晋商银行、廊坊银行、库车国民村镇银行等多家银行充当了过桥者角色。然而,广发银行在票据起息日打出的9.3亿元款项,仅仅2个月就"不翼而飞",从而导致该笔票据业务回购逾期。

中国工商银行廊坊分行票据风险

2016年8月有媒体爆出,有不法分子利用虚假材料和公章,在中国工商银行廊坊分行开设河南一家城商行焦作中旅银行的同业账户,以工行电票系统代理接入的方式开出了13亿元电票。电票开出时,有多家企业作为出票人,开票行为工商银行,承兑行为焦作中旅银行,最后这些电票辗转到恒丰银行贴现。

工商银行方面表示,在账户监测和检查中发现,焦作中旅银行在工商银行开立的同业账户存在资金异常变动的情况,银行立即对可疑账户采取紧急冻结措施,并将相关情况通报票据转贴现买入行。

苏州银行票据风险

2016年12月2日,苏州银行在证监会官网进行招股书预披露,苏州银行招股说明书显示,苏州银行存在3起尚未了结、与承兑汇票转贴现事件相关的诉讼案件,涉及银行达4家。其中,针对苏州银行的涉诉金额就高达4.5亿元。根据媒体梳理,苏州银行2015年实现净利润18.41亿元,这笔涉诉款项占到企业2015年盈利的近1/4。

剧烈震荡:监管治理与行业严冬

山雨欲来风满楼。在经历了票据市场风险集中爆发的一系列事件后,票据市场不断剧烈震荡。在此期间,监管机构连续祭出重拳整治票据市场乱象,叠加各商业银行实行票据集中经营改革的影响,火热的票据市场一落千丈。票据从业者期望票据市场能回归到从前的交易模式及盈利模式，事实上这已经完全没有可能，票据行业曾经的辉煌局面转瞬即逝，火爆的票据交易跌入冰点，沸腾的市场迅速冷却下来。

监管治理

2009年以来，随着票据市场不断繁荣，市场机构的经营思路和业务模式日趋同质化。在此背景下，各类机构越发看重业务创新带来的创利机会，意图通过不断创新杀出一条"血路"，抢占攫取利润的最佳窗口期。一时间，票据市场上新产品和新模式层出不穷，花样繁多的创新产品很快就走在了监管前面。

2010—2012年，监管部门对票据市场的治理整顿逐渐加码，开始对喧嚣一时的票据理财和票据信托业务加大监管力度，先后发布了《中国银监会关于进一步规范银行业金融机构信贷资产转让业务的通知》《中国银监会关于进一步规范银信理财合作业务有关事项的通知》等监管文件，要求金融机构审慎开展信贷资产转让业务，规定银信合作理财资金不得投资于银行自身的信贷资产或票据资产，从源头上打击了通过票据理财形式进行监管套利的行为。

2012年，银监会印发了《中国银监会办公厅关于信托公司票据信托业务等有关事项的通知》，禁止信托公司与商业银行开展任何形式的票据资产转受让业务，正式终结了票据信托业务发展机会。

2013年5月，银监会发布了《中国银监会办公厅关于排查农村中小金融机构违规票据业务的通知》，列示诸多中小金融机构开展票据业务中的各类违规行为，并提出了整顿要求，封堵了商业银行利用农村中小金融机构会计制度不完善的漏洞进行消规模操作的途径。

2014年，监管又连续祭出重拳整治金融机构的同业业务。中国人民银行、银监会、证监会、保监会、外管局五部门联合发布了《关于规范金融机构同业业务的通知》，对于票据业务提出的监管要求是，禁止办理商业承兑汇票买入返售和卖出回购业务。随后，银监会发布

《中国银监会办公厅关于规范商业银行同业业务治理的通知》，要求包括票据买入返售业务在内的同业业务实行专营部门制改革，实行集中统一授权、集中统一授信、集中统一名单制管理、集中审批和集中会计操作。

2014年6月，中国人民银行发布了《中国人民银行关于加强银行业金融机构人民币同业银行结算账户管理的通知》，对商业银行同业结算账户的开立与管理做出严格要求，全面制止票据业务资金汇划同业户的行为。

2014年11月，银监会发布了《中国银监会关于全面开展银行业金融机构加强内部管控遏制违规经营和违法犯罪专项检查工作的通知》，采取银行业金融机构自查与监管检查相结合的方式，对票据业务展开了重点专项检查，检查内容涵盖无真实贸易背景的承兑及贴现业务、关联企业之间贸易背景虚假及贴现资金回流情况、保证金来源为贷款或者贴现资金、利用滚动开票等方式套取银行贷款资金或掩盖票据风险等方面，通知要求银行业金融机构边查边改，对业务领域的重点环节提出整改措施，严肃问责，强化效果。

2015年，随着全年票据贴现量创纪录地突破百万亿规模，票据市场交易迎来巅峰时刻。当年的下半年，监管治理也进入快速加码期。

2015年9月，银监会发布《中国银监会办公厅关于开展"两个加强、两个遏制"专项检查"回头看"自查工作的通知》，采取分行自查、总行抽查、属地银监局现场复查的方式，对票据业务重点检查开票、承兑、贴现、转贴现和票据买入返售业务中未严格执行相关规定的问题，以及是否存在票据交易资金被挪用或体外循环的问题，要求通过进一步检查，巩固和深化"两个加强、两个遏制"专项检查成果。

2015年12月底，银监会突然发布了《中国银监会办公厅关于票据业务风险提示的通知》，对七种典型的票据业务违规问题进行风险提示，同时要求金融机构全面加强票据业务风险管理。

2016年4月，中国人民银行和银监会联合发布了《中国人民银行 中国银行业监督管理委员会关于加强票据业务监管 促进票据市场健康发展的通知》，要求严格审查贸易背景真实性，严格管理同业账户，有效防范和控制票据业务风险，促进票据市场健康有序发展。

2017年3月至4月，银监会接连发布了《中国银行业监督管理委员会办公厅关于开展银行业"违法、违规、违章"行为专项治理工作的通知》《中国银监会办公厅关于开展银行业"监管套利、空转套利、关联套利"专项治理工作的通知》《中国银监会办公厅关于开展银行业"不当创新、不当交易、不当激励、不当收费"专项治理工作的通知》等金融市场治理的政策文件。针对银行业金融机构同业业务、投资业务、理财业务等跨市场、跨行业的交叉性金融业务中存在杠杆高、嵌套多、链条长、套利多等问题进行专项治理，票据业务是其中的检查治理重点。

因此，针对票据业务监管套利导致的系统性风险上升，以及票据风险事件中暴露出的商业银行内控体系缺陷，银监会等监管机构监管治理措施不断升级，对金融机构违规票据业务施以重典，并继而开出天价罚单。仅2015年一年，各地银监局对违规票据业务开出上百份罚单，强有力地遏制金融机构的违规票据业务，以规范票据市场的经营行为。

行业严冬

眼看他起高楼，眼看他宴宾客，眼看他楼塌了。在一系列的监管治理重拳之下，火爆的票据市场迅速进入寒冷期，曾经的繁荣不再，市场生机寥寥。那些曾经令人艳羡的票据市场从业者迎来了票据职业生涯的至暗时刻。

行业大势改变个体命运，个体选择又汇集成行业洪流的转向。这些年，票据市场培养出了很多心照不宣的潜规则，正是这些潜规则，滋生出很多灰色地带，最终演绎出"票据变报纸"、私刻萝卜章等一幕幕令社会惊诧的市场闹剧，频频见诸报端的票据案件、丑闻，最终将整个行业拖入深渊。

2015年下半年，票据行业就感觉到业务正变得步履沉重：彼时融资性票据泛滥，不见票代持、同业户划款等违规操作已渐成市场主流，市场中偶尔能听到一些机构"捅篓子"打飞票款，或者商票托收逾期形成的不良传闻，资深的从业者已经预见到，票据市场正迎来最后的余晖。

随后，同业间金融机构票据业务经监管要求开展了几轮自查，业务量出现明显下降。进入2016年，票据案件呈规模性爆发态势，市场人人自危，机构间信用急剧收缩，票据业务自然也更难开展。

随着监管机构频繁下发市场治理文件，以及各类违规罚单的接踵而至，各家银行陷入了长达半年之久的自查整改之中——分行票据部门自查，分行法律合规部再查，之后由总行检查组进驻再深入检查。机构重点自查票据实物的出入库登记记录、转贴现买卖以及买入返售业务合规性、票据贸易背景真实性以及清理同业户等。

票据市场以交易量的断崖式下跌宣告了票据业冬天的来临，市场转折和机构转型成为必然结果，而从业者的转型自然也是情理之中的事。例如，在某股份制银行上海分行，票据业务部被撤销，昔日辉煌的票据团队在人员流失中被并入金融市场部，员工分别转岗去做资产证券化、理财、资金拆借等业务；在另一家股份制银行的重庆分行，四五个票据行业的资深功勋业务员陆续转岗做起了通道业务，也有人干脆彻底离职，去了非银机构；在某国有银行的省分行，票据权限全部被上收到总行，而团队所有成员则通过内部调岗，被并入分行投资银行部或金融同业部等，重新安排其他工作。一时间，曾经人声鼎沸的票据行业似乎到了曲终人散的地步，行业冬天催生了从业者的事业低谷期。

在市场剧烈震荡的背景下，关于中国票据市场的未来发展问题，在中国人民银行的顶层设计和统筹安排下，监管层强调要加强票据市场的基础设施建设，构建全国统一、公开的票据交易平台，并制定系统的票据交易制度与规则，以全面创新票据市场的基础设施和制度规范，为票据行业的长期健康发展奠定基础。

2016年12月8日，上海票交所正式成立，传统的纸质票据将逐渐退出历史主流舞台，纸票业务所需的真伪审验和实物转移等属性将大大弱化，商业银行由此将节省大量的人力、物力以及时间成本。

同时，伴随各商业银行按照监管要求实行集中经营改革，银行分行票据业务权限被上收，团队职能弱化，人员流失造成一些银行的分行票据团队缩编。各商业银行总行票据部门虽然没有大规模撤编，但是职能重点也转向电子票据和集中审批管理等职能。

2016年，票据行业在整个票据市场规模收缩、交投活跃度下降的背景下勉强支撑，行业的这些变化对于曾经奋战在业务一线的票据从业者来说，犹如坐过山车。在票据市场机构经营中，业务规模下降是常态，收缩是基本趋势。

进入2017年，在监管机构公布的行业数据与银行发布的财报上，市场变化明显地体现在几组简单的市场数据及对比中。央行发布的2017年一季度支付体系运行总体情况显示，一季度全国共发生票据业务6 500万笔，金额为44.58万亿元，同比分别下降11.73%和3.43%。其中，银行本票业务笔数和金额分别同比下降41.70%和46.39%；银行汇票业务跌幅更大，笔数和金额同比分别剧降66.37%和69.96%。

在原本风光无限的整个票据市场，银票业务量一年剧降近七成，市场的出清速度快到超乎所有人的想象。根据几家主要银行2017年度一季度报告分析，票据贴现余额占贷款余额的比重全部下降，降幅在二至五成不等。其中，比较突出的是平安银行，一季度末的票据贴现余额占比甚至已降至不足1%，只有0.43%；招商银行降到了5%以下，工商银行、农业银行、建设银行三大行均降至4%以下。

此外，票据中介的活跃度较之前下降约80%~90%，票据市场清淡也削弱了中介公司的业务能力。如果说先前市场上有10家中介公司活跃在交易领域，那么2016年可能只有1家还在活跃地开展业务；

若说先前一家机构每天能有 5 亿的成交量，2016 年则每天仅剩下 5 000 万的成交量。中介机构的业务萎缩直接给其带来灭顶之灾，劫后余生者寥寥无几。

票据市场一串串冰冷的数字，折射出票据行业盛极而衰的惨淡景象，昔日风光无限的激情岁月只能在票据人的回忆中任人凭吊，留给从业者和旁观者的都是唏嘘与感叹。

理性透视：票据风险追根溯源

票据市场是以商业汇票为交易工具，提供短期资金融通的场所。由于票据同时具有信贷属性与资金属性，票据市场成为货币市场中与实体经济联系最为紧密的金融子市场。近些年来，随着中国经济的持续高速发展，票据市场也得以迅猛扩张。但是，作为连接货币市场与实体经济的票据市场却"不走正门走偏门"，市场机构为逐利而进行的消规模、逃资本、一票多卖等违规操作层出不穷，风险不断"量变"累积，直至集中"质变"爆发，这值得我们深思其中的风险根源。

票据市场基础设施建设刻不容缓

票据市场电子化程度低，基础设施建设滞后

尽管中国很多金融子市场早已实现完全电子化，但票据市场多年来仍以纸票为主，交易电子化程度比较低。尽管纸票存在易伪造、变造的天然缺陷，潜藏风险较大，但是由于历史原因，企业仍更愿意开具纸票，而不愿意开电票，这导致电票的推广速度一直比较缓慢，票据的标准化程度和交易效率难以很快提高。

我们分析农业银行票据大案可以看到，虽然在票据实物交接保管的过程中，交易双方都会通过设置严密的风险防控机制，以降低风险事件发生的可能性，但是，只要在交易过程中有执行不到位的环节，就很容易形成极大风险。如此才有本应放在保险柜中的价值39亿元的票据被偷换成了废报纸。

推广使用电子化票据，可以在交割、审验、保管、托收等各个操作环节大大减少人为因素的影响，既可以有效降低可能由此产生的操作风险和人员道德风险，也可以大大提高交易效率。而且，票据市场电子化程度较低，纸票主导还会使票据的资金划转依赖线下操作，无法做到票款对付，这也是前文提及的广发银行、天津银行等票据风险案件发生的原因。若在交易过程中使用电子票据，就不会出现上述票据流和资金流不同步的现象，进而大大降低此类操作风险。

另外，票据市场统一、公开的交易平台和支付清算体系的缺失，也会造成票据主要通过场外交易进行操作，这与早期国库券的交易方式类似，导致交易环节的透明度不高，信息出现严重不对称，由此给票据交易埋下巨大的风险隐患。

在农业银行票据买入返售风险案件中，银行内部人员违规将票据私自取出，并再次进行转贴现买卖，属于典型的"一票两卖"。究其原因，很大程度上要归结于缺失统一、公开的票据交易平台而导致的银行间信息不对称。交易对手之间的信息不对称使得各银行之间自成交易体系，各银行在进行票据交易过程中的信息几乎是完全绝缘的，这不仅大大降低了交易的流转效率，也极大地增加了各类操作风险。

票据信用评级制度尚未真正建立

在近十几年的金融市场发展过程中，因市场快速成长扩展的需要，国内涌现出一批本土信用评级机构。但是，到目前为止，全国信用评级制度与运行体系并不完善，除了债券市场建立了比较规范的评级制度及运行体系外，整个金融市场的信用评级体系仍未真正建立起来。评级机构的专业水平、评级从业人员的素质仍严重滞后。此外，一些评级制度与机制仍处于扭曲状态，例如，评级费用由被评级人支付，这迫使评级机构委曲求全，评级结果受到被评级对象的影响甚至干扰，评级机构对被评级人的信用审查不够全面深入，致使评级质量不高，评级结果甚至出现严重偏差等，这都令评级机构及评级结果的市场公信力受到巨大影响。

在票据市场上，商业汇票的运用主要集中在制造业上下游，以及批发、零售和大宗商品等流通领域，签发票据的企业中，中小企业占比约为 2/3。由于没有比较完善的评级制度体系和市场运行机制，行业和中小企业市场主体缺少必要的约束，投资者也缺少基本的判断依据，市场交易缺少必要的参照体系，由此导致企业信用风险频繁暴露于票据市场，并通过行业传导至整个金融体系。

在票据市场快速扩展、容量急剧增大的背景下，经济下行期若出现大面积企业票据到期无力兑付票款的局面，票据投资者将承受巨大损失，票据市场出现的混乱很容易引发系统性金融风险。

灰色融资性票据暗流涌动

就商业汇票出现的经济背景而言，作为企业间的结算支付手段是其先天功能。受政策的限制，融资性票据一直不被金融监管当局所接受。但是，随着票据功能的扩展和票据市场规模的不断扩容，票据的融资性功能被实体企业和市场交易者不断发掘，特别是在货币宽松期资金易获得的环境下，融资性票据的功能越发被市场积极应用，尽管这有时是违规的。

所谓融资性票据，严格意义上是指票据市场主体之间在没有真实贸易背景支撑的情况下，以融资为主要目的，以发行主体本身信誉向其他市场主体发行的商业票据。融资性票据的签发不具有监管法规所要求的真实的交易关系，实质上是基于票据签发人的信用，将其未来的经营和盈利能力转变为当前的支付能力，以提高当事人的交易能力。

融资性票据具有信用性、融资性与交易性的特点，是信用扩张的一种重要形式。但是，在银根紧缩的信用收缩期内，融资性票据开立企业的支付能力下降，缺少真实交易背景支持的信用扩张必然会受到抑制，因此很容易最先遭到冲击，带来的风险也将被放大。

票据市场的繁荣受逐利动机驱动，具有融资性特征的票据在中国票据市场成为众所周知的灰色地带。编造虚假贸易背景，真实贸易背景被多次重复使用，由此"创造"出大量缺少交易背景支持的融资性票据，在缺少针对融资性票据的监管政策、措施的条件下，这必然会给市场留下大量风险隐患。

票据监管规则存在的短板

转贴现纳入信贷规模管控问题

根据央行1996年下发的《贷款通则》第九条第六款的规定："票据贴现，系指贷款人以购买借款人未到期商业票据的方式发放的贷款"。央行1997年下发的《商业汇票承兑、贴现与再贴现管理暂行办法》第二十二条规定："贴现人应将贴现、转贴现纳入其信贷总量，并在存贷比例内考核。"票据贴现和转贴现业务被赋予信贷属性，一并纳入贷款总量计算。目前监管政策的执行口径，是要将贴现和转贴现均纳入贷款科目统计。

但就转贴现业务的性质来看，其本质是金融机构间进行的金融资产买卖和资金融通的市场交易行为。因此，从这个意义上讲，转贴现业务更多是金融机构之间的同业资金往来业务，而不同于一般贷款，贷款一般是指银行和借款人之间的直接借贷。

从转贴现业务对社会融资总量的影响分析来看，转贴现本身并没有体现任何信用创造与扩张。相比之下，贷款则会增大社会融资总规模。因此，把转贴现等同于贷款业务，并放入贷款科目核算，并不十分合理。

在利率市场化冲击下，金融机构都有扩张资产负债表的冲动，并采用以价补量策略应对收入和利润下滑的压力。监管政策将转贴现纳入贷款规模管理的结果是，银行业金融机构想方设法地进行票据业务运作模式创新，以期实现腾挪票据资产出表，突破信贷规模的限制。如此一来，必然会增加金融风险，也会提高金融监管成本。

票据业务风险资本计提问题

根据《商业银行资本管理办法（试行）》的规定，票据业务作为商业银行的资产类业务，须占用银行风险资本。票据市场对于风险资本计提的最大异议与争论，是有关卖断未到期票据的风险资本计提规则问题。对于票据卖断银行而言，因票据是通过背书转让的，所有背书人都有被追索的可能性，导致其风险未能完全转让，所以卖断票据以后，卖断银行还需计提与买入时相同的风险资产，即银行承兑汇票要计提的风险资本权重为20%或25%，商业承兑汇票则是100%。

这项监管规则会导致一笔票据资产在金融机构间进行一次买断和卖断交易，会被重复计算两次加权风险资产。举例来说，一笔期限为3个月以上的票据资产，经A行贴现后卖断给B行，B行卖断给C行，C行卖断给D行，D行卖断给E行，经过5次交易之后，由于A、B、C、D、E行都必须按照25%的比例计提加权风险资产，最后5家银行计提的加权风险资产总比例为25%×5=125%，超过了该票据票面金额的100%。

这种票据业务的资本计提规则使金融机构在加大转贴现业务流转速度与减少计提风险资产压力之间进退两难，创造利润目标与满足合规要求存在明显冲突。交易的资本成本大幅上升，必然会抑制票据交易，最终牺牲的是票据市场的效率和活跃度。

银行内控制度存在缺陷

票据实物管理混乱

在上文提到的一些案件中，不少都涉及票据实物的管理，也就是质押物安全问题。这也反映了涉案银行票据业务内控制度的松懈与缺失。在农业银行票据风险案例中,违规人员采用的先入库后调包和将票据在入库前调包这两种手段中的任何一种,均反映了票据实物管理方面的混乱无序。在票据交接的过程中,银行未能严格执行票据实物清点、交接、登记及出入库等制度,而且,也未对入库票据定期进行检查,或者是检查可能流于形式。在广发银行佛山分行案件中,在实物票据管理方面也存在同样问题,在没有收到资金的情况下交付票据,颠倒了操作流程,埋下了风险隐患。

由于票据交易利差极薄,金融机构需要通过高速流转交易来获得收益最大化。然而,在纸质票据在流通中占绝对地位(比例超过80%)的年代,受地域、交通等便捷性限制,票据的快速流转过程常常无法完全实现票据实物的转移托管,金融机构间往往只凭借相互的信任完成交易,这促成了"不见票代持"等所谓创新交易模式的兴起。

与此同时,票据行业无准入门槛限制也导致市场上活跃的机构素质参差不齐,部分机构面对市场波动容易产生经营投机行为,继而开始恶意欺诈交易对手,通过空壳商票、不见票代持、一票多卖等方式,使交易对手对票据质押物失去控制,从中骗取巨额资金以牟利,或用于填补自身亏空,继而引发较为严重的票据市场风险事件。

资金划付违规操作

中国银监会于2012年发布的《中国银监会办公厅关于加强银行承兑汇票业务监管的通知》,对商业银行票据交易资金划付提出了相关规定:要求商业银行在办理票据买入业务时,票据买入方应将票据款项划付到票据卖出方在中国人民银行开立的存款准备金账户,或将资金转到票据卖出方在本行开立的账户。

分析天津银行案例可以发现,该行在票据买入返售的过程中,没有按照规定严格执行,资金流入由票据中介掌控的票据转出行在第三方银行开立的账户,并最终流入票据中介手中,从而导致巨额损失。

机构分散经营的弊端

由于票据业务具有专业性强、风险集中度高、业务连续性强和涉及面广的特征,传统的票据分散经营模式往往不利于集中管控风险,也不利于降低经营成本,以及进行有效的经营创新。在票据以场外交易方式运行的条件下,票据转贴现业务分散在各个分行甚至支行,这有其合理性,但也带来了管理分散、风险分布广的问题,各个分支机构的风险防控能力存在差异,在管控薄弱的机构中极易发生风险事件。

商业银行风险管理体系的集中化趋势,使强化票据风险管理具有了可行性。特别是随着票据市场进入场内交易时代,推进票据的专业化集中经营具备了客观条件。集中化经营,既能发挥大型金融机构流程规范、统一的优势,又能体现专业化分工运营的好处。集中办理票据承兑、贴现、转贴现业务,既可以强化业务风险控制,还能通过整合系统内资源,提高业务运行效率和获得规模效益,并加快业务创新进程,为票据业务的持续健康发展提供体系保障和持续驱动力。

利润导向与中介管控问题

利润追逐下的经营扭曲

银行业利润压力驱动的资产规模扩张冲动,使得做大票据业务成为重要的资产扩表途径,票据具有期限短、周转快的特性,易于用来调节资产负债表的资产端。签发银行承兑汇票作为表外业务,不占信贷规模,同时承兑保证金又能带来大量存款,因此发展承兑业务具有极大的吸引力。

然而,银行表内贴现及转贴现能力受制于存贷比等监管要求,资源相对有限,这使票据一二级市场间出现巨大缺口。与此同时,跟单资料、贸易真实背景审核等手续繁杂,也增加了商业银行的交易成本,而利率市场化压力又推升了表内持票成本,使商业银行从事票据贴现业务的风险与收益无法有效匹配，加快票据资产流转速度以获得超额收益成为必然选择，出表及错配等需求随之产生。

因此，扮演过桥行或代持行角色的城商行和农商行找到了市场商机。这类银行在票据市场中的份额逐年上升，从2010年的32%上升到2014年的41%，市场交易主体的信用结构下沉明显。某些城商行、农商行为了应对利率市场化带来的利润冲击，为增加收入来源获取短期利益，不惜放松风控标准，甚至违规办理票据业务。经营行为的扭曲进一步加大了票据市场的风险隐患。

中介渗透联手违规

银行票据贴现渠道设置的高准入门槛以及差别定价政策，经常将数量庞大的中小企业票据融资需求推向票据中介，使票据中介逐渐渗透进金融体系。同时，部分银行的分支机构在业务扩展中依赖中介进行票据业务开发，一些小型银行甚至将票据业务外包给具有中介特征的企业，使票据中介对票据业务的渗透进一步加剧。一些金融机构在和中介联手开发客户与业务的过程中，未能有效处理业务发展和风险管理的关系，致使该机构涉入风险之中。

前文提到诸多案例，例如农行案件中，内部员工将票据违规取出后，在没有农行参与的情况下，票据中介通过非正常手段控制某家银行完成了此次交易。在这一过程中，参与交易的银行默许票据中介冒用对手名义参与票据交易、非法牟利。分析天津银行票据买入返售业务案也可以发现，天津银行风险防范意识薄弱，明知交易对手被中介控制，仍放任中介取走票据实物，利用同业户转移资金，致使银行买入返售业务逾期并出现资金损失。

票据中介游离于监管之外的灵活性以及其强烈的逐利性，使其在提升票据市场活跃度、增加交易量的同时，也为金融行业带来许多不良影响，甚至严重扰乱了正常的金融秩序。金融风险正是在这样的背景下悄然产生的。

第三章

浴火重生：迈入票交所时代

中国票据行业风险的快速集聚、爆发，以及票据市场的剧烈震荡，直接推动国家采取措施对票据市场实施重大变革。上海票交所的筹备和诞生，预示着中国票据市场发展迎来新的转折。伴随着一场全面的票据市场深入治理的推进，以市场大幅萎缩为代价，中国票据市场迎来浴火重生式的转折，开启创新发展的崭新篇章。

1933年，票据交换所在上海成立。随着中华人民共和国的成立，在国家建立高度集中的计划经济体制进程中，上海票据交换所于1951年被关闭了。因此，2016年12月8日，上海票交所的成立是票据发展史上具有里程碑意义的重大事件，中国票据市场重新开启交易所时代。

市场转型的突破口

遭遇金融强监管

2016年年初爆出农业银行北京分行票据大案后，中国票据市场集聚的诸多风险迅速暴露出来。一时间，突发票据风险事件频频见诸财经媒体报端，票据违约消息频频刷爆票据人的朋友圈。票据市场风暴来临之时，正是国家强化金融治理，强力防范金融风险的当口。

2016年12月的中央经济工作会议提出，要把防控金融风险放到更加重要的位置，下决心处置一批风险点。紧接着，2017年7月召开的中央金融工作会议再次强调，要强化金融监管，提出金融是国家重要的核心竞争力，金融安全是国家安全的重要组成部分。强调要构建现代金融监管框架，健全金融法治，保障国家金融安全。2017年12月18日，中央经济工作会议在分析研究2018年的经济工作后，提出今后三年是中国发展要跨越的一大重要关口，打好三大攻坚战，是决胜全面小康社会的关键任务。会议将防范和化解重大风险列为首位，强调重点是防控金融风险。

中国金融业由此进入强监管的时代，而票据作为风险突出的业务领域，自然成为监管治理的重点。中国人民银行、银监会分别推出了系列强化监管的措施，并对以商业银行为主的金融机构进行了大规模的现场监督检查。一大批金融机构、金融从业人员受到监管的严厉处罚。票据市场发展快速转入低潮期，市场交易量、活跃度不断下降。

在票据市场的主力军——商业银行内部，迅速开展各类自我检查，从分行内部到总行票据主管部门、审计部门，全面开展风险排查工作。2016年上半年，每个票据人都经历了各种触及灵魂的检查，主要工作是处理业务存量，票据业务日渐滑落、萎缩。另外，在各家银行内部，总行也都收紧了票据政策，通过集中运营把票据业务经营权限上收至总行，票据人阳光灿烂的日子已经过去，一时间票据行业乌云压顶，暴风雨将至。

转型谋变求发展

在金融强监管临近之时，票据市场各项指标开始出现萎缩趋势。从央行公布季度票据融资余额观察，表面上，票据融资量似乎还在增长，但未贴现银行承兑汇票余额则表明，市场已经开始出现微妙变化。未贴现银行承兑汇票余额从 2015 年一季度的 6.96 万亿元下降到 2016 年三季度的 3.8 万亿元，降幅达 45%。未贴现银行承兑汇票余额的下降表明，市场已开始收缩。票据市场融资余额的变化（2015—2017 年）如图 3-1 所示。未贴现银行承兑汇票余额的变化（2015—2017 年）如图 3-2 所示。

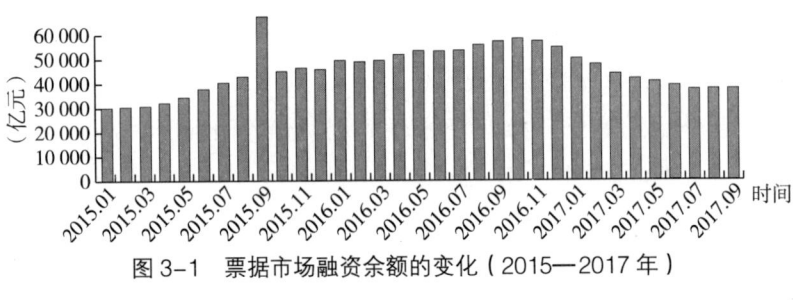

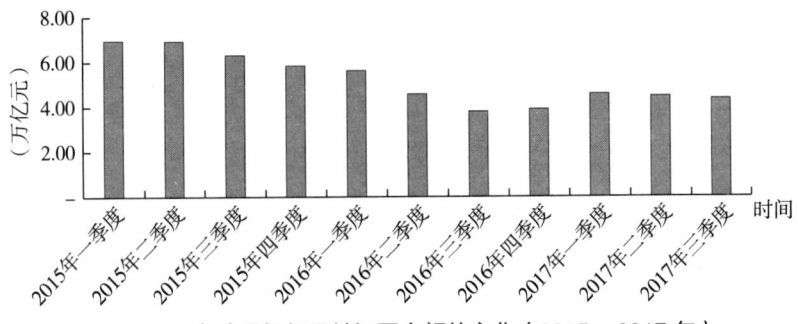

图 3-1　票据市场融资余额的变化（2015—2017 年）

图 3-2　未贴现银行承兑汇票余额的变化（2015—2017 年）

最近这些年，中国票据市场快速发展，交易规模狂飙突进，除了商业银行等机构的内在扩张冲动外，最根本的原因在于，中国经济遭遇转型压力，一部分企业在传统业务增长乏力，甚至是运营日益艰难的环境下，开始日渐脱离实体经济而转向金融投资领域。特别是在金融监管层对资产管理等领域的监管松绑之后，在很多实业公司看来，埋头苦干一年搞实业经营，也许不如金融市场上一次成功的投机交易。

正是在这一思想的指导下，很多实业公司开始参与对金融机构和金融市场的投资，甚至很多国企、央企也通过各种形式渗透进金融市场。票据作为连接实业经营与金融市场的短期金融工具，为大多数企业所熟悉，因此最容易通过表面合理的实业经营需求，行金融投资、投机之实，票据市场这几年的狂飙式增长，也就不足为奇了。

在票据功能遭遇异化的同时，票据的风险问题也由来已久，在以往的历次金融检查中屡禁不止。特别是在纸票时代，票据进行实物保管、交易分散、市场分割，交易者之间存在极大的信息不对称，监管真空也难以避免，这使票据市场潜藏灰色交易。在票据市场，一些不规范的机构渗透到票据交易的每个环节，促成违规和灰色交易，加剧了票据市场问题的累积与爆发。

在过去两年中，票据市场频发风险事件，金融监管强度升级，全国票据市场风声鹤唳，商业银行也不断收到大额罚单，票据业务人员频频被处罚，票据市场遭遇前所未有的危机。但是，这并不能改变票据作为重要的基础金融服务工具，以及票据业务能够有效服务实体经济的本质。在企业经营活动中，特别是在交易链和供应链上，票据仍然是最便利的支付与结算工具。因此，适应市场和监管的变化，转型谋变图发展的愿望依然是票据市场参与机构和从业者的追求。

以往数次的票据整顿表明，票据市场要实现转型并谋求新的发展，必须进行重大改革，中国票据市场未来发展需要进行顶层设计。其核心是要从根本上改变以往票据分散、割裂的交易状态，建设统一的票据交易平台。

中国票据市场的成长类似于银行间债券市场的发展历程，20世纪90年代，中国债券市场也走过一段弯路，最终才从粗放走向集约，从纸质走向电子化，从无序走向规范。在央行的支持与主导下构建的统一的银行间债券市场，实现了10余年的高速成长，规模居全球前列。当前，中国票据市场的发展到了一个重要的临界点，因此建立全国统一的票据交易平台恰逢其时，是当务之急。

酝酿与创立票交所

春天里的希望

2016年春天的全国两会①上，央行副行长潘功胜在接受《上海证券报》采访时表示，央行正在抓紧推动建设全国统一的票据交易市场，建设全国统一的票据交易市场是央行下一步的工作计划之一。建设电子票据交易系统，将有利于提高票据市场的交易效率，降低票据市场交易成本和交易风险。一时间，央行建设票据交易所的新闻在票据市场引起轰动。

在此之前，关于建设全国统一票据交易市场的建议和呼声一直存在。金融学者、市场人士就建设统一票据交易市场的必要性、可行性进行了充分的讨论和论证，提出了很多规划和具体设想。票据市场风险的积累和暴露，正是加速和催生票交所建设的重要推动力。

开启筹备之路

在央行表态要建设全国统一的票据交易市场后不久，2016年5

---

① 2016年全国两会指十二届全国人大四次会议和全国政协十二届四次会议。

月25日，央行牵头成立了负责筹建全国统一票据交易市场（后称票交所）的筹建小组。筹建小组的主要负责人来自央行金融市场司、支付司等相关司局和处室，小组成员主要来自国有大型商业银行、部分股份制银行，工作人员为来自各商业银行票据运营中心的产品创新领域专业人士，他们共同参与商议票交所具体组建方案。

2016年11月2日，中国人民银行办公厅下发《中国人民银行办公厅关于做好票据交易平台接入准备工作的通知》，文件标注为特急。通知表示，为防范票据市场风险，提高票据交易效率，中国人民银行筹建的票据交易平台拟于2016年12月8日组织交易系统试运行。

央行在该发文中规定，按照接入方式和实现的主要业务功能，票交所系统建设分为两期，票交所系统（一期）实现纸质商业汇票交易功能，会员以客户端模式接入；票交所系统（二期）实现纸质商业汇票和电子商业汇票交易功能，具备技术实力的会员可以系统直连模式接入。第一批参与试点的会员包括35家商业银行、2家财务公司、3家证券公司、3家基金公司。

> **专栏 3.1　　上海票交所试点机构名单**
>
> **试点商业银行（共35家）**
>
> 　　中国工商银行、中国农业银行、中国银行、中国建设银行、交通银行、中国邮政储蓄银行、中信银行、中国光大银行、中国民生银行、招商银行、兴业银行、平安银行、浦发银行、上海银行、江苏银行、南京银行、徽商银行、苏州银行、浙商银行、杭州银行、浙江稠州银行、北京银行、汉口银行、广州银行、重庆银行、渤海银行、宁

> 波银行、广东南粤银行、恒丰银行、九江银行、上海农村商业银行、北京农村商业银行、重庆农村商业银行、江苏常熟农村商业银行、张家港农村商业银行。
>
> **试点财务公司（共2家）**
>
> 美的集团财务公司、中国石化财务公司。
>
> **试点证券公司（共3家）**
>
> 招商证券、海通证券、中信证券。
>
> **试点基金管理公司（共3家）**
>
> 华泰证券（上海）资产管理有限公司、兴业财富资产管理有限公司、上海浦银安盛资产管理公司。

构建基础交易规则

在票交所即将正式挂牌之际，2016年12月6日，中国人民银行正式出台了《票据交易管理办法》（以下简称《办法》）。该文件的出台旨在对票据市场的参与者、票据市场基础设施、票据信息登记与电子化、票据登记与托管、票据交易、票据交易结算与到期处理等进行规范。因此，这是央行关于票据市场建设的一份基础性制度文件。

《办法》界定了上海票交所的四大职能定位：一是组织票据交易；二是公布票据交易即时行情；三是票据登记托管；四是票据交易的清算结算和票据信息服务。同时，《办法》规定，票据市场的参与者仅限于三类：金融机构法人，包括银行金融机构总行及其授权分支机构和非银行金融机构；非法人类机构，包括金融机构等管理的各类投资产品；中国人民银行确定的其他参与者，指由中国人民银行审批确定的参与者。

《办法》引入了一些新的概念。例如，保证增信行，是指按照市场化原则进行选择，提供纸票的保管以及先行偿付服务；保证增信的申请在首次交易前完成；票据到期的偿付顺序：承兑人、保证增信行、贴现人。根据《办法》的规定，票据交易无须提供转贴现凭证、贴现凭证复印件、查询查复书及票面复印件等材料，贴现以及转贴现的计算期限不再需要异地加 3 天。

《办法》自公布之日起施行，在过渡期即 2016 年 12 月 8 日至 2017 年 7 月 31 日，票据业务仍按照《中国人民银行办公厅关于做好票据交易平台接入准备工作的通知》的规定执行，这为各家机构调整其业务流程、风控制度、业务模式和人员安排等提供了比较充足的时间。

梦想照进现实

2016 年 12 月 8 日，将会被载入中国票据市场发展史。这一天，上海票交所开业仪式在上海黄浦区锦江小礼堂举行。

上海票交所的正式成立是中国票据市场发展中具有里程碑意义的重大事件，也是中国深化金融业改革与发展的一项重要举措。国内票据市场的快速发展，对拓宽各类企业的融资渠道，健全多层次金融市场服务体系发挥了重要推动作用。作为具备票据交易、登记托管、清算结算、信息服务多功能的全国统一票据交易平台，上海票交所的成立有利于大幅提升票据市场的透明度和交易效率，从而激发市场内在活力，更好防范票据业务风险。同时，票交所的成立实现了对全国票据交易的根本性规范和有效管理，因此也有助于完善中央银行的金融调控，优化货币政策传导机制，增强票据服务实体经济发展的能力与基础。

周小川行长提出，上海票交所要深刻认识自身使命，积极借鉴国际成熟市场的发展经验，以实体经济需求为导向，推动票据产品和交易方式创新，丰富和增强票据市场功能，进一步优化金融资源配置效率，要加强交易系统建设和内部管理，完善业务规则，切实防范风险，加强投资者教育，做好研究监测工作，提升票据市场专业化水平。

在开业仪式上，潘功胜指出，中国票据市场经过30多年的实践探索，已经成为中国金融市场体系的重要组成部分，市场规模和参与主体不断扩大，为实体经济发展、中小企业融资和中央银行金融宏观调控提供了有力的基础支撑。上海票交所的成立，是中国票据市场的新起点和里程碑，有利于促进票据市场法规制度完善，推动票据业务创新，防范票据市场风险，促进货币市场和资本市场协调发展，体现了中央银行对建设上海国际金融中心的高度重视和支持。

近年来，中国票据市场持续发展，规模快速扩大，票据市场在快速发展过程中存在市场透明度低、交易效率不高、基础设施发展滞后、部分金融机构内控薄弱以及票据中介风险累积等问题。强化金融机构票据业务的内控管理，提高票据业务的电子化水平，提高市场透明度，完善票据市场制度建设，规范票据中介行为，成为中国票据市场规范发展的重点内容。上海票交所的创始股东见表3-1。

正如1992年上海证券交易所成立对中国证券市场发展的意义，对中国票据市场的发展而言，上海票交所的成立具有重要意义。票交平台将终结票据分散交易的局面。票交所不是分割的，而是统一的，不是区域性的，而是全国性的。未经国务院和金融管理部门批准，任何设立票据交易平台的行为都是违背《国务院关于清理整顿各类交易场所　切实防范金融风险的决定》的精神的。

回顾历史，近代中国的第一家专业化的票据机构——上海票据交换所，就是于1933年在上海成立的。而80多年后的今天，上海票据交易所的成立，必将为中国金融市场的改革发展增添新的动力，也为上海国际金融中心的建设扬帆助航。上海票交所开业当天各类业务的首笔交易见表3-2。

表 3-1　上海票交所的创始股东

序号	股东	出资比例(%)	认缴出资（万元）
1	中国人民银行清算总中心	8.13	15 000.00
2	中债信用增进投资股份有限公司	8.13	15 000.00
3	中国银行间市场交易商协会	8.13	15 000.00
4	工银瑞信投资管理有限公司	5.42	10 000.00
5	农银国际（中国）投资有限公司	4.34	8 000.00
6	上信资产管理有限公司	4.34	8 000.00
7	上海黄金交易所	4.34	8 000.00
8	上海国际集团有限公司	4.34	8 000.00
9	中钞实业有限公司	4.34	8 000.00
10	银行间市场清算所股份有限公司	4.34	8 000.00
11	中汇信息技术（上海）有限公司	4.34	8 000.00
12	兴业国信资产管理有限公司	2.71	5 000.00
13	光大金控（上海）资产管理有限公司	2.71	5 000.00
14	中银投资有限公司	2.71	5 000.00
15	交银国信资产管理有限公司	2.71	5 000.00
16	民生置业有限公司	2.71	5 000.00
17	中邮资本管理有限公司	2.71	5 000.00
18	信银（深圳）股权投资基金管理有限公司	2.71	5 000.00
19	上海建银国际投资咨询有限公司	2.71	5 000.00
20	深圳平安投资发展有限公司	2.71	5 000.00
21	招银前海控股（深圳）有限公司	2.71	5 000.00
22	上海市黄浦区国有资产总公司	1.90	3 500.00
23	鑫元基金管理有限公司	1.63	3 000.00
24	上银瑞金资本管理有限公司	1.63	3 000.00
25	上海华瑞金融科技有限公司	1.63	3 000.00
26	乌鲁木齐市诚合金融外包服务有限责任公司	1.63	3 000.00
27	盛银消费金融有限公司	1.63	3 000.00
28	中国金融信息中心（上海）有限公司	1.63	3 000.00
29	北京人银科工贸有限责任公司	1.08	2 000.00

表 3-2　上海票交所开业当天各类业务的首笔交易

交易类型	交易双方	
首笔场内交易（银票转贴现）	工商银行票据营业部	农业银行票据营业部
首笔场内商票转贴现	民生银行	招商银行
首笔质押式回购	浦发银行	兴业银行
首笔场内资管业务	平安银行	华泰证券

全面推进票交所建设

上海票交所的成立开启了中国票据市场发展的新时代。但是，将票交所建设成为制度完善、规则透明、运行平稳的成熟交易所，是摆在监管机构和票交所建设与运营团队面前的重要任务。由于票交所筹备期较短，上线时间也较为仓促，票据交易需要的相关制度规则、票据交易系统等都存在着诸多问题。同时，在交易系统建设初期，票交所工作人员大都是从各家商业银行借调的，团队建设刻不容缓。

发布《票据交易主协议》

为保障票据交易顺利开展，维护市场参与者合法权益，促进票据市场规范健康发展，2016 年 12 月 30 日，上海票据交易所发布《票据交易主协议（2016 年版）》（以下简称《主协议》）。《主协议》参考了中国债券市场比较成熟的主协议框架。特别值得一提的是，该协议由上海票交所与银行间交易商协会联合发布，因此签订文本要求一式三份。

就票据市场与债券市场的功能定位来看，一般而言，票据市场主要提供 1 年以内的短期债务融资，而债券市场则主要提供 1 年以上的中长期融资。《主协议》由上海票交所和银行间交易商协会联合发布，为未来票据交易和债券交易的协同与创新留下巨大的想象空间。

发布票据交易系列规则

经中国人民银行备案同意，为规范票据交易行为，促进票据市场健康发展，维护市场参与者合法权益，上海票交所陆续发布了《上海票据交易所票据交易规则》《上海票据交易所纸质商业汇票业务操作规程》《上海票据交易所票据登记托管清算结算业务规则》等一系列的业务规则，为票交所的运行奠定全面的制度基础。

上述业务制度规则是上海票交所根据《票据法》和《票据交易管理办法》等法规制度，在广泛征求各市场参与者意见的基础上，以法规为准绳，汇集行业智慧和经验制定的。上述业务制度规则立足于票据市场的业务实践和发展需要，既是落实《票据交易管理办法》的重要配套制度，又是规范票据市场参与者在中国票据交易系统的各类票据行为的重要业务规则。

俗话说，没有规矩不成方圆，制度规则是现代金融市场规范发展的基础。上述业务制度规则的正式发布，有利于进一步规范票据业务行为，防范票据交易与业务运行风险，提高票据交易效率，维护市场各方合法权益。同时，这也为金融机构梳理票据业务内部制度和流程，推进中国票据交易系统推广上线工作提供了制度支撑。此外，这还将有力助推金融机构实现票据业务转型，为未来推出更丰富的票据业务创新品种奠定基础。

推进系统直连、电子商业汇票系统迁移、纸电融合

为加快统一票据市场建设，加强电子商业汇票交易管理，2017年7月6日，中国人民银行发布《中国人民银行关于加强电子商业汇票交易管理有关事项的通知》。具体安排为：

- 电子商业汇票交易自2017年8月28日起执行《票据交易管理办法》（中国人民银行公告〔2016〕第29号公布）有关规定。
- 电子商业汇票贴现后业务于2018年10月1日至10月7日切换至上海票据交易所交易系统，原电子商业汇票系统贴现后业务功能关闭。
- 上海票据交易所在中国人民银行指导下，具体负责电子商业汇票交易有关的系统建设和电子商业汇票贴现后业务切换工作。上海票据交易所要与相关单位密切沟通，积极稳妥做好具体实施工作。

票交所正式上线运行之初，只上线了纸票交易，交易量很小，市场很不活跃。同时，伴随着经济转型与结构调整，整个市场的票据交易量也在大幅减少。因此，在风险事件频发的当口，票据市场主要参与机构的票据业务政策或多或少地收紧了。多种因素使上海票交所的功能与作用受到制约。

随着纸电融合、系统直连等项目的逐步落地，可以预期，场内交易量必将大幅提升。上海票交所将使企业之间的贸易、支付结算、融资与银行等金融机构间的投资交易、流动性管理，以及与央行的货币政策无缝连接，成就一个健康、可持续运转的金融生态。

开启票交所新时代

上海票交所的正式上线运行开启了中国票据市场发展的新时代，为推动中国票据市场的持续、健康、规范发展提供了坚实的基础性平台。票据市场发展新时代主要体现在五个"新"——新系统、新制度、新主体、新模式、新能力。

新系统

上海票交所推出了全新的票据交易系统。CPES 是上海票交所的载体和基础，可以说，CPES 是上海票交所成立初期最具现实意义和实际作用的部分。有了这样一个系统，全国票据交易分散割裂、信息不对称的时代将一去不复返，规范、高效、统一的交易平台由此建立起来。不管是央行的再贴现操作，还是非银机构、非法人产品参与的票据交易都有了基础和支撑系统。

中国票据交易系统是由上海票交所建设并管理，依托网络和计算机技术，向交易成员提供询价、报价、成交及登记、托管、清算、无纸化托收等其他交易辅助服务的计算机业务处理系统和数据通信网络。图 3-3 显示了中国票据交易系统的总体结构。

上海票据交易系统的业务需求、系统框架主要由上海票交所筹

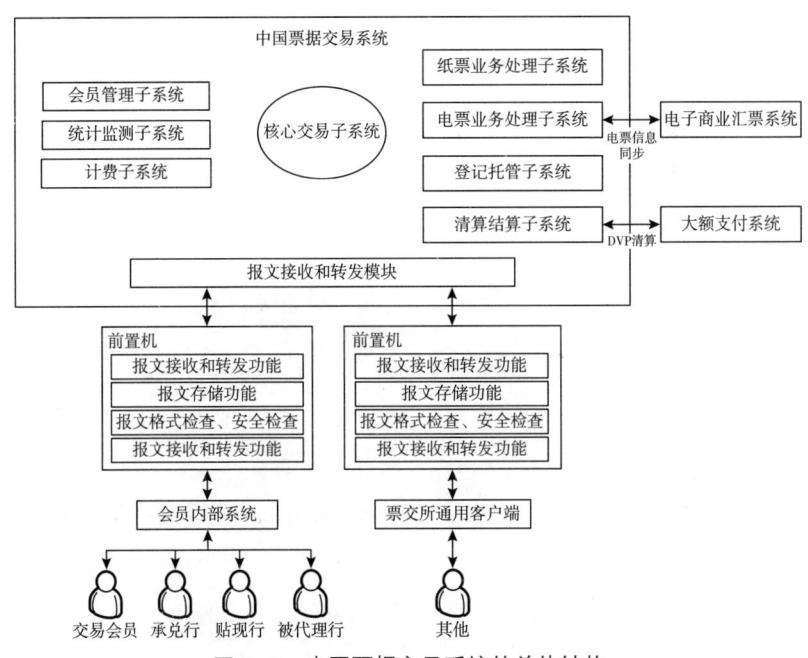

图 3-3 中国票据交易系统的总体结构

备时所借调的各家商业银行和外汇交易中心等的工作人员编写，而系统开发工作则由中国工商银行杭州软件开发中心负责完成，工商银行提供的人力与物力支持是票交所系统顺利上线的重要支撑与保证。当然，上海票交所的成立与顺利运营背后还有很多其他银行机构的贡献与支持。尽管票据市场处于低谷时期，但在人民银行的牵头筹建下，票据市场主要参与机构对筹建票交所积极支持，这表达了各家机构对成立票交所的热切期待，以及再创票据市场辉煌的强烈意愿。

前期为使票交所能够尽早成立，采取了先纸票、后电票的上线模式，系统上线时并未将电票纳入，这既保证了系统的按时上线，也给市场留下了仍显无序的过渡期，导致票据市场双轨运行。而且，场内业务的合规性在前期尚未得到银监会的完全认可。虽然存在一些问题，但上海票交所一步一个脚印地向前坚实迈进。2017年8月，上海票交所推出了电票融合的方案，并得到央行的支持。按照上海票交所的发展规划，2018年10月后，电票将整体并入票交所系统，之后票交所时代的票据市场才可以说是完整的票据市场。

专栏 3.2　票交所系统介绍

票交所刚上线时，系统设计包含了纸票登记、登记托管、结算清算、票据交易、机构管理五大模块，此外还有场务管理模块。图3-4是2017年5月电票业务接入后的操作员登录界面。

纸票登记模块主要用来实现纸票的电子化，是纸票进行场内交易的基础。纸票业务处理子系统负责纸票进入票交所交易前相关业务信息的登记，包括承兑信息登记、质押信息登记、保证信息登记、贴现

图 3-4　中国票据交易系统操作员登录界面

信息登记、保管（增信）信息登记、挂失止付信息登记等功能。纸票经托管登记后实现纸票电子化，进入票交所交易。

会员管理子系统即机构管理模块负责会员管理、系统参与者管理、场务管理、参数管理，为其他子系统提供基础数据和参数支撑。

登记托管子系统负责票据生命周期及权属管理，根据票据的交易与非交易行为完成票据权属、票据状态、票据流转阶段、风险票据状态以及簿记账务的变更。

清算结算子系统负责接收和处理票据转贴现、质押式回购、买断式回购、回购到期、再贴现、提示付款、追索、费用扣收等结算指令，采用纯票过户、票款对付、见票付款和见款付票四种清算方式完成资金清算。

核心交易子系统即票据交易模块负责可交易票据询价、报价、成交，通过与登记托管子系统、清算结算子系统的数据交互，完成票据交易。

电票业务处理子系统负责电票贴现前业务处理，向票交所提供可交易的电子票据，实现票交所票据标的全覆盖。票交所于2017年5月上线电票业务模块，后续优化后提供电票成交单打印、结算查询、机构业务和全市场交易信息查询等服务。

票交所上线后还进行了多次系统升级和优化。较为重大的变化是，除根据票交所纸电融合上线方案，增加电票业务模块外，还增加了再贴现业务模块。

由于再贴现业务涉及央行自身系统的改造以及其他限制，票交所（一期）上线时并未将再贴现需求纳入在内。为推动场内业务的发展，票交所在中国人民银行的支持下于2017年9月上线了再贴现模块。再贴现业务的场内化必将推动场内交易的发展，同时，也为央行再贴现政策的精准实施提供支撑。

票据系统在初始上线时，在系统和规则方面比较粗糙。但是，票交所系统自上线以来，根据票据业务实际和发展需要，针对交易规则、交易品种以及特殊业务场景等内容，一直在不断完善和优化。

新制度

付款确认制度

在票交所交易条件下，为实现纸票兑付能得到有效保证，减少后期票据交易中最终持票人的交易成本，票交所创新地推出了付款确认制度。承兑付款确认制度指的是贴现人在纸票贴现后，随即通过票交所系统向承兑行或出票人开户行发出影像验证或实物验证，承兑人确认票据到期时能否按时付款。为避免票据到期未及时兑付需贴现人垫付情况的发生，贴现人会主动推动承兑人进行确认。即使承兑人对待确认票据存在疑义，贴现行也可通过增加证明等方式加以解决。

同时，承兑付款确认制度使票据在交易时，买入方对于票据资产的信用情况有了较为明确的预期和保证，减少了原有纸票模式下催收解付、票款逾期等诸多成本，利于提升交易效率。付款确认业务处理流程如图3-5所示。

图 3-5 付款确认业务处理流程

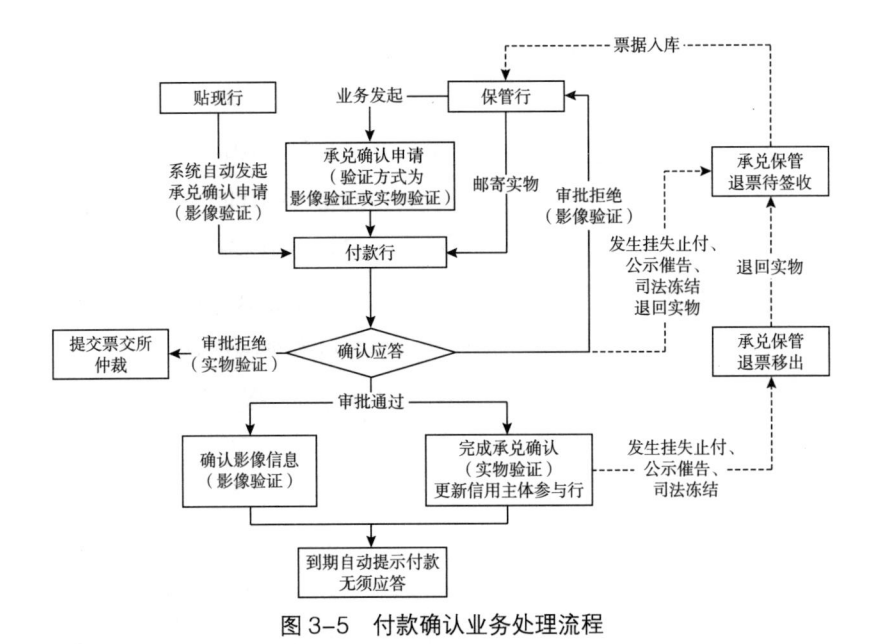

保证增信制度

保证增信制度是票交所为满足票据市场原有纸票模式通过背书增信模式而推出的一项重要制度。在票交所模式下，贴现后的票据转让不再通过实体背书的形式实现，而以电子流转信息进行代替，同时票据交易主协议中明确要求各方放弃对贴现后各背书人的追索权利，这就使票据的偿付责任主体只有承兑行和贴现行两者。对于贴现行和承兑行皆为小行的票据，原有的纸票可以通过大行背书的方式进行增信，票交所的场内交易无疑使这一模式无法实现。票交所适时地推出了保证增信制度，可有效提升小行票据的市场流通性，同时可解决部分银行的额度等问题。

保证增信制度指的是贴现行完成贴现后，将票据交由保证增信行（一般来说保证增信行为国股行）保管，并进行付款确认等操作，保证增信行在核对无误并收取相应费用后确认对其进行保证增信。保证增信行一方面通过对贴现行票据的保管增信增加了收益，另一方面在承兑行无法按时付款时，要先于贴现行对票据进行垫付，可谓收益与风险并存。

保证增信制度在票交所上线前经过了较长时间的争论和优化，名字开始是保管增信。对于保证增信行，其保证增信业务作为表外业务，可在小行同业票据授信有限的情况下增加收益，但由于付款责任的优先，必然要百分百计提风险资产。当然，承兑付款确认的票据是否继续100%占用仍待讨论。保证增信业务可参考承兑业务管理，在借鉴承兑业务综合收益的基础上确定保证增信费用的收取。

信用主体制度

信用主体制度指的是对承担票据付款责任的各机构，依据机构信用等级、付款责任顺序等确定的票据最高信用的付款责任主体。信用主体制度使每张票据有了自己的"身份证"，让交易各方能够简单、便捷地判定票据的信用情况，是票交所减少交易成本、提升交易效率的重要举措。

信用主体制度是对票据市场的一大创新，是票据资产标准化的重要基础。信用主体制度类似于债券的评级制度，不过信用主体制度的主要对象是商业银行、村镇银行、农信社和财务公司等有权进行评级承兑、贴现或保证增信的经营机构。信用主体制度可以为票据交易员提供关于票据信用风险的基本定价参考，同时为票交所绘制和发布不同信用等级的票据利率曲线奠定基础。

初期，票交所根据市场惯例和机构自身实力等情况公布的信用主体登记分为九级：政策性银行、国有商业银行、股份制商业银行、外资银行、城市商业银行、农商行和农合行、村镇银行、农村信用社、财务公司。

单张票据的信用主体指的是无条件付款主体中信用等级最高的主体，若存在两个或两个以上付款责任主体信用等级相同的情况，则付款责任在前的为信用主体。贴现行的选择和信用主体的确定如图3-6所示。

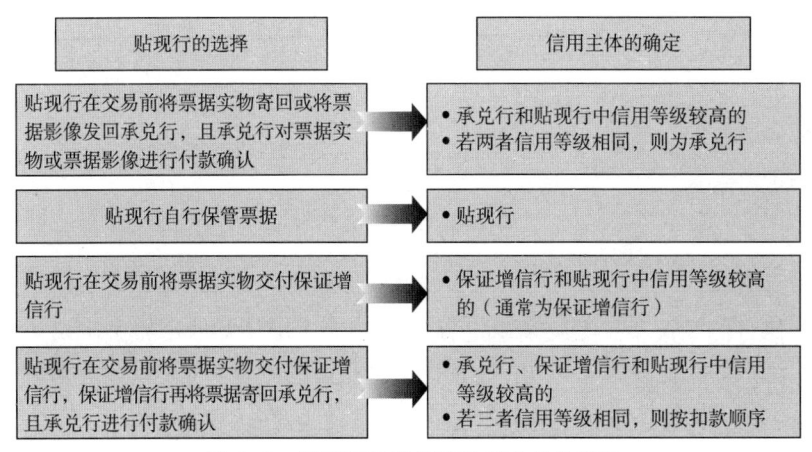

贴现行的选择	信用主体的确定
贴现行在交易前将票据实物寄回或将票据影像发回承兑行,且承兑行对票据实物或票据影像进行付款确认	• 承兑行和贴现行中信用等级较高的 • 若两者信用等级相同,则为承兑行
贴现行自行保管票据	• 贴现行
贴现行在交易前将票据实物交付保证增信行	• 保证增信行和贴现行中信用等级较高的(通常为保证增信行)
贴现行在交易前将票据实物交付保证增信行,保证增信行再将票据寄回承兑行,且承兑行进行付款确认	• 承兑行、保证增信行和贴现行中信用等级较高的 • 若三者信用等级相同,则按扣款顺序

图 3-6　贴现行的选择和信用主体的确定

尽管在信用主体制度下,当票据到期而出票人未按时付款时,最终的付款存在一天的差异(因为票交所规定,承兑行未按时付款的持票人次日可发起追索),但票据的兑付得到了有效的保证。

追偿制度

追偿制度是票交所上线后改变较大的制度之一。改变主要有两个方面:一是持票人放弃对贴现后各背书人的追索权利,二是承兑行(或商票出票人)未按时付款时,持票人可对贴现行和保证增信行(若有)发起追索,系统强制扣款。

在纸质票据时代,票据的交易转让通过背书这一形式得以体现,在证明前后手交易的同时,后手持票人具备了对全部前手的追索权利。这一权利在《票据法》中得到保护。

保护持票人的追索权利,无疑对交易起到了一定的限制作用。由于后手追索权利的存在,银行机构在卖断后仍需计提风险资产,而且不管前手已经计提过几次,持票人卖断都要根据期限计提风险资产。这就非常容易造成一个尴尬的局面,一张票据经过多次转卖后,理论上其计提的风险资产要超过甚至数倍于票面金额。当然,各家银行也

"八仙过海"通过签订免追索书等形式进行规避，这是另一外回事。而且一般的票据未及时解付时，往往通过向承兑行催收获得票款，少部分通过向直接前手或贴现行追索获得，而贴现后的众多背书人极少会被追索到。

无疑在票交所时代，为实现票据快速的交易与周转，减少各交易方的负担，有必要对这一追索制度进行调整。在《票据法》短期不能修订的情况下，票交所这时候很巧妙地运用《票据交易主协议》，让协议签署各方承诺放弃对除贴现人、贴现前各背书人、出票人和收款人外各背书人的追索权利。在符合《票据法》要求的前提下，实现了对交易各方的免追索。

票交所在规定部分免追索的同时，增加了对贴现行、保证增信行追索和强制付款的规定。贴现行、保证增信行获取收益理应承担相应的责任。在以往追索时，承兑行或其他责任主体不配合，导致持票人的利益受损，而且并无有效手段对承兑行恶意拒付等行为进行制约，强制付款的规定使票据最终持票人的权益得到了有效的保护。

追偿制度的改变和规范将会极大地促进票据的流转，提升全市场的票据交易量。

FOP 和 DVP 清算机制

结算模式是指券与款进行所有权转移时，两者转移中的相互制约关系，以及相配合的清算交割制度。国际上一般将结算模式分为 FOP 和 DVP 两大类。

FOP（Free of Payment）即"纯券过户"，或称不以资金支付为条件的证券交割结算模式，证券结算机构只为结算双方办理券的交割，资金结算由付款方向收款方自行支付完成。这在票据市场使用即为纯票过户。

DVP（Delivery Versus Payment）即"券款对付"，是证券与资金同步进行相对交收并互为条件的结算模式。这在票据市场使用即为票款对付。

以往由于实物票的存在，纸票时代票款的计算是相互分离的。所以，就会出现"钱打飞了"的事件。电票系统尽管提供了线上清算模式，但由于不强制也会出现票款不能两清的情况。票交所规定，同一会员机构内交易可实行 FOP 结算，但不同会员间交易必须使用 DVP 结算。

DVP 票款对付的机制解决了以往票据市场存在的倒打款、清单交易等不合规交易的问题，为票据市场的安全、平稳运行提供了基础。DVP 机制使央行大额支付系统和票交所系统相连，实现在交易完成后买方获得票据，卖方获取资金，钱货两清。同时，票交所根据交易双方机构的不同，又设计了不同的资金汇划路径。

为便于交易，票交所在主推 DVP 结算机制的同时保留了会员系统内部交易的 FOP 模式。这符合同一会员系统内的交易习惯，减少对大额系统、票交所系统不必要的占用，同时减少会员不必要的交易费用。

主协议机制、成交单

票交所根据银行间债券市场的发展经验，制定了《票据交易主协议（2016 年版）》，对票据交易各方的权利和义务进行了明确的约定，同时取消了以往票据转贴现交易所需的转贴现凭证、跟单等转贴现资料，代之以标准化的主协议和成交单。主协议加成交单模式在保护各方权利和义务的同时，简化了票据交易的手续和流程。

新主体

交易主体的扩充

《票据交易管理办法》第五条规定：票据市场参与者是指可以从事票据交易的市场主体，主要包括：

- 法人类参与者，指金融机构法人，包括政策性银行、商业银行及其授权的分支机构，农村信用社、企业集团财务公司、信托公司、证券公司、基金管理公司、期货公司、保险公司等经金融监督管理部门许可的金融机构。
- 非法人类参与者，指金融机构等作为资产管理人，在依法合规的前提下，接受客户的委托或者授权，按照与客户约定的投资计划和方式开展资产管理业务所设立的各类投资产品，包括证券投资基金、资产管理计划、银行理财产品、信托计划、保险产品、住房公积金、社会保障基金、企业年金、养老基金等。

非银机构、非法人产品都可入场作为独立主体参与票据交易，对于降低机构同质性带来的市场波动，提升票据市场的活力和创造性具有重要意义。

其实，前期的《中国人民银行关于规范和促进电子商业汇票业务发展的通知》已有规定，银行间债券市场的合格交易主体都可进行电票的转贴现和回购业务。不过，由于多头监管与监管竞争，未能落到实处。2017年11月下旬由央行牵头的《关于规范金融机构资产管理业务的指导意见（征求意见稿）》已明确监管机构不得限制所辖机构投资其他领域，也不得限制其他领域机构投资所辖资产。

相信未来在国务院金融稳定发展委员会（简称金稳委）的统一指导下，票据市场的参与者将会逐渐壮大起来。

银行票据管理模式的转变

票交所的成立与运行，对商业银行票据业务管理模式、内部组织架构、业务运营流程和风险控制体系带来重大影响。以往，大中型银行的票据业务基本都采取分散经营的模式，即票据业务落地在各分行，总行主要负责政策制定和业务指导。这种运营模式是适应纸质票据时代的市场需要的，因为在纸质票据时代，需要进行实物交割，受到地域的限制。而进入票交所时代，所有票据交易都通过场内线上完成，对地域、人力的要求大大降低。票据交易由原有的分散经营趋向于集中经营，尽管这可能需要一个逐步转换的过程。

在票据全部转入交易所交易的过渡期内，一些银行对票据业务采取了授权行与非授权行两种模式：一是获得总行授权的分行在总行给予的授权范围内有自主操作权；二是未获得总行授权的分行通过总行平台进行交易。这两种模式的结合有利于发挥各家分行机构的业务积极性，优于单纯由总行集中经营的模式，分行业务活力及创新力受到保护。同时，总行对一些分行的业务进行集中交易，又可以避免一些票据业务风险控制能力较弱的分行涉入风险之中，可以有效防范风险。

新模式

新的交易方式

根据票交所的规划，场内票据的交易方式有四种：一是询价交易（包括意向询价、对话报价等）；二是匿名点击；三是点击成交；四是请求报价（RFQ）。现阶段，询价交易方式已经被运用，其余的交易方式未来会陆续上线。

意向询价是指交易员向全市场、特定群组或单个交易员发出的，表明其交易意向的询价。受价方可以将该询价转化成与询价方的对话报价，进行格式化交谈。不同方向的意向询价可模糊匹配。意向询价也是询价交易方式的一种。意向询价不能直接成交，必须转化成对话报价后才能成交。对话报价是指交易员向特定单一交易员发出的交易要素完整、明确的报价，受价方确认即可成交，属于询价交易方式的一种。

匿名点击是指交易双方提交包含关键交易要素的匿名报价，核心交易子系统按照"价格优先、时间优先"的原则自动匹配，达成交易，未匹配的报价可供点击成交。匿名点击交易达成后再由正回购方或卖出方提交质押/标的票据，提交完成后自动生成成交单。匿名点击初期仅适用于质押式回购。

点击成交是指交易成员向全市场匿名发送包含全部交易要素（卖出报价）或除票据清单之外的全部交易要素（买入报价）的点击成交报价，对手方直接点击成交（卖出报价）或提交符合要求的票据后点击成交（买入报价）的交易方式。点击成交仅适用于转贴现。

新的交易类型：买断式回购

买断式回购是指正回购方将票据卖给逆回购方的同时，双方约定在未来某一日期，正回购方再以约定价格从逆回购方买回票据的交易行为。

买断式回购与质押式回购有明显的区别。一是在权属上，质押式回购只设立质权，不发生票据权属的转移，而买断式回购在首期结算日和到期结算日均发生票据权属的转移。二是在交易方式上，质押式回购支持询价交易、匿名点击交易，而买断式回购只支持询价交易，包括意向询价和对话报价。三是在交易要素上，质押式回购仅在首期发生时有回购利率，到期不涉及，而买断式回购的首期交易利率和到期交易利率可以不同，以两者计算得出的回购收益率体现资金成本。四是在嵌套回购上，质押式回购在存续期间不得嵌套任何交易品种，而买断式回购形成的待返售票据包，在回购期间可以办理质押式回购。

买断式回购与质押式回购相比更灵活，可以通过组合交易的方式进行再融资，提高担保品利用率，尤其适合较长期限的回购交易。根据票交所的业务范围，资产支持证券（ABS）、资产支持票据（ABN）等工具都可在票交所发行。未来，票交所远期规划的应收账款和信用证、保理等产品和进一步的类商业本票都将可能进入票交所交易平台。票交所应充分利用央行"嫡出"这一有利身份，争取更多的资源与话语权。

新能力

票交所的上线运行使票据市场原有渠道的功能被大大弱化，市场信息不对称的情况将极大地减少。票据交易的达成，靠的是询价的价格形成机制，而不再是渠道的垄断。

在银行承兑汇票方面，由国有大行和股份制银行承兑的票据将更接近利率债。而对于商票交易，则可能出现分化，一方面，在票交所的追偿制度下，国股大行贴现的商业票据将会更加趋同于银票；另一方面，对于财务公司、小型银行机构等贴现的商票，将更接近信用债市场。因此，交易银票需要对未来的利率走势有深入研究，交易商票需要对承兑企业的信用进行评级分类。

构建票据交易新能力，一是银行需建立研究团队，针对市场利率走势进行深入研究，做出有效预判；二是要建立策略化的主动交易团队，通过主动交易和资产配置获利；三是针对利率风险和信用风险，需要建立科学的风险管理团队，形成管理利率风险的量化模型和管理信用风险的评级模型。

票交所的成立使票据更趋近于债券等标准化产品，因此强大的投研能力将成为机构未来竞争力的核心要素。另外，对于以池化方式运营票据业务的机构而言，强化负债能力则成为另一大核心能力。

随着票交所的成立，票据市场揭开新的发展进程。票据市场参与者需要直面市场的重大变化，迅速调整经营理念与经营模式，如此才能在更加激烈的市场竞争中立于不败之地。让我们共同期待和见证票据市场发展的美好新时代。

第四章

市场重构：票据发展新蓝图

票交所时代的中国票据市场迎来两大根本性变化：一是形成了全国统一的信息化票据交易平台和交易规则体系；二是票据及其交易过程的全面电子化和数字化。这两大变化及其趋势必将使票据迎来系统性深刻变革，并带来持续的金融创新，从而推动整个中国票据市场的全面重组乃至重构。

因此，无论是票据市场参与主体的扩容与提升，还是交易规则与操作方式的升级与优化，抑或是票据产品及衍生工具的创新与迭代，都必将以此为基础全面展开。我们可以期待，历经激烈震荡的中国票据市场的创新进程将被重启，票据交易和运作体系将被重置，市场运行规则将被重写，而整个票据市场也将会因此而被重构。

随着2018年国庆期间票据系统纸电融合全面上线，票据全部进入交易所市场交易，票据市场电子化、数字化进程得到大幅推进。而随着未来区块链、大数据和人工智能等新技术在票据市场中的不断引入和应用探索，票据市场必将进入数字时代和智能时代，这将是划时代的进步，也定会为中国票据市场开辟更为广阔的发展空间，票据市场未来发展的新蓝图正在徐徐展开。

票据市场定位与功能重构

票据市场作为中国较早发展起来的金融子市场之一，最初为特定历史任务而推出，并在后期依靠自发成长而逐步壮大。因此，市场发展中一直缺少一个自上而下的顶层制度设计与战略规划，市场成长的进程与原始朴素的商品市场形成过程很相似。与其他发展战略清晰、机制健全、规则明确的金融子市场相比，属于"接地气"、"草根味"较浓的自然演进型市场。

回顾中国票据发展史，票据的金融属性以及国家对其发展进程中的不同定位，使票据市场的成长遇到诸多困难，发展曲折多变。上海票交所的创立，一系列基础性制度的确立，以及交易规则体系的完善，使票据市场发展迎来了新机遇。正因如此，票据市场如何借助市场基础设施的建立以及制度规则的确立，克服过去几年的剧烈震荡，重拾发展信心，是摆在所有市场建设者、参与者面前的现实课题。

正如笔者在前文所述，票据的产品特征与功能决定了票据市场在整个金融体系中的定位与功能——短期直接债务融资市场。不同的是，在票交所建立以前，票据作为企业非标准化短期结算、融资与信用工具，是分散进行的。尽管在中国人民银行推出电子商业汇票系统以后，票据交易的规范性有所提升，但依然是一个信息不对称、以分散交易为主的场外市场。票交所的建立彻底打破了这一局面。

随着所有票据交易纳入票交所，便利化的公开二级市场必然会进一步促进票据的支付结算、信用衍生及融资等功能的扩展和更广泛应用。从这个意义上讲，票交所作为有健全基础设施和明确制度规则的公开市场，也非常适合作为全国短期直接债务融资的主导性市场，能够与银行间债券市场和沪深交易所债券市场形成功能分工与优势互补，既可扩大短期直接债务融资的规模与便利性，也有利于利用专业化管理与服务增强短期债务的流动性。

票据市场的功能定位与职能分工，将大大增强其在中国金融服务体系中的作用，其服务工商企业和实体经济的能力也将得到释放和扩大，从而将金融市场与实体经济的发展更加密切地联系起来，对促进实体经济发展具有非常重要的意义。

同时，与这一功能定位相关联的是，票据市场发展壮大后所形成的巨大短期债务融资工具交易，必然有利于形成更加精准、透明的短期资金市场利率。将这一利率纳入央行基础利率体系，将给金融市场更加清晰、及时的价格信号，对提高整个金融市场的资源配置效率，以及有效传导央行货币政策意图起到巨大作用。而且，票据市场本身就是央行实施货币政策操作的主体市场，票据再贴现政策也是央行货币政策工具箱中精准有效的短期调控工具之一。

因此，从这个意义上讲，中国票据市场建设和发展的目标就是集中力量将其打造成为短期直接债务融资工具发行与交易的核心市场，而不仅仅是为给票据合规交易提供一个统一市场。这其中隐含着两层政策含义：一是可以考虑将目前也由央行主管的银行间债券市场中发行与交易的超短期融资工具逐步转移至票据市场，这既有利于票据市场规模的快速扩大，也有利于为企业提供发行和融资便利；二是围绕短期融资工具发行与交易主体市场定位，加速和强化产品与工具的创新，给市场创新更多的空间与政策支持。

为此，要从以下几个方面重点着力：第一，在业务与产品创新上，可以借鉴国际经验，要把发展企业本票纳入产品创新日程，可以先试点，再择机扩大；可以允许融资性票据创新有序开展尝试，我们不可能无视市场现实和企业客观需求，主观认定票据市场不需要融资性票据，更不应该带有偏见地否定其有益的金融功能；第二，由央行统筹考虑，将目前在银行间市场发行与交易的超短期融资券逐步平移至票据市场，也可以通过发展本票品种，逐步扩大本票发行规模，实现超短期融资券业务向票交所的逐步转移和转型；第三，要积极扩大票据市场的发行者（融资人）主体范围，吸引包括大型企业和中小企业在内的各类主体参与市场，增加票据服务市场主体的覆盖范围，最大可能地发挥票据市场服务实体经济的功能；第四，要不断地完善市场交易规则和机制，包括品种标准化及其创新，同时引入信用增级体系和做市商制度，扩大交易规模和提升市场活跃度并举。

票据产品创新与业务重塑

票据产品创新与业务重塑是指以目前市场上已有的传统票据产品为基础，根据市场需求和市场环境的变化，基于风险可控和合规创新的原则，进行票据新产品、衍生产品、组合产品等的开发与推广，由此推动票据业务结构的调整和优化，进一步促进票据行业的创新与发展。

票据产品与业务创新

票据传统产品与业务形式包括票据承兑、贴现、转贴现（含回购式转贴现）以及再贴现。票据产品既包括利用新的金融工具和交易媒介等对传统产品进行升级、改良、重组，也包括推动票据产品与其他金融产品、金融工具等不断融合创新，还包括因交易介质、交易结构、增信形式的引进或改变而产生的票据产品形态变化。票据产品与业务创新是保持票据市场吸引力和竞争力，满足筹资人与投资人需求的必然要求。

自 2010 年以来，中国票据市场上陆续出现了不少以票据为基础的产品与业务创新，包括票据理财、互联网票据、票据资产管理、票据证券化等多种形式的创新，促进了票据市场交易活跃度的提升，扩大了市场参与群体的范围，而且，这些创新提高了票据市场的流动性和交易效率，降低了交易成本，丰富了市场产品与业务的多样性，从而推动票据市场实现新发展。

上海票交所的成立使票据市场产品与业务创新的基础更加坚实，交易制度和市场规则的进一步明确，也必将使产品与业务创新更加丰富和日趋活跃，创新路径更加多元化和高级化，票据对中国实体经济发展的支持也将得以扩大和深化。在承兑、贴现、转贴现等传统业务继续创新发展的同时，票据池运营、票据资产管理、票据资产综合服务、票据证券化等新业务已成为票据市场发展的重要趋势与特征。

当然，票据市场中机构间竞争的日益加强，特别是客户需求的不断升级，对票据产品和服务提出了更加专业化、复杂化的要求。因此，票据经营者在票据产品与业务的创新发展方面需要日益强化，通过市场细分、深化服务、满足客户差异化需求等方式，对票据池、票据资产管理等创新业务进行精细化运营，不断延伸和扩大票据业务内涵，最大限度地挖掘产品潜力以满足客户需求。

票据业务模式重构

票据市场的变迁必然带来业务模式的重构。在票交所开启新交易模式与交易环境的大背景下，市场机构熟悉的传统票据业务模式必然失去用武之地。一是交易流程的规范化、交易合约的标准化，以及市场监管有效性的强化，都将使票据交易的规范程度大大提升，这导致以"消规模、搭通道"为特征的传统票据业务模式失去生存土壤；二是票交所将使票据市场分割和信息不对称等问题得到彻底的解决，市场参与者将很难再通过"倒票"等方式，利用市场有效性低、定价存在显著误差等轻松套利；三是签署市场交易主协议后，按票交所规则，交易参与者需要放弃对前手的追索权，因此也很难再通过背书增信的方式，赚取支持缩小信用利差、减少流动性溢价而带来的收益。

当然，"上帝为你关上一扇门，必定会为你打开一扇窗"。尽管票交所的成立使过去盛行的很多传统业务模式难以为继，但也为新型票据的业务发展奠定了良好的基础。适应票交所时代的要求，进行票据业务的重新规划和融合创新，票据业务可以获得新的巨大发展空间。市场参与者只有转变经营理念，抛弃传统套利思维，强化业务模式创新，才能在新市场竞争中立于不败之地，并获得新的发展机遇。

在票交所时代，推动票据业务创新的条件将更加有利。首先，市场会形成以票交所为核心的实时报价体系与成交平台，从而形成基于成交价格的真实票据收益率曲线，而且，市场容量扩大和交易流程简化为提升交投活跃度提供了基础性条件；其次，随着票交所的发展，专业票据评级机构必将会被引入票据市场，这有利于市场机构对票据信用风险进行精细化定价，从而有效降低信用风险；最后，票交所的环境有利于推动商票业务的发展，例如，通过引入保证增信机构，以保证增信的方式提高商票的流动性，以提高商票交易活跃度，这有利于进一步做大市场蛋糕，也为市场参与者提供新的机会。

由此观之，在票交所环境下票据业务模式的重构与变革将集中在三大方向：一是新型交易型业务，二是新型投资型业务，三是以"直转一体化"为特征的一二级市场联动型业务。

新型交易型业务

市场信息完整性和透明度的大幅度提升，为开展新型交易型业务提供了坚实基础。交易型业务的核心在于，通过提升对市场趋势的研判准确度与操作把控能力，能够尽可能地及时抓住市场机会，以票据买卖交易赚取市场价差。由于各类市场参与机构的情况不同，对市场的判断也存在差异，市场上会形成多样化的交易策略。例如，类似于债券交易中"骑乘策略"的交易策略等。此外，与交易型业务相配套的市场风险管理，也将是票据业务经营中值得关注的重要问题。随着票据标准化的推进，可以预期票据市场将成为国内一个中频到高频交易的市场，交易型业务将有巨大的发展空间和机会。

新型投资型业务

票交所增强了票据的标准化金融产品特征，特别是票据市场扩张带来的交易量扩容、交易活跃度提升，以及信息透明度大幅提升，市场各类投资者除了可以用自有资金进行票据投资外，还可以通过发展票据资产管理、运营票据投资池等方式，进行多样化资金来源的组合投资。此外，根据市场发展进程，交易机构既可以在资产端开拓商票交易，赚取信用风险溢价收益，也可以与票交所或非银机构等市场参与主体合作，开发含权类的票据衍生产品，或是以商票为基础资产开发结构化金融产品，创造风险水平不同的多样化投资品种。

一二级市场联动型业务

票交所的建立实现了票据市场的一体化，为各类市场机构以票据一级市场业务带动二级市场业务，开展联动经营创造了条件。票据一级市场业务主要包括但不限于承兑、贴现、质押融资等业务形态，随着二级市场业务日趋规模化、规范化和透明化，开展一二级市场联动经营的协同效应将更加突显，这意味着一级市场业务经营的好坏会直接影响二级市场业务的发展。以商业银行为代表的市场机构可以通过"直转一体化"的模式，将一级市场承兑、直贴业务作为扩大票源的基础，在做大做强承兑、直贴业务的基础上，聚焦于票据一二级市场业务的联动，通过一级市场业务带动二级市场业务，通过协同联动经营创造效益，获取直贴与转贴现之间的合理价差收益。

市场主体重塑与结构优化

按照上海票交所的未来发展规划，票据市场参与主体将随着票交所的发展而逐步扩大，票交所将成为一个包容性强、参与主体广泛的公开市场，这将有利于增强票据市场改革与创新的原动力，推动票据市场多样化机构体系和多元化创新业务的发展，从而促进票据市场加快业态重构和模式创新。因此，票据市场主体的扩容与重构对票据市场的未来发展具有重大意义。

票据市场主体的重塑和结构优化包含三层含义：一是票据市场参与主体的多元化和完备化。在前票交所时代，评级机构、经纪机构、专业增信机构等是缺失的，进入票交所时代，这些机构是推动市场发展的必需主体；二是在每一类别参与主体内部，结构也将更趋于均衡化，而非过于依赖某一类市场主体。例如，在票交所成立前的分散交易时期，银行机构是市场的主要投资者和增信机构，处于一家独大的局面，整个票据市场的扩展几乎完全依赖于银行信用的扩张，这种畸形发展的局面严重制约了市场的发展，而且蕴含了巨大的系统性风险；三是票据市场各类传统参与主体要明确自身定位，提升参与市场交易能力，优化经营行为。这是票据市场发展壮大的市场主体基础，也是保持票据市场稳定、健康发展的基石。

在票据市场投资者中，投资机构体系的多样化发展具有重要意义。金融脱媒加剧和利率市场化进程促使银行不得不加快跨市场业务创新的步伐，证券、基金、保险和信托等金融机构也将逐步加强与银行在票据资产管理业务方面的合作，并成为票据市场投资主体。票据市场准入的扩大，金融市场监管的强化，以及互联网金融监管的加力，将倒逼民间票据中介机构加速转型，以及互联网票据平台规范化。由此，在票交所新业态下，票据市场经营机构和投资主体日趋多元化，竞争也更加激烈。票据市场参与者的重塑与优化是票据市场发展的重大转型，推动更多机构合法合规地进入票据市场是必然选择。

二级市场参与者的丰富，尤其是以非银机构为代表的金融类机构进入票据市场进行主动配置管理，将有利于推进交易模式变革，提高市场活力，增强票据流动性，最终也会有效降低一级市场成本，直接降低企业融资成本，有利于服务实体经济。例如，农信社、村镇银行、农商行等小型金融机构进入票交所，有利于规范这类小型金融机构的交易行为，在防范风险的同时，也增强服务三农的能力。实际上，除传统的银行类机构外，票交所目前已经实现了票据市场参与主体的有效扩容。

在参与票据市场的机构主体更趋多元化的同时，以资管、私募、信托等"产品形态"出现的非法人产品主体参与者也日趋丰富，其规模也日渐扩大，这是市场主体多元化重构和差异化经营的重要特征。在国家全面深化金融体制改革，激发金融市场创新活力的进程中，金融机构票据业务创新发展的动力与压力显著增强。国家加快构建多层次资本市场体系，稳步推进利率市场化以及互联网金融跨界发展，都将加剧金融脱媒趋势，商业银行通过加强构建大资管业务创新力度，借助大资管创新平台，发展票据托管、票据理财、票据咨询顾问，以及票据代理交易等多类型跨市场票据金融服务，这对正处于转型发展中的商业银行而言具有重要意义。

以2018年秋季纸票据市场纸电融合全面进入票交所时代为契机，以商业银行及其信用为绝对主导的票据市场结构有望优化，市场参与主体力量的均衡化趋势将逐步显现。一方面，金融去杠杆使商业银行进入资产负债表的缩表经营周期，银行投资票据市场的能力有下降趋势；另一方面，金融强监管将使商业银行过去的"消规模、逃资本、避税收"等擦边球业务被堵住，在资本管理更加严格的背景下，在资产负债表内合规经营的压力可能迫使银行缩减票据业务规模。

与此同时，证券、信托、保险、基金等其他非银行金融机构大力发展资管业务，使其以资产管理产品形态出现的投资能力大大增强，非金融机构对票据市场的参与度提升，市场力量必然也会显著增强。

此外，票交所较高的信息透明度，以及因交易量巨大而衍生的高流动性特征，也会吸引更多的非金融企业甚至个人投资者间接投资票据市场，票据市场的参与主体将会更加丰富。随着票据市场的发展，不排除参与主体的进一步扩容，甚至在不远的将来，自然人及普通企业法人可能可以直接参与票据二级市场投资，如同在交易所买卖股票一样买卖票据。

目前，银行理财正在打破刚性兑付，逐步采取净值化管理模式，可直接投资的票据市场将成为替代传统居民理财的一个重要市场。这些趋势将会逐步淡化商业银行在票据市场的主导地位，有利于形成更加多元化、更具均衡性的市场主体结构，这对中国票据市场的长期稳健发展具有重大意义。

票据的标准化创新

在国内，所谓非标准化债权资产（简称非标资产）的界定源于中国银监会 2013 年 3 月发布的《中国银监会关于规范商业银行理财业务投资运作有关问题的通知》。此文件出台的背景是，银行机构出于缓解贷款规模紧张和资本充足率压力等监管要求，大规模通过理财资金对接信托、券商、基金等资产管理通道，将表内金融资产转移到表外，借以减少表内信贷资产规模和减少风险资产计提，并达到为企业或项目提供融资支持的目标。这一趋势导致影子银行体系的快速膨胀，引发了社会广泛关注。非标资产的认定及其投资限制也成为金融市场和媒体舆论争议的焦点。

按照中国人民银行的金融资产分类标准，所谓非标准化资产，主要是非标准化的债权资产，其范围十分广泛，主要指未在银行间市场及证券交易所市场交易的债权性资产，包括但不限于信贷资产、信托贷款、委托债权、承兑汇票、信用证、应收账款、各类受（收）益权、带回购条款的股权性融资等。非标准化资产一般不会公开发行，相对于标准化资产，其风险可能更高，流动性更低，因而缺乏标准化的证券特征，但其名义收益率可能会明显偏高一些。

所谓标准化资产，主要是指在银行间市场和证券交易所市场上市交易的债权性金融产品或股权性金融产品。而标准化债权资产，主要是指在银行间市场和沪深交易所市场上市交易的债券产品，主要包括国债、企业债（银行间市场）、公司债（交易所市场）、银行中期票据和短期融资券、超短期融资券（银行间市场）、中小企业私募债（交易所市场）等，以及金融机构为腾挪非标债权规模而创新设立的商业银行债权直接融资工具和资管计划、资产支持证券、资产支持票据产品等。

从中国银监会的角度看，"非标"只针对银行理财和信托资金池，而从中国证监会的角度看，并没有正式的文件定义"非标"概念。对于银行理财而言，非标债权和标准化债权的主要区别在于，是否在银行间市场及证券交易所市场交易。2016年1月启用的最新中债登记系统，将非标资产的定义扩展到券商两融收益权和受益凭证，还包括私募债权，以及其他非标资产如保理、融资租赁等。在2016年年底的新版1104非现场监管报表中，进一步将质押式回购（包括场内和场外）纳入非标统计范围。

应该指出的是，从银监会等监管层提出和使用"非标"的定义看，银监会只定义了"非标准化债权"，但没有定义什么是"标准化债权"。证监会在基金子公司和券商的净资本管理计算指标中提及"标准化金融工具"，主要针对银行间和交易所的金融产品，但在银监会体系里没有明确"标准化资产"的概念，从金融机构运作实践的角度看，通常按照是否在银行间市场和证券交易所交易来执行。

按照上述金融监管机构的定义和市场的理解与实践，在票交所成立之前，场外分散交易的票据资产显然属于非标准化资产。但是，由于票据的特殊功能属性、产品特征和交易流程，票据又具有标准化金融资产的部分特征，包括承兑、贴现及增信等。在票交所成立后，随着票据形成全国统一的公开透明交易场所，以及明确相应的监管制度规则，票据具备了成为标准化资产的主要要素条件，特别是票据电子化乃至数字化发展趋势，使票据标准化既具有现实可能性，也具有切实可行性。

实际上，笔者认为，通过票据标准化创新，将票据重塑为标准化资产有三个方面的考量：一是票据作为一种金融工具，实现在票交所交易后，为了促进使用和交易流通，其自身应努力向标准化方向发展；二是票据的标准化有利于使用者（企业）更好地利用票据金融工具实现融资需求，这也是发展票据市场的初心和根本动力；三是票据票准化有利于让更广泛的投资者将其作为投资标的，从而扩大市场参与者数量和投资票据资产的资金规模，进而促进票据市场的发展，特别是在当前，监管机构对银行等大型金融机构和金融产品（如理财、基金）等投资标的存在投资范围限制，在净值型管理成为市场大趋势的背景下，票据标准化具有更加重要的意义。

尽管上海票交所的成立为票据资产标准化提供了强大的基础设施平台和制度规则环境，但是这并不意味着，在监管认可的公开交易场所进行交易，金融产品就自动实现了标准化。在中国金融市场快速发展的进程中，目前无论是在银行间市场，还是在交易所市场，金融创新产品层出不穷，一类金融产品是否被界定为标准化金融资产，需要全面审视资产的自身特征和交易属性是否符合标准化的要求。

从一般意义上讲，标准化的交易标的应该具有几个核心特征：一是票据产品、交易合约的标准化，使市场准入有明确标准；二是产品进入市场后的交易规则、交易机制和交易流程标准化，提高市场交易效率；三是产品的资产登记、账务体系、信息披露能够实现标准化，提高市场的服务效率与市场承载能力；四是能够便利交易中介机构和监管机构的标准化中介服务与监管监测。因此，按照上述标准来衡量，票据要成为标准化金融资产还有大量工作要做。

为推进票据标准化进程，上海票交所应该把票据标准化工作作为推进票交所发展的战略性任务，放在交易所发展的重要战略位置。票交所可以考虑成立票据标准化委员会，并吸收商业银行、监管机构和专业学者等参与，共同为实现票据标准化出谋划策，以加速这一进程。同时，票交所还应加强与央行和中国银保监会、中国证监会的沟通协调，争取这些机构的理解、指导和支持。

与此同时，票交所还应该以票据标准化为工作方针，在完善业务系统、交易系统与统计监测系统时，充分考虑标准化需求，在发布相关业务制度规则时，高度关注业务标准化方面的要求，尝试票据存续期内的发行、交易、持有信息的披露等，做好信息披露的探索和准备工作。此外，票交所要积极探索票据做市商、增信机制、经纪服务等促进流动性、估值定价等标准化金融市场的各类有利机制，通过标准化服务助推票据标准化进程。

笔者注意到，票交所在票据登记、信息披露等方面已经推出了不少基础举措和制度预安排，例如《上海票据交易所纸质商业汇票信息登记操作规程》中，对金融机构在票交所办理各种信息登记和业务处理等进行了详细规定。此外，中国人民银行出台的《票据交易管理办法》基本上相当于股票市场的上市交易规则，也是票交所运行的基本规则。这些都是推动票据向标准化方向迈进的重要步骤。

市场信用体系的重塑

长期以来，中国票据市场信用体系处于部分残缺与扭曲失衡并存的状态，商业银行成为支撑票据市场信用的统治性力量，票据作为重要金融工具的标准化发展进程滞后，票据市场的多样化增信主体缺失，这些都严重阻碍了票据市场以信用为基础的创新与发展。

首先，票据市场以银行信用为基础和主导，导致票据产品结构长期失衡，削弱了票据创新的基础。由于票据法规与制度的限制，中国票据市场上流通的只有交易性票据——以真实的贸易背景为基础的票据，而且，95%以上都是直接以银行信用为基础的银行承兑汇票，商业承兑汇票的占比不到5%。因此，票据的商业信用工具作用并未充分发挥出来。正是票据市场源于银行信用，又依赖于银行信用发展的指导思想，使脱开具体交易行为、以融资功能为主的融资性商业汇票一直被禁止，这限制了票据作为一种重要金融工具的功能发挥，也限制了票据市场的扩展。而且，为了符合相关制度与规则的要求，滋生了企业虚构贸易背景、欺骗银行和规避金融监管等各类违规违法现象。

其次，票据市场以银行等金融机构信用为核心，导致市场参与主体比较单一，明显抑制了市场的创新动力与活力，也使票据市场因为银行信用的扩张与收缩而容易出现巨大波动。目前，票据市场参与的主体力量是商业银行、信用社和大型财务公司等金融机构，而证券公司、保险机构、基金公司等机构尚未成为票据市场直接或重要的参与主体，这降低了通过这些机构的跨市场资产配置来活跃票据市场的作用，同时，这些机构管理的诸多金融产品（非机构型金融投资单元）也未能将票据资产作为重要投资标的。因此，票据市场投资机构和投资方向的失衡，既缩小了市场创新的空间，又抑制了市场创新的活力。

随着票交所的运行和全部交易的场内化，由此形成的以票交所为核心的实时报价平台与成交平台，能够形成基于成交价格的票据收益率曲线，这将有利于各类投资机构更加有效地做出投资判断与决策。因此，票交所应以此为契机，积极扩大票据投资与交易的参与主体范围，扭转在票交所成立以前，参与主体单一、失衡的局面，创造票据市场发展的主体基础。

票交所时代票据标准化发展的进程，票据市场容量的扩大，以及日趋完善的标准化交易流程，都为引入多样化增信机构创造有利条件。同时，在票交所环境下，票据价格信息传导机制会更及时通畅，专业票据评级机构的引入将水到渠成，这将有利于市场机构对票据的信用风险进行更加精细化的定价，也有利于市场参与者通过经营市场风险而获取收益。

票交所环境下的一些关于增信的制度安排也会促进商票业务的

发展。例如，央行的《票据交易管理办法》就引入了"保证增信行"及"付款确认"等概念，贴现机构可以按市场化原则，选择商业银行对票据进行保证增信，保证增信行为贴现行的偿付责任进行先行偿付。"付款确认"可以采用实物确认或者影像确认，两者具有同等效力。市场参与者在完成票据登记后即可以开展交易，或者在付款确认、保证增信后开展交易。贴现人申请保证增信的，应当在首次交易前完成。票据到期的偿付顺序大致为：承兑人、保证增信行、贴现人。保证增信措施可以增加票据流动性，在出现承兑人不兑付的情况下，保证增信行需要对贴现人的偿付责任先行兑付，由此增加了票据的流动性。这些措施有利于提升票据，特别是商票交易的活跃度，促进商票业务发展，有利于修正票据市场产品结构的严重失衡。

市场交易机制的优化

票据市场交易制度与机制的优化与重塑是推动票据市场发展的重要动力，这一机制的弱化、缺失必然严重限制票据市场功能的释放与扩张。由于票据发展的历史原因，与发达金融市场相比，中国票据市场缺少多样化的核心票据经营主体，也缺少规范化的票据中介机构。客观而言，在票交所成立以前，票据市场无序发展的状态下，也很难推出相关的制度安排。但是，随着票交所的成立与运行，进行票据交易机制的创新与相关安排已刻不容缓。

做市商制度是国际金融市场上活跃市场交易的常见制度安排，在股票市场还是债券市场，都可以看到类似的制度安排，特别是处于创立初期或市场规模较小的市场。票交所成立以前的中国票据市场受其条件所限，并未引入具有独立经营、专业判断和集中整合等优势的票据做市商制度。

但是，票交所成立后，引入做市商制度应该是非常必要和合理的安排。结合中国票据市场银行主导的发展特征，商业银行具有成为做市商的天然条件。通过银行做市，在活跃市场交易的基础上，逐步扩大市场的参与主体范围，实现交易参与者的更加多元化，这是票据市场未来进一步壮大的必由之路。

与此同时，与引入做市商制度并重的一项举措，是引入另一类重要市场中介机构——票据经纪商。所谓票据经纪商，就像股票市场中从事股票经纪服务的券商一样，是为投资者提供资讯、咨询、代理交易、代管资产等多样化服务的中介机构。票据经纪商可以为非专业的票据投资者提供专业的咨询服务，也可以为不具有票据投资资格的潜在投资者提供间接的专业投资服务。在中国台湾，票据经纪商被称为票券公司，是票据市场上的主要角色，也是活跃票据市场的最重要力量之一。

此外，票据信用评级机构和保险机制也是推动票据市场发展的重要制度安排。没有票据评级，市场信息的准确性和透明度很难提高，这将成为抑制票据市场发展的瓶颈。票据信用评级机构类似于债券市场中的评级机构，在风险评估、价格形成、促进交易等多个方面，为票据市场提供根本性支撑。

此外，应该特别指出的是，优化票据交易机制，还应该把票据一级市场和二级市场有效地衔接起来。目前，票交所的成立虽然实现了对全国票据二级市场的整合与统一，但票据一级市场的直贴业务在未来一段时间内仍处于线下运行状态，呈现零售金融业务的特征。因此，通过合理的机制安排，推动银行等重要市场参与机构把一二级市场联动起来，形成票据一二级市场间顺畅的信息传递、价格联通和交易衔接机制十分重要。对于市场参与机构而言，在一级市场广开票源，做大直贴业务，并以此为基础，精耕一二级票据市场的联动经营，则可以更多地获取直贴和转贴现之间的利润价差，同时也有利于满足实体经济的融资需求。

规范和强化信息披露是优化票据市场运行与交易机制的重要方面。对所有公开交易的金融市场而言，公开的信息披露是市场的基本规则，信息公开可以使市场信息更加丰富、透明、准确，有利于各方参与者做出准确判断和决策，也有利于监管者及时准确地掌握市场动态，控制风险事件的发展和重大的市场失灵，维护市场交易秩序，保持市场稳定与健康发展。票据市场的信息披露应该包括交易所披露的市场交易数据、市场参与者的相关信息等。

新型市场的风险管理

票交所成立以前，处于区域分割、分散交易状态下的票据二级市场，存在着严重的信息不对称。各类交易数据，例如交易规模、利率等都高度不透明。对市场交易者和监管机构而言，信息不对称带来了诸多问题，也给违规交易者提供了利用信息不对称进行套利的空间。因此，很多所谓市场创新都是围绕如何规避监管的方式展开的，循环开票、消规模、错配、体外杠杆盛行，在推动票据狂飙突进的同时，也造成了市场参与者的畸形化发展，以及其内部考核机制的扭曲。缺乏规则底线的约束和劣币驱逐良币效应使交易越发不规范，创新名义下的各种踩黄线行为，甚至是违规经营，不仅将机构自身置于风险之中，也加剧了整个市场的系统性风险。

正是基于此种原因，票据市场风险往往是不规范交易导致的操作风险、信用风险和道德风险。在纸票时代，交易的不规范性往往体现在票据背书操作、实物交接保管、会计科目处理、账户管理、贸易背景真实性等方面。在场外交易市场中，最突出的特征之一是没有统一的登记托管机构，交易流程也没有有效记录。但是，票据的权利和义务是以票据背书形式体现的，因此票据的背书合规与否与银行的内控制度及措施密切相关，具体包括背书不规范、违规多背书或者不背书。但在票交所环境下，在统一、规范的主动系统运行机制下，这些问题从技术上被避免了。

《票据法》中关于追索权的相应制度设定，使在背书过程中，每次交易买入方事实上完成了对其所交易票据的增信行为。一旦交易中出现与交易实质和内控风险要求相违背的不当背书行为，不规范操作者自身就可能被追索。但是，票据的无因性使很多机构只重视其交易前手的资信状况，以为有追索权在手就可以安全无虞，或者明知是潜藏风险的击鼓传花游戏，但也不相信自己是最后一个风险承担者。在这种交易理念和市场氛围下，很多有重大信用瑕疵的票据进入市场，并能够顺利流通，从而埋下了影响整个市场的资产质量隐患，最终酿成重大的票据风险事件。例如，有些票据交易中的不背书行为，除了使票据权利和资金流不匹配，也间接促使"不见票交易"在市场上一度泛滥。

票据实物交接保管中的不规范也是重大的风险根源。"清单交易"导致的一票二卖、白条抵库、票据变报纸等酿成了对市场影响恶劣的重大风险事件。会计处理不规范则隐匿了大量的信贷资产，使市场统计数据失真，增加监管调控难度，造成市场的杠杆化急速膨胀。账户管理不规范，开户环节的尽职调查缺失，带来了同业户票据交易的泛滥，使票据交易中资金被恶意挪用甚至骗取的风险陡增，也使本来无资质参与票据同业交易的部分中介开始控盘业务，在票据市场波动中兴风作浪，导致巨大亏空，最终影响票据市场的发展。

票交所的诞生，票据电子化乃至数字化的发展趋势，使背书行为受到交易系统的强行控制，电子化的票据不存在实物管理漏洞和会计账务漏洞，DVP的交割方式会有效减少交易中资金的风险。然而，这并非表明票据市场的风险水平已绝对降低。过去的市场机构交易较为粗放，风险管理水平不高，且巨大的套利空间隐藏了很多潜在风险，这使很多机构对票据利率风险和流动性风险没有深刻认识和准备。

因此，自票交所成立以来，虽然操作风险和信用风险明显减弱，但利率风险和流动性风险则呈现上升趋势。为了有效控制风险，不少机构采取了票据集中经营的模式，银行机构甚至上收票据经营决策权和资金配置权,通过策略统一和资金统筹应对风险变化。因此,在票交所时代,如何引入有效的风险防范机制,化解因市场统一而带来的系统风险是重要而紧迫的课题。

反思商业银行票据业务的资源配置与业绩考核机制,笔者有理由担心,如果银行对此不加以改革和完善,很有可能造成票据市场上明显的同向交易风险——当资金市场上的资金充裕时,银行同时增加配置,当资金紧张时,银行股都试图卖出。此外,监管层的一项政策也可能引起票据市场的巨大波动。

因此,面对新型的票据市场风险,需要适时推出票据风险管理工具和金融产品,以平抑市场巨幅波动风险,为市场参与机构提供有效的风险管理工具与产品。此外,增加市场交易机构的数量以及机构性质的多样化,也是平抑市场剧烈波动的有效措施。

为有效管控票据市场风险,市场机构应关注以下几个方面:

一是密切关注市场变化带来的风险变化。随着票交所时代市场信息的逐步透明,对市场风险的把控和研究应逐步过渡到对风险的量化分析和趋势性研判上,以往的单点控制或防御式市场风险防范方法将逐步失灵。由于未来直贴行承担着更多信用风险和操作风险,各商业银行的授信体系应适时改革,更应侧重于对纸票实物保管和流转的监督、对交易员道德和操作风险的把控等。

二是建立科学的风险预警和防范体系。对信用对象进行尽职调查与信用评估,注重商业银行同业业务的信用风险防控,建立银行业信用累积机制。构建科学的利率风险和流动性风险预警甄别和监管体系,设立专门的流动性管理和利率风险监测岗位,提高资金运作收益。从严格制度体系、规范流程衔接、设置业务系统刚性控制等防控机制入手,控制好业务审查审批、票据审验背书、交接传递、保管托收、资金交易和按期回款等重点环节,防止因大额、集中、批量、快速交易而引起的操作失误与人为道德风险。

三是完善风险治理体系。金融机构应立足于盘活存量、优化增量原则，推动自身风险管理架构的建设和运行机制的完善。管理架构和机制要重点从制度、组织和技术工具三个方面入手，制度建设侧重完善性和可操作性，组织建设侧重独立性和体系化，技术工具应用则侧重实用性和系统刚性控制。

第五章

机构转型：银行票据新战略

"鱼，我所欲也；熊掌，亦我所欲也"。用《孟子》里的这句话来描述票据业务在中国商业银行战略中的定位最恰当不过了。长期以来，票据是银行进行流动性管理的工具，还是以创利为目标的基础业务，在银行内部一直存在巨大争议。通常情况下，银行资产负债管理部门将票据视作流动性工具，而票据业务经营部门则努力摆脱这种定位，试图增强其作为利润中心的经营管理自主权。在银行实践中，大多数商业银行在票据业务的定位上都努力兼顾流动性管理和以创利为中心的双重目标，希望"鱼"和"熊掌"能够兼得。

正是这样的定位争论，使票据业务发展在银行经营实践中处于摇摆不定的状态。当金融市场资金宽松，银行流动性压力不大时，就希望借助票据业务增加收益，多赚钱；而当资金市场流动性出现显著波动，特别是银行存款增长困难，流动性管理压力比较大时，票据又被作为流动性管理中的短期便利工具，票据成了资金余缺的调节器。此外，票据直贴业务有时也被银行作为贷款规模调节的有效载体。

然而，随着票交所时代的到来，中国票据市场格局正经历剧烈变革，商业银行票据业务的发展目标该如何定位？如何适应经营环境的新变化，顺应市场趋势进行合理转型？这是摆在所有商业银行面前的紧迫问题，也是票据经营部门需要深入思考和有效解决的现实课题。

银行票据的双重目标:"鱼"和"熊掌"

纵观中国票据市场的发展轨迹,无论是由于成长的路径依赖,还是囿于银行间接融资主导的金融市场结构,时至今日,商业银行一直都是票据市场的主导力量与核心角色。然而,尽管在主流商业银行的业务版图中,票据业务都是必备拼图,但从未出现在战略重点之中。票据部门通常作为银行经营中的策略性部门,且其生存状态有赖于资产负债部门的流动性管理能力和水平。

因此,一方面,当市场资金宽裕时,票据是短期资产配置的出口,而在资金紧张时,票据又是银行获得流动性的首选工具;另一方面,如果银行的资产负债管理水平出现比较大的偏差,也会使银行的整体资金成本明显高于市场,并会在根本上制约票据业务部门的正常经营。商业银行票据业务努力的目标就是力求"鱼"和"熊掌"兼得。当然,很多时候,兼得的目标是很难实现的。

在开启票交所时代之前,银行票据业务主要包括两个层面:线下一级票据市场和线下二级票据市场。线下一级市场是票据贴现市场,主要是银行向企业客户提供票据贴现融资服务,由银行买断票据,票据资产纳入银行的资产负债表。票据线下二级市场则是分散交易的非公开市场,银行、财务公司和其他各类非银行金融机构是二级市场的主要参与者,以银行为代表的机构通常为调节资金头寸而进行买断式转贴现,以及回购式转贴现(质押式回购)。当然,转贴现里还有另一层面,就是持票金融机构向央行进行再贴现,形成相对独立的再贴现市场。但再贴现的规模、节奏取决于央行的计划和需要,再贴现是央行重要的货币政策工具之一。商业银行开展再贴现业务主要是为了从央行获得比较便宜的资金,以调剂自身流动性。

近些年来,随着资产管理业务的兴起,一部分银行在将票据贴现作为流动性管理工具之外,出于更多创造利润的目的,大力开展票据资管同业投资业务。利用票据资产信用等级较高、流动性好以及期限短的特点，积极发展票据资产管理业务。

票据贴现（直贴）业务是具有明确信贷属性的金融业务，因而票据直贴也被监管机构纳入贷款规模管理。但是，就总量大得多的票据转贴现业务而言，其资金属性特征则更加突出。商业银行利用票据资产，特别是银行承兑汇票信用等级高的特点，将票据作为头寸管理的重要工具，通过买断式转贴现和质押式回购等方式，在资金市场进行短期资金融通，调节银行现金头寸，以管理银行流动性。

在利率市场化的大背景下，各家商业银行由于历史原因、经营策略和负债能力的不同，资金状况存在较大差异。一家银行的票据业务会受到资金规模、资金成本、负债平均久期等多方面因素的影响。因此，在票据经营中形成了不同的风格和经营特色。

归纳起来，银行业票据业务形成了几个比较明显的趋势：一是国有大型商业银行、邮储银行和部分全国性股份制商业银行依靠资金和规模优势，以买入持有票据及逆回购出资为主，持有票据的期限一般比较长；二是部分资金成本优势不明显的股份制商业银行和大型城市商业银行主要通过持有票据和适度交易，兼顾持有和交易两种经营模式；三是小型银行机构受制于银行资产规模和资金条件的限制，票据业务的规模比较小，并以票据流转交易为主，有些小银行则主要充当票据市场上的业务通道，作为过桥行获取中间业务收入。

由此可以看出，在银行票据业务发展中，资金属性特征远大于信贷业务的属性。况且，即使一家银行高度重视直贴业务，也不一定会保留过多的直贴票据，受贷款规模等因素的制约，一般都会将直贴票流转出去。因此，在票据资金属性的主导下，银行如何定位票据的角色在银行内部常常演变成"鱼"和"熊掌"的矛盾。票据经营部门更倾向于利用票据经营获利，而资产负债管理部门则更倾向于用票据调剂银行头寸，强调票据经营要服从全行流动性管理的需要。

"鱼"和"熊掌"岂可轻易兼得。事实上，商业银行传统票据业务面临诸多局限。

票据业务面临的传统压力

当前,正是中国经济的转型升级时期,商业银行面临的外部经营环境在快速变化。作为直接服务于实体经济,又与金融市场紧密衔接的票据业务,也受到外部形势深刻变化的影响,面临宏观环境调整的多重挑战。

首先,经济转型是未来较长时期宏观经济的基本特征,票据业务要直接面临来自宏观经济转型的现实挑战。在经济转型期,国民经济增速放缓,企业一般性票据融资需求呈下降趋势,而银行在同质化经营背景下,围绕承兑和贴现业务而针对优质企业客户的竞争会更加激烈。

而且,经济增速放缓也会伴随票据业务经营风险的上升,部分行业、部分地区票据业务风险将持续暴露,票据垫款率和托收逾期率也会上升,导致票据资产质量下行的压力增大。同时,在不同经济区域中,其结构调整的方式和节奏存在差异,这对银行制定科学合理的区域票据业务发展策略,以指导不同区域分支机构开展多样化和针对性更强的票据业务提出了更高要求,这也是银行在提升票据经营综合竞争力时必须解决的紧迫问题。

其次,在国家集中精力防控金融风险的大环境下,金融强监管政策给票据业务发展带来了直接挑战。金融市场监管日益收紧,银行业资本监管更趋严格,银行理财业务和同业业务规范监管不断强化,使银行机构进行跨市场业务创新的合规风险显著上升。商业银行票据业务如何适应资管新规[①]的要求,实现票据业务的合规创新发展,需

---

① 资管新规是指 2018 年 7 月 20 日,中国人民银行发布的《关于进一步明确规范金融机构资产管理业务指导意见有关事项的通知》以及说明。

要深入研究。

再次，金融市场深化发展，使银行负债增长乏力，利率市场化和金融脱媒化进程使银行票据业务经营形势更趋复杂，盈利可持续增长的压力明显增大。利率市场化从资产和负债两端对银行票据业务盈利产生显著影响。就资产端而言，银行同质化的贴现利率价格竞争，将降低票据全链条业务的收益水平，而与此同时，银行负债成本的上升又进一步压缩了票据业务的收益空间。

同时，金融体系中其他市场的波动，包括债券、股票等市场波动会带来市场资金利率的扰动，对票据业务发展的影响也日益增大，使银行票据业务经营中防控利率风险的难度明显加大，在与信用风险产生叠加效应的情况下，还会进一步增大票据业务经营的风险敞口总量。

最后，票据业务还面临来自金融创新与新兴科技融合发展的挑战。随着金融科技的迅速发展，基于人工智能、区块链、云计算和大数据技术的发展，传统金融业正面临信息化和数字化带来的挑战。金融资产正在走向数字化，而且，很多数字资产也日益具有金融属性。传统的票据业务正面临着内在的信息化、数字经营转型要求，以及外部科技型、智能化创新带来的挑战。尽管2016年12月8日，上海票交所正式成立了，但是，票据业务的信息化和数字化创新征程才刚刚开始，未来发展之路任重而道远。

票交所时代面临的新挑战

在迈入票交所时代的进程中，尽管商业银行仍在票据市场中占据主导地位，但无论是在票据一级市场，还是二级市场，商业银行票据业务的发展既要面对旧时代的困境，又要直面新时代带来的新挑战。旧困与新忧交织，探索新路、新模式显得现实而紧迫。

角色转型的压力

在完全过渡到票交所时代之前，在商业银行的三大票据业务领域——承兑、贴现和转贴现中，商业银行都是核心市场力量，因而银行在票据市场的统治性地位决定了其具有很强的经营话语权。尽管市场上也存在利用局部信息不对称，以赚取价差的票据中介机构，但市场的绝对主导地位依然使商业银行能够获得显著的益处。

然而，随着票据交所时代来临，票据集中、公开、透明交易的实现，将会逐步改变票据行业的生态特征和竞争格局。集中、公开交易完善了票据的价格发现机制，极大地提升了市场透明度，交易行为将得到显著规范，包括商业银行在内的参与机构，企图利用信息不对称进行交易获利的空间将被大大压缩，尽管商业银行可能依然是一级市场的长期主导者。

与此同时，在票据二级交易市场上，由于票交所将引入大量新型交易主体，市场参与者的结构将会发生巨大变化，这使票据市场竞争环境发生深刻变化，特别是大量非银行金融机构和以金融产品形态进入的交易者直接进入市场后，投资力量的天平不会再像以前那样完全向商业银行倾斜，票据市场的多元化、均衡化发展趋势将显著增强。新的参与者直接进入市场，一方面有利于优化票据转贴现市场的主体结构，另一方面，也会大大拓宽票据市场资金的来源渠道，增加票据市场资金供给总量。这有利于提升票据市场的交易活跃度，提高市场运行效率，也有利于更好地服务实体经济。

管理架构重组要求

为适应票据市场的巨大变化，商业银行内部票据业务经营管理的组织架构也面临调整和优化的现时要求。票据业务由过去充分授权分行进行分散化经营模式转向总行进行集中经营模式是大势所趋。

在票据二级市场上，由于票交所实现了场内集中化交易，不宜再由各家分行进行分散化交易。过去，在商业银行票据业务经营中主要存在两种模式：一种是充分授权分行进行票据经营的完全分散模式。例如，分支机构布局比较完善的全国性股份制商业银行几乎都采用此模式，一些跨地域经营的大型城商行也如此。另一种是由总行专营，但分成几个片区管理的适度专营模式。例如，工商银行和农业银行均在上海成立了总行票据专营中心，又在各地设立了票营分部，并由总行票营中心直接管理。这种模式兼顾了集中经营和统一风险控制的要求，又考虑到了票据市场未统一之前，适应各区域特点，因地制宜地进行分散经营的要求。

在票交所时代，集中统一的场内交易市场的建立，使商业银行可以将票据经营资金集中于总行，由总行统一进行投资与交易。当然，根据各家银行内部管理体制和考核机制的不同，也可以由总行将资金配给分行进行分散经营，但由总行代为集中交易，决策上由总行与分行共同决定，总行享有最终决策权，以兼顾总行统筹和调动分行积极性，照顾分行的利益。另外，在一级市场，分行应将主要精力放在客户票据业务开发和票据产品推广上，在扩大客户数量与提升单一客户票据使用量这两个方面重点着力，使分行票据业务人员的潜力得到最大程度的发挥。

同质同向交易风险

在票交所成立以前，由于银行机构几乎是票据市场的绝对主导性力量，其他市场参与方多以间接方式参与市场交易，银行在交易中处于统治性地位。这就决定了票据市场的波动与银行的资金周期高度相关，票据价格波动主要受货币市场资金供求、信贷规模管理、银行MPA（宏观审慎评估体系）考核等因素的直接影响。在资金或信贷规模紧张时，各主要参与方的交易具有明显的同向性和同质性，票据市场规模和交易量巨大，加之票据资产的短久期特征，对金融市场利率形成助涨和助跌效应，不利于保持市场利率的相对稳定。

此外，在目前商业银行的内部业务管理模式下，考核的目标责任利润是年初确定的，可以运用的资金规模也由总行资产负债管理委员会或资产负债部门在年初确定。因此，商业银行票据部门一整年的经营行为，都是围绕可运用的资金规模和利润目标展开的。

按照银保监会的要求，商业银行的票据业务基本都是以专营模式进行，不能投资其他金融产品，这就容易使票据经营部门画地为牢，难以真正根据市场状况进行票据资产的合理投资配置。于是，为了尽可能不让资金资源闲置，以努力完成经营责任利润目标，票据部门容易持续保持全投资周期内，都满仓持有票据，即使市场票据价格并不适于投资配置。毕竟，对于票据部门而言，只要有钱赚，总比资金闲置，或被其他经营部门占用更优。由于各商业银行的资金余缺周期具有相似性，很容易出现被动的追涨杀跌，形成同向交易。

风险对冲手段匮乏

票据作为固定收益类金融资产，投资持有该资产的收益来源于票据到期后收到的票面利息，以及通过交易赚取的资本利得。因此，对于票据持有机构而言，如果市场资金利率上行，将会侵蚀持有者的收益。如果买入票据资产的时机不佳，如票面利率过低，将会如股票市场一样出现"浮亏"，此时，如果因资金紧张或规模限制必须出售"浮亏"票据，则会形成实际损失。即使持有到期，如果市场利率走势仍然继续走高，最终就会造成巨大亏损。

2016—2017年，很多银行机构的票据经营遭受了利率走势反转造成的损失。自2008年世界金融危机之后，全球经历了一轮货币政策宽松时期，国内也经历了国家推出的以四万亿规模宏观刺激为核心的宽松货币政策时期，市场利率一路走低。在此期间，伴随票据市场的持续繁荣，很多机构把利率持续走低作为一种常态化外部环境，体现在业务经营上，就是以各种方式买入并持有票据资产，随着利率的走低，可以轻易获利。

但是，到2016年年底，随着美国等发达国家开始逐步退出量化政策，市场利率走势出现反转，国内也随此趋势，进入升息周期，利率走势出现转向的趋势十分明显。但是，受银行经营管理体制的制约，很多银行的分行仍在2016年下半年新增配置了大量低息的票据资产，这导致买入和持有这些低息票据资产的机构在2017年年初开始的利率反转中承受了很大的损失，而且，在此后的持续利率上行过程中，损失被进一步扩大。

这种系统性的"决策失误"充分暴露出两个方面的问题：一方面是商业银行票据经营部门在利润目标压力和"占资金规模"思维指导下，未能有效控制风险，或者说预见风险，但体制因素促使其未采取实质性的避险行动；另一个方面，即使一些商业银行的票据部门预见未来的利率风险，也计划采取行动回避风险，但却找不到可以有效对冲票据利率上行风险的金融工具，从而承受无谓的损失。

经营模式相对单一

在传统票据经营模式下，除了一级市场的票据承兑和直贴外，票据二级市场的经营模式十分单一，主要是买卖断及回购业务。最近几年，随着资产管理业务模式的引入，一些资金相对紧张的银行开始全力发展以票据为基础的资产管理业务，但规模比较有限。

在票据一级市场，收票企业利用票据融资的方式不多，主要是票据贴现和票据质押融资。近几年，企业票据ABS逐步发展起来，为企业票据融资提供了一种新的选择。但是，由于国内规范的ABS发行涉及多个市场和市场主体，操作比较复杂，且流程偏长，对以期限短为主要特征的票据资产而言，在效率上并不具备优势。而且ABS

模式，由于操作周期拉长，还降低了票据的流动性优势，对以银行承兑汇票为主的票据市场来说，流动性溢价损失也使票据 ABS 在定价上缺乏优势。

在票据二级市场，票据业务可以开展的品种也不多。不同规模的银行机构形成了明显的经营模式分化。国有大型商业银行和邮储银行等部分资金充裕的银行，以持有票据资产为主要特征，票据持有到期所获得的票息是唯一收入来源。在银行主导的票据市场，银行承兑占绝对主导地位的情况下，票据资产信用风险低、流动性强，因此票据收益率一般都比较低。另一些资产规模小，或资金相对比较紧张的银行，则主要以获取买卖价差为主，或作为交易通道，获得交易通道佣金。不管采取何种模式，各家银行能够运用的业务模式都不多。

盈利模式遭遇挑战

商业银行票据业务盈利按其业务种类大致分为直贴业务收益和转贴现业务收益。直贴业务收益主要是满足客户的贴现等票据融资需求，围绕票据直贴产品经营所产生的收益。而转贴现业务收益主要是商业银行根据自身的经营需要，通过在票据转贴现市场进行投资、交易等业务运营而产生的收益。

在票据业务发展的历程中，商业银行票据业务的盈利模式也在不断演变。票据利率相较于其他金融产品利率，有着鲜明的特性。票据涉及的行业、地域、时间、承兑人等情况不同，都可能会影响每笔票据或每笔票据交易的利率定价。因此，发现票据的利差点，把握好交易时机，往往决定着商业银行票据业务交易利润的大小，甚至盈亏。

票交所时代的到来，使线上交易信息非常透明，导致直贴与转贴之间的利差进一步收窄，商业银行传统的盈利模式面临挑战，必须寻找新的利润增长点。就目前的趋势看，商业银行最根本的出路还在于由利差依赖型的盈利模式转向多元化盈利模式。由于票交所对票据生态的再造，商业银行角色日益演变和多样化，利用多样化的角色创造多元化的收益是摆在商业银行面前的现实压力与要求。

风险管控亟待变革

在票交所时代，市场机构扩容的结果是多元化市场主体参与票据业务，原有票据业务生态中，不同主体的角色也在发生变化，商业银行尽管仍是市场的主导力量，但将面临更加多样、更加复杂的综合性风险。

新时代票据业务面临的风险包括四个方面：一是不同信用主体的多元化信用风险；二是票据资产跨市场运作面临的市场风险和流动性风险；三是尽管银监会和保监会进行合并，但是依然存在银行机构、保险机构与证券机构的监管差异；四是准金融机构和非金融机构也参与票据市场交易，会引入新的风险因素。这些风险因素都亟须商业银行加快提升风险管理能力，进一步完善票据交易授信管理机制，完善对不同信用主体的风险管控，形成专业化风险管理团队，结合市场变化和金融监管的要求，有效防控政策风险、信用风险、市场风险和流动性风险，以适应新环境给票据业务带来的风险挑战。

在统一票据交易二级市场形成后，随着票据产品标准化创新的推进，票据会演变成标准化的债权资产，机构票据交易的频率也会随之大大提升，票据市场由此将逐渐过渡为一个接近高频交易的场所。因此，标准化债券交易模式将是票据交易的必然发展趋势，商业银行票据频繁交易诱发市场风险的可能性显著增大。所以，银行必须加快建立和不断完善内部风险管控体系，建立与市场变化相适应的定性与定量相结合的风险控制与缓释机制，不断完善票据交易的定价模型、估值模型体系和盯市制度，来有效预判、识别、科学计量和实时监测市场风险，有效提升在票交所环境下的市场风险管控能力。

票交所时代的票据直贴业务风险也会出现一些显著变化，商业银行的信用和流动性风险增加。根据票交所信用主体规则和DVP实时清算规则,票据到期后,承兑行拒付或系统无法扣收承兑行和保证增信行资金头寸的,系统会自动扣收直贴行大额支付系统法人备付金账户的资金头寸,也就是说,直贴行承担了票据到期第一垫付款的职责,因而承担了较大的信用风险和流动性风险。所以,商业银行亟须完善票据直贴业务的精细化定价管理,除了考虑市场风险之外,还应该将信用风险溢价和流动性风险溢价一并纳入票据直贴业务的定价之中,综合评估承兑行、期限结构、品种结构、信用主体的信用等级等履约状况,并结合宏观政策变动、市场趋势分析、资产负债特征和金融市场交易策略等多维、动态因素,研发相应的票据贴现定价模型,在有效防范风险的同时,合理地通过准确定价进行风险补偿。

银行票据业务转型之路

盈利模式再造

随着利率市场化时代的到来,票据市场上的贴现利率实际上已是市场化的利率,其高低完全取决于票据市场的供求关系。但是,一家商业银行的票据经营策略主要受其信贷投放和资金状况的影响。正如前文分析,票据业务的经营模式和盈利模式是比较简单的,何时做买断,何时做回购,通常取决于一家银行的具体情况。

我们先从票据的产品及运作模式来看看商业银行是怎样通过票据业务赚钱的。

票据直贴业务的盈利方式

直贴业务是指在企业的经营活动中,企业作为票据的持票人无法将手上的票持有到期,需要提前支取现金,于是将票据转让给银行。银行在扣除一定的利息并将剩余资金支付给持票企业后，票据的权利关系发生转移，银行成为该笔票据的持有人。在票据直贴业务中，银行的收益就是票据持有到期的收益与支付企业的款项之间的差额，也是票据基本的利润产出方式。

由于票据自身具有支付、汇兑、融资、结算等特性与功能，且转让便捷，相对于普通贷款，银行承兑汇票贴现属于低风险业务，在银行办理贴现业务具有流程短、环节少、速度快、所需业务资料少、审批通过率高等便捷性，利率一般低于同期限贷款利率，在一定程度上降低了企业融资成本，从而赢得了企业的信任与认可，票据业务被越来越多的企业所选择。

在票据业务的发展过程中，银行根据企业的不同需求不断地创新票据直贴业务的产品，例如针对企业付息方不同而开发的买方付息业务；针对企业供应链上地域的不同开发的代理贴现业务；对在票据流转链条上以背书转让为主要方式的企业开发的票据置换业务，可以将票据置换为更切合企业具体转让需求的票据；针对大型集团客户开发的企业票据池业务等。

票据产品的不断创新和快速发展使企业结算与支付方式更加灵活，支持了货币流通，通过贴现和票据创新产品，直接或间接地满足了客户、市场的资金需求，在不断支持企业在生产经营中的结算及融资需求的同时，为商业银行带来新的利润增长点，丰富了收入结构，由单一的贴现利息收入，扩展为利息收入加中间业务收入。

票据转贴现业务的盈利方式

票据本身是类现金的，具有期限短、周转快、见效快的特点，所以在银行间市场转让非常便捷。票据的持有银行在流动性紧缺或信贷规模面临压缩的时候，一般会首先处理持有的票据，而流动性和信贷规模较为宽松的机构在需要资产配置的时候，往往也会选择买入票据，由此便慢慢催生了票据转贴现业务。

最初，银行贴现后的票据大多是持有到期收取利息收入，周转的次数很少，盈利方式为传统的持票生息。后来，随着票据转贴现市场的交易逐渐频繁，票据业务周转快、创利高的特点逐渐被一些股份制银行重视起来，通过频繁地买入卖出，以及各种业务模式的组合可以创造可观的利润，票据业务的盈利模式也逐渐由持票生息向交易获利转变。票据的二级市场迎来了空前的繁荣景象，市场参与者逐步增多，可谓百花齐放。每一级机构在市场上承担着不同的角色，赚取相应的利润。

票据转贴现市场的参与机构，根据自身的规模、资金体量的不同，以及运营方式和盈利模式的不同，一般分为四种。

一是资产规模达到十万亿元以上的超大型商业银行。在该类商业银行中，相对体量巨大的传统存贷款业务，票据业务一般只作为辅助型业务，主要发挥作为资产配置的盈利性资产配置功能，以及作为规模蓄水池、资金蓄水池的调节功能。

工商银行是票据市场最大的做市商。2000年，工商银行在全国率先进行票据业务管理经营体制改革，在上海设立了票据营业部，这是票据市场上第一个总行级专营机构。2010年，工商银行在行内推行利润中心改革试点，票据营业部是首批4个利润中心之一。工商银行积极推行票据业务的集约化、专业化经营与管理，取得了显著成效，其票据业务一直保持行业领先水平。目前，其持票量在金融系统排名第一、直贴量在四大行排首位。其盈利模式正在由传统的持票生息向持票生息、交易获利、代理收益综合协调发展的方向转变，引领着票据市场的走向。

票据业务在业务经营和资产配置中的作用日益突出，但受规模管制及传统观念等的影响，票据业务充当信贷规模调节剂的客观现实依然存在。

二是资金和规模中等的全国性股份制银行，这些是交易活跃的机构，快速周转、期限错配、业务组织更热衷于做大流量业务以提高收益。

票据业务除了发挥作为资产配置的盈利性资产配置功能，以及作为规模蓄水池、资金蓄水池的调节功能外，还能通过做大流量业务进一步增加盈利。

民生银行、平安银行形成了完整的票据业务链，通过买断、回购、非标、错配充分发挥票据业务通道周转、交易获利的功能。其首先加大自己的直贴量，并与大量有票据买断需求的其他股份制银行、各地城商行及各种票据中介机构合作，广泛集中票源，通过频繁买卖交易赚取利差。通过这一系列通道，将买断的票据转为回购资产，卖出回购给农业银行、邮储银行等传统资金大行及资管通道，从中赚取交易利差。多采用以长拆短的方式进行期限错配，转化为短期逆回购或非标投资业务，在利率下行通道中进行多次交易套利，充分挖掘利差空间。

这类银行一边寻找票源，一边寻找资金方，然后赚取利差。但是市场上六个月的资金价格和六个月银承价格相比没有优势，所以银行为了追求利差，只能通过找更短期的资金来配相应的资产，也就是票据。由于越来越多的银行进行错配套利，长期资金的价格和短期资金的价格差变小，因为经济环境不好，大家都在赌资金在未来会越来越便宜，所以目前来看这项业务一直很赚钱，但是资金价格不可能无限地下跌，一旦出现钱荒，之前很大的利润就会"灰飞烟灭"甚至变为亏损，而票据转贴现业务的规模是相当大的，所以错配的风险对银行系统来说也很高。

从票据转贴现业务来看，面对利率市场化进程的不断推进和票据利差水平的缩窄，部分机构在对市场研判不充分的情况下过度依赖于利用期限错配来获取收益，以短期资金对接长期票据资产。在市场运行较为稳定时，部分机构忽视条件限制而快速做大业务量；一旦市场利率发生剧烈变化，这一操作方式即面临着收益的减少甚至亏损，而且由于规模较大且集中，会对金融市场产生剧烈冲击。

三是资金和规模中等，侧重于发展直贴及资产封闭运行的银行。

例如，招商银行、中信银行、浦发银行及大部分中小银行，票据经营模式以直贴卖断赚取差价为主，并通过资管通道持有大量票据资产，其业务经营特点是对市场反应敏锐，开票、承兑、直贴、转贴联动发展，注重票据的系统内循环，最大限度地获取收益。

四是城商行及农村金融机构——自营或为他行的票据交易提供服务。这类银行主要分为城商行以及农商行、农信社等机构。城商行是在各地前期的城市信用社基础上按照商业银行法的要求改制而成立的，城商行的资产规模一般为千亿元级。由于规模体量较小，相较于国有大型商业银行及全国性股份制银行，城商行的一般业务只在当地范围内寻求业务机遇。票据业务的管理，近年来也逐渐达到票据集中经营的集约化水平。除了发挥票据业务的资产配置功能，利用票据业务进行规模、资金的调节，也通过各种业务模式加大票据流量业务的发展，增强盈利能力。

农商行、农信社机构，由于自身对公授信业务囿于地区授信资质较好的企业较少，对公贷款投放较差，对票据业务的重视程度也在逐年增加。这些机构经营灵活，交易非常活跃，也是票据市场中的重要组成部分之一。一般在银行间市场向同业购入票据，以充分利用央行授予的信贷规模，一方面可以提高资金的使用效率、增加自身生息资产的规模；另一方面，可以避免信贷额度使用不充分、遭到央行额度的收缩。

另外，以稠州银行等为代表的一些中小银行通过通道类业务获利。依靠自身政策灵活、信息充分等优势，为各行票据业务提供各种通道服务，从中赚取差价。

商业银行票据新战略

上海票交所的成立揭开了中国票据市场从场外分散交易向票交

所模式的切换进程。票交所时代在给商业银行带来新挑战的同时，也将引领商业银行不断探索票据业务经营发展的新思维、新道路。

商业银行票据业务转型将会呈现以下几个方面的发展趋势：一是票据内涵上有一体化链式发展趋势；二是票据外延上加速票据对短融、贸易融资、短期贷款的加速替代趋势；三是组织架构上由多级经营迈向集中经营的趋势；四是运作上有分散操作向线上、线下协同操作、前店后厂的转变的趋势；五是业务创新上由绕规模、绕监管、绕资本向产品替代方向转变；六是战略定位上由信贷和资金交易商向中介型机构转变。

票据业务新定位

长期以来，在商业银行的战略版图中，主要是将票据二级市场的转贴现作为流动性管理的工具，而将票据一级市场的直贴作为企业客户综合服务的一项基础功能。在这样的定位中，票据业务的资金属性常被重视和强化，以调节商业银行的头寸，而直贴业务的信贷属性常常被淡化，尤其是在直贴业务规模在银行整体信贷规模中占比较小的情况下，处于一个比较尴尬的境地——临时出现信贷规模宽松或资金宽裕，票据就被想起作为调节工具，而信贷规模紧张或信贷超规模要压缩，或资金临时紧张之时，票据也是首当其冲被压缩的板块。正是"调剂余缺"这样的定位，使得尽管在票据市场上商业银行占据主导地位，但票据业务在各家银行内部则处于从属地位。

正是由于在商业银行战略版图中的从属地位和替补角色，银行票据经营部门的经营中存在严重的机会主义思维。这既表现为在银行内部的"占规模、争资金"行为，又表现为在票据市场上的过度套利型交易，并在监管环境宽松之时，演变为绕监管、踩黄线、蹭红线行为。在过去几年中，票据市场乱象中的绕规模、绕资本，甚至违规交易等十分盛行。最终，这些不规范的创新，甚或是"猫鼠游戏"让银行承受重大损失，很多票据从业者、银行管理者受到处罚，甚至承担刑事责任。

展望未来，商业银行需要充分认识到，票交所时代的到来，将彻底改写中国票据市场的生态，也会重塑行业格局，票据市场面临新的重大发展机遇。这不仅是监管层的主观愿望，更是市场的迫切呼唤。无论是对银行等金融服务机构，还是对企业等融资需求者而言，发展统一规范的票据市场，既是促进实体经济发展的现实需要，也是深化和繁荣金融市场的内在要求。

因此，在商业银行的战略版图中，票据业务的定位应该被放在更加重要的位置，给予清晰明确的定位，赋予其发展壮大的足够空间。正如前文所述，由于票交所的成立以及票据标准化的推进，票据市场将演变成一个规范的超级短期债务融资市场。在品种上，不仅有银行承兑汇票、商业承兑汇票，还将出现企业本票、融资性票据、资产支持票据等多样化票据品种，并衍生出票据衍生品等其他金融工具和投资品。面对这样一个未来的大型债务融资市场，作为连接实体经济和金融市场的票据业务，理应在商业银行版图中受到高度重视。

就票据业务在商业银行整体业务布局中的定位而言，应该将其定位为客户服务的重点领域之一。这包含两方面的内容，一方面，站在客户融资的角度看，票据业务是满足企业融资需求的重要工具，特别是在金融脱媒和利率市场化的大背景下，传统票据业务和新兴票据创新产品可以作为帮助客户进行直接和间接债务融资的重要渠道和工具。另一方面，站在客户财富管理的角度看，票据资产，特别是标准化票据资产，是理财产品的重要基础资产，由于其期限短、高流动性和高信用等级的特征，非常适合用于满足客户的短期财富管理需求。此外，未来银行也可以作为票据经纪商和票据专项资产管理受托人，协助票据投资客户进行交易，或是代为管理。

正是对票据业务在银行业务战略中的此种定位，票据自然应该作为利润中心对待，得到相应的资源配置和激励安排，而不再处于从属地位，被随机安排为拾遗补阙。在某种意义上，随着票据市场的快速发展，银行票据业务将是未来重要的利润增长点。同时，为满足银行流动性管理的需要，在具体经营中，可以考虑在明确票据业务年度资源配置的基础上，安排额外的流动性管理资源委托票据部门管理，以满足流动性管理需求为主，赢利目的为辅，做到两者兼顾——既考虑监管票据部门长期稳定发展的需要，又考虑短期流动性管理的现实需求。

票据经营模式创新

票交所时代的票据交易模式由场外交易转变为场内交易，投资交易型业务将逐步取代之前的监管套利型业务，票据市场将进入集约化、规范化、信息化、无纸化交易的新阶段，银行票据业务经营模式创新是必然要求。票据经营模式创新主要包括四个方向。

一是引导客户"流贷银票化"、"项目贷商票化"，提前布局信贷转型。《中国人民银行关于规范和促进电子商业汇票业务发展的通知》的推出，无疑加速了票据电子化、融资票据化的进程。电子票据的发展势不可挡，商业银行需要从源头上培养客户，引导客户多使用电子票据，适应市场变化趋势，加速票据经营模式转型。同时，商业银行应加强用票据产品争夺他行客户，加大对本行和他行承兑票据贴现营销的力度，用银票替代传统流动性贷款，用商票替代长期项目贷款，让贷款标准化、流动起来，提前布局信贷转型。

二是要创新票据产品链全新工具，推进票据服务转型发展。产业链票据融资是指银行与企业以产业链核心企业为依据，针对产业链的各个环节，设计个性化、标准化票据金融产品，为全产业链企业提供票据融资的服务模式。供应链票据融资是指银行与企业将核心企业及其上下游企业联系在一起，提供灵活便利的票据融资服务。商业银行应将产业链及供应链票据融资作为服务企业的主要手段，依据每个产业链、供应链的不同特性定制不同的票据融资服务产品，以产业链、供应链的方式推进实体经济健康发展。

三是在票据经营上，直贴和转贴一体化，两个子业务领域要并重。由于电票的发展是必然趋势，电票的贴现"去合同"和快捷性，使各家银行做票据直贴已无制度性差异，票源的竞争更加激烈和紧张。另外，随着票交所把电票纳入交易平台，票据二级市场变得更加高效，各交易主体手中的资源和交易能力更加重要。对资金大行而言，没有票源就像搁滩的鲸鱼将变得被动，对资金优势不明显的中小银行而言，有直贴票源但不能很好地在二级市场中交易也是徒劳的。因此，在未来商业银行的票据经营中，只做转贴肯定没有出路，只做直贴不去交易就不能很好地运作资产，要想在未来市场占有一席之地，需要直贴和转贴并重。

四是迅速构建总行强大的票据交易能力，这也是未来银行能够获得更多盈利的重点。转贴现考验团队对市场趋势的精准研判能力，以及票据资产配置能力。在票据线下场外市场交易中，信息不对称现象普遍存在，因此，赚取信息价差正是很多机构票据获利的重要方式。而随着票据电子化、平台统一化、交易集中化、信息透明化的发展，票据业务获取利润更重要的方式是精准的市场判断和最优的票据资产配置，通过票据交易机会的判断获得投资收益。因此，商业银行总行的票据交易能力是决定其票据业务利润的最重要因素。所以，构建和培育总行票据交易团队的投研和投资能力，是顺应票交所时代发展趋势，赢得市场和创造利润的本钱。如果缺少专业化的精锐票据团队，包括中小银行在内的金融机构将难以在票据市场竞争中取得竞争优势。

组织变革与职能优化

商业银行传统的票据管理与业务体系、职能设置基本都是按照银行总－分－支三级结构设计的。一般情况下，总行票据业务部（有的银行票据部是一级部门，有的银行票据部是金融市场部或金融同业部的下属二级部门）代表总行负责全行票据业务的条线管理、资源配置、业务审批和绩效考核等，基本不直接经营业务。工商银行和农业银行，则成立了票据专营机构，专司票据业务的管理与运营。分行则具体负责票据业务经营，维护同业交易对手，开发票据业务需求客户。当然，票据业务利润也落在分行层面。支行则是在分行的具体指导和支持下，具体开展票据业务，包括客户开发、业务办理。

在票交所成立以前，这种总－分－支的三级机构设置和职能设置可以有效地适应票据市场区域化、信息不对称的市场实际，也能够实现更靠近客户的贴近企业策略。但是，随着票交所的成立，票据转贴现二级市场实现了集中统一的公开交易，继续进行分散交易显然不是合理的安排。

由各个分行分散进行交易的弊端在于：一方面，在一个集中交易市场中，将资金分散由多个主体（分行）分别进行交易，难以实现全部资金的合理有效配置，不如集中在总行统筹配置进行投资，以规避风险并获取更高收益；另一方面，分行票据的研究能力参差不齐，交易时机判断也存在很大差异，会造成资金投资效率低下，甚至有可能涉入风险之中。

因此，在转贴现业务上，商业银行应该顺应票交所时代的特点，改变传统的由各个分行分散经营的固有模式，抽调分行的票据交易部分骨干人员，结合总行原有管理团队，通过培训、实战、总结提升，努力在总行建立一支专业的投研队伍和高效投资运营团队，集中力量运营用于票据二级市场的资金，以精锐团队的专业化运作获取更高的效益，分行不再介入票交所内的票据转贴现业务。

但是，在票据承兑和直贴业务领域，为贴近市场，了解客户需求，就近服务客户，需要继续由分行负责经营，总行只负责承兑与直贴政策的制定、资源的分配、业务的审批（在风险控制有效的前提下，也可以授权给分行业务），以及业务归口管理等职能。再贴现业务主要是指跟各地人民银行的协调，以及再贴现票源的组织，应由分行全面负责，特别是再贴现涉及的风险很小，总行可以给予分行更大的自主权。在实践中，一些商业银行将再贴现业务直接授权至二级分行自主经营。

由此，商业银行可以形成"总行专营转贴，分行直营承兑、直贴和再贴，分类授权分类管理"的业务运营体系，并据此进行组织机构改革和职能调整，既发挥总行集中经营的优势，又充分调动分行业务的积极性，实现全行机构设置的合理化和职能设计的最优化。

盈利模式创新与强化客户开发

票据市场进入票交所时代后，商业银行的票据业务盈利模式必将会随着经营模式、交易模式、风控模式的调整而改变。传统盈利模式会逐渐失效，新的盈利模式将随之产生。但都会对银行票据经营团队带来更高的要求和挑战。

首先，从交易端看，票据经营将会更加依赖投资和交易，通过主动经营市场风险来获利。例如，银行可以通过合理的资金期限错配和一定的杠杆化交易等，增强盈利能力。在票交所环境下，市场的资金供给和需求都会随着市场主体的多元化发展而增多，市场规模也会随之扩大，使成交量对票据利率波动的影响要比以往更小，票据市场产生特殊时点波动的频率和幅度都会降低。因此，如果能够比较准确地判断利率上行或下行的大趋势，踏准市场交易节奏，通过期限错配和杠杆交易模式操作的空间会增大。

其次，从客户端看，商业银行在承兑和贴现环节的综合定价能力将决定其盈利能力，银行可以通过经营信用风险获利，这也是商业银行的传统强项。例如，银行通过开展授信企业商票保贴，买方付息、协议付息贴现，承兑手续费与企业信用状况、保证金存款挂钩，以及提高本行承兑票据的回贴率等方式，获得在票据一二级市场之间流转带来的综合收益。

最后，随着票据市场创新的推进，商业银行还可以通过作为票据经纪商，获得不需要承担信用风险与市场风险的经纪费等中间业务收入。同时，银行也可以作为资产管理人，受托进行票据资产管理与投资，获得资产管理费和绩效分成。此外，如果未来商业本票、资产支持票据等能够推出，银行可以通过承担信用风险的方式，获得增信类收益，也可以通过票据包销或余额兜底的方式，获得多种收益。

银行票据盈利模式的改变自然对票据客户的营销与管理提出了更高的要求，特别是在票交所成为短期直接债务融资市场的发展愿景下，客户将成为商业银行决胜票据市场的最大底气。因此，培育强大的票据业务客户群体，实现专业化分层管理变得十分重要。抓住客户就是抓住了票据源头，奠定了票据一体化综合服务的基础。如果没有客户基础，就只能在票据二级市场进行买卖交易，无法深入票据综合服务的整个业务链。

在通过强化专业营销获得深厚客户群的基础上，商业银行还需要对客户进行分类管理与深度开发。对于实力较强、信用等级高的大型企业，需要给予充分授信，深度挖掘其票据业务机会，做深做透客户服务，力争成为客户的"票据管家"，提供综合一体化服务。对于实力相对较弱的一些客户，应通过产品创新，引入外部机构增信措施，借力产业链、交易链上实力强的关联企业等方式，分散客户风险的同时，开发其票据业务需求。对于那些实力较弱的小型企业，需要采取集合发行票据的方式，引入政府信用、行业信用、核心厂商信用等，满足其票据融资需求。总之，通过客户分类、分层，给予不同企业不同的票据服务方案，做大票据业务总量，在有效控制风险的前提下，获得更高的收益。

总之，进入票交所时代，商业银行票据经营环境发生巨大变化，而票据市场、业务和产品创新也将出现新的高潮，如何适应票交所背景下新的市场实际，充分发挥商业银行的优势，谋求票据的创新与转型，是摆在所有银行机构面前的紧迫问题。只有尊重规律，紧贴市场，持续创新，才能走出一条票据业务发展的新路。

第六章

生态再造：票据市场再平衡

票据市场经过近40年的发展，虽然其间历经波折，但也取得了巨大成就。在这个不断发展、调整和再发展的历程中，票据形成了相对稳定的市场格局和行业生态，各类市场参与者也各自有其比较明确的市场角色和职能定位。这是中国票据市场在曲折的成长历程中能够不断壮大的根本原因。

2016年年底上海票交所的成立，是中国票据发展史上的里程碑，打破了这个生态系统的原有平衡。随着票据从场外分散交易逐步过渡到场内集中交易，以及一系列制度、规则的推出和修订，也必然会带来票据产业链的重塑和生态链的重组。在交易所模式下，市场必然会出现业务、产品和交易模式等各种创新，会渐进地推动市场的持续变革。因此，笔者相信，票据生态的原有面貌将会被根本改观，票据业原有的运行规律也将随之转型和升级。

回望来路，打破票据市场旧生态历经艰难；展望未来，重塑票据行业新生态则蕴含巨大机遇。中国票据市场在经历超级繁荣和剧烈震荡之后，建立起更加稳健和富有效率，又充满生机与活力的生态体系，在有效服务实体经济发展的同时，又丰富和完善了中国金融市场体系，将是一项具有里程碑意义的战略任务，也是一个重要的市场挑战。

| 第六章 | 生态再造：票据市场再平衡

票据市场转型的方向

纵观中国票据市场的发展历程，票据产业链的形成与发展与中国经济改革的历史进程密不可分。从中国票据的恢复与发展角度看，改革开放初期，市场经济模式和计划经济管理制度的矛盾性逐渐显现，国民经济出现严重的三角债问题。据当时的统计数据，全国企业间相互拖欠货款债务总额高达千亿元以上，各种形式的白条充斥市场，不规范的支付方式形成的恶性债务循环，严重影响了社会经济的有序发展。在当时的信用环境下，商业汇票制度应运而生，并被寄予了规范或解决当时企业之间相互拖欠债务的厚望。国家希望通过票据制度和产品工具的引入，把企业间相互拖欠的不规范债务行为转变成为一种票据信用，或对企业债务、债权的规范化记载和处理模式。

从此后的票据业务发展历程分析，中国票据市场真正获得长足发展，是在21世纪的前15年间。这15年是中国经济高速发展的阶段，特别是在2001年，中国加入WTO之后，开放推动了改革，而改革促进了发展，尽管其间经历了2008年的全球金融危机，但中国经济在经历非常短暂的波动之后，在国家宏观经济政策的刺激之下，依然保持了较为高速的发展态势。在伴随中国成长为世界第二大经济、第一大贸易出口国的历史进程中，中国票据市场蓬勃兴起。票据签发量、交易量节节走高，到2015年，票据交易量达到102万亿元的空前规模。

然而，在历经极度繁荣之后，票据市场出现剧烈震荡。从2016年直到目前，票据市场交易量大幅下滑，市场活跃度也显著下降，票据市场的转型已经成为不可逆转的趋势。尽管如此，票据市场的融资便利性，以及票据融资成本低、期限灵活等金融特性，使票据依然具有强大的市场生命力。我们以票据融资成本优势为例，2018年2月1日，清华大学经济管理学院中国金融研究中心、财经头条新媒体、企商在线（北京）网络股份有限公司联合公布的中国社会融资成本指数显示：当前中国社会融资（企业）平均融资成本为7.6%，银行贷款平均融资成本为6.6%，承兑汇票平均融资成本为5.19%，企业发债平均融资成本为6.68%，融资性信托平均融资成本为9.25%，融资租赁平均融资成本为10.7%，保理平均融资成本为12.1%，小贷公司平均融资成本为21.9%，互联网金融（网贷）平均融资成本为21.0%，上市公司股权质押的平均融资成本为7.24%。这表明，企业通过票据进行融资的平均融资成本是最低的。

尽管经历剧烈震荡，但票据作为一种金融产品与工具，所具有的竞争优势并未泯灭。票据市场从"大乱"到"大治"意味着市场经历深刻的大转型，也必将获得重新出发的新机遇。国家批准在上海成立上海票据交易所，促进票据市场规范发展的决策，是吹响票据市场再出发的最新集结号。

那么，中国票据市场转型的方向到底是什么？以笔者之见，票交所成立后，票据市场的发展目标是中国短期直接债务融资工具发行与交易的公开市场，是一个与现有的银行间及交易所债券市场并列的标准化债务金融子市场。票据市场的这一定位与转型发展方向对国家完善金融市场体系，促进实体经济发展，以及强化宏观政策管理和防范金融风险具有战略意义，对市场参与机构，无论是金融机构还是实体企业，无论是投资者还是融资者而言，都将具有非凡意义。

首先，当前在国家正在推进的三大攻坚战中，防范金融风险是重中之重，将过去分散、无序的场外交易票据市场转型为统一、透明和标准化的短期债务融资市场，将能实现票据市场的长治久安，从根本上有效防范票据市场的系统性金融风险。公开、透明、集中的行内交易，将能够彻底打破票据市场混乱、无序的局面，有效治理票据市场的各种乱象，革除灰色地带生存的基础，构建票据市场新的健康生态。

其次，票据市场向标准化短期债务融资市场的转型，能够引领和推动票据市场获得新的发展，进一步扩大票据融资的规模。如此，既可推动票据一级市场的扩张，又可以通过一二级市场的有效联动，将金融市场与实体领域紧密连接起来，更加高效地满足实体经济的短期快速融资需求，从而减少资金在金融市场的空转，促进资金进入实体经济领域，以促进实体产业的发展。因此，这对于实体经济发展和金融市场健康成长是一个双赢的结果。

再次，票据市场转型的新定位将能够进一步改变中国金融体系的融资结构，也有利于分散和化解金融风险过于集中的银行体系弊端。长期以来，间接融资比重高，直接融资比重低，一直是制约中国金融市场发展的重要原因。在短期融资市场上，无论是流动资金贷款，还是商业票据，银行都处于绝对统治地位，短期资金融通几乎完全依赖于银行信用，依赖于间接融资。而商业银行受资本制约、负债能力以及企业信用等的限制，很难满足市场的有效需求，而且融资效率低下。这也是中国金融领域融资难、融资贵的重要原因。票据市场转型为标准化短期债务融资市场后，能够有效缓解这一局面，特别是不同市场主体和中介机构的参与，在做大该市场后，对促进实体经济的融资需求意义重大。

最后，票据市场向标准化公开债务融资市场转型，还将为国家金融宏观调控提供精准的依据和有效的政策手段。作为标准化的短期债务融资市场，票据市场规模巨大，参与机构众多，该市场形成的均衡利率是典型的市场化利率，票据市场收益率曲线是金融市场的主要风向标和参考系。因此，票据市场利率可以纳入国家基准利率体系，为央行宏观决策提供准确依据，这对完善国家利率形成机制，进一步推进利率市场化改革的意义非凡。此外，作为一个公开市场，国家可以直接将其作为宏观政策调节的着力点，通过资金投放的数量调节，利率引导的价格调节，以及再贴现政策的精准调节，准确传达央行的宏观调控意图，从而引导金融市场紧跟国家政策调控方向和目标。

票据中介机构的转型

票据市场经历了近40年的发展，尽管成长道路曲折，但已经形成体量巨大、生态复杂的产业链。特别是近几年来，市场积弊被迅速放大，加速演变成乱象丛生的市场泡沫，而大案不断、小案频发的局面最终促使监管层对票据市场施以重拳。为彻底治理票据市场乱象，央行主导成立了上海票据交易所，这既是重大的市场创新，也是市场基础设施的重大举措，将从根本上改变票据产业的生态链条，重塑市场原有各参与方的角色和功能。

传统票据生态链与积弊

票据以其特有的信贷属性，以及在货币市场易于流通的资金属性，而在商业银行资产负债结构中成为信贷规模调节和资金头寸管理的有力工具。票据既作为可获取较高收益的金融资产，也作为易于获取流动性的交易性资产。这种混合特征与属性，使票据成为金融机构的百变神器。票据市场的生态链正是在这种多重属性兼具的背景下生长和衍生的。

票据业务的产品链和业务链可以用图6-1描述，同时这也是票据的基本交易模式。

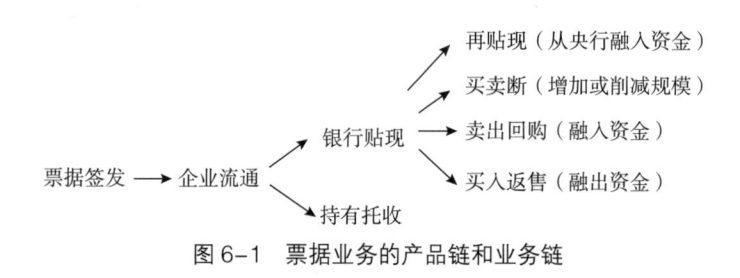

票据签发 → 企业流通 → 银行贴现 → 再贴现（从央行融入资金）
　　　　　　　　　　　　　　　　　买卖断（增加或削减规模）
　　　　　　　　　　　　　　　　　卖出回购（融入资金）
　　　　　　　　　　　　　　　　　买入返售（融出资金）
　　　　　　　　　　　→ 持有托收

图6-1　票据业务的产品链和业务链

一是买卖断业务。所谓买卖断，就是票据所有权发生转移，交易的一方移交票据资产，另一方向对方支付对价的票据交易行为，经过买卖断交易，纳入监管统计的票据规模发生转换，并在买卖双方的会计报表中得到体现。二是卖出回购和买入返售业务，这两种业务都是以票据资产作为抵押物，进行资金融通的业务，票据的所有权并不在资金融通双方之间发生转移，纳入监管统计的票据规模也不发生转换。三是再贴现业务，特指金融机构与央行之间发生的票据业务，可以分为买断式再贴现和回购式再贴现，商业银行开展此种业务的主要目的在于从央行获得资金，而与此同时，再贴现也成为央行常用的货币工具之一，可以比较精准地调节货币供应和对某些行业进行重点资金支持。

使用票据进行融资比较方便，票据资产的流通性好等特点，使近些年来票据签发量和承兑及贴现量持续增长。但是，票据市场高度依赖商业银行信用和资金的特征，也使银行越来越难以承受票据市场扩容的压力，特别是票据贴现资产纳入信贷管理，使商业银行受到监管限制的贷款规模吃紧。而转贴现市场的膨胀，也使面临金融脱媒压力的商业银行资金头寸紧张。因此，如何腾挪信贷规模，转移资金压力，并获得资本成本更低的利润，成为金融机构业务探索的方向。

在既有基础交易模式的基础上，利用监管制度的空白地带，甚至采取打擦边球的方式，一系列削减或消除规模限制的"创新业务"被开发出来，甚至成为市场的主流业务趋势之一，如图6-2所示。

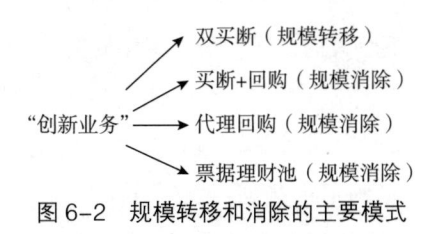

```
                    ┌─→ 双买断（规模转移）
                    ├─→ 买断+回购（规模消除）
    "创新业务" ─────┤
                    ├─→ 代理回购（规模消除）
                    └─→ 票据理财池（规模消除）
```

图6-2 规模转移和消除的主要模式

一是双买断业务，即票据持有银行将票据卖断给交易对手，约定在未来某一日期再买回来，且票据规模发生转移，并在双方会计报表中加以体现的业务，这是银行常用的腾挪规模的业务模式之一。

二是买断+回购业务，即部分农村金融机构利用该类机构在会计准则适用中的漏洞——将贴现、转贴现交易与票据回购交易置于同一会计科目中核算，即以买入的贴现、转贴现资产在"贴现资产"科目下列增项，同时将该项贴现、转贴现资产以质押形式与资金充裕的股份制银行做票据回购交易，并在"贴现资产"科目下列减项，结果形成"贴现资产"科目余额为零，规避贷款规模约束，使银行通过"票据贴现—转贴现—票据回购"这一途径，将票据资产转化为游离于监管之外的贴现贷款投放。

三是代理回购业务，即一方将合法持有的未到期商业汇票委托给另一方到指定银行办理回购式转贴现业务，代理方可以以自己的名义与指定银行签订协议，在回购的票据上签章，向指定银行办理回购业务的回购款项，以及其他法律手续。这种业务的回购款项多进入票据名义持有方在代理方开立的同业账户。这是监管层加强对金融机构会计报表监管后的应对方式。

四是票据理财池，即银行通过信托、券商、基金子公司等跨监管部门的资产管理通道，将已贴现的票据打包成理财产品进行发售，以达到消减票据资产规模的目的。

经过多种多样的模式与业务创新，票据市场加速繁荣起来，市场参与者和市场规模迅速增长，2015年，全国票据市场业务规模达到102万亿元之巨。规避监管的一些不当"创新"尽管带来了市场的短期繁荣，但也埋下巨大的市场隐患。市场的繁荣一方面满足了一些企业的融资需求，提供了高效、便捷的低成本资金；另一方面，也满足了商业银行规模扩张和利润增长的诉求，成为银行新的盈利增长点。

但是，票据市场的不规范创新操作，大多游走在监管制度和规章的边缘地带，甚至灰色地带，并未得到监管部门的认可与支持，甚至演变成一场监管者与被监管者的"猫鼠游戏"。在缺乏制度规范和行业自律机制的情况下，票据业务风险骤增，道德风险突显，票据市场脱离了合理的发展轨道，风险已不可避免。

中介机构的持牌化转型

囿于中国票据恢复的历史阶段、国家对票据业务的定位以及票据制度设计等，票据的发展一直高度依赖银行体系及其信用。因此，长期以来，商业银行作为票据市场的绝对主导性力量的情况一直未能有效改变，而票据的签发、承兑、贴现、转贴现等也都在银行间市场进行，票据市场自然也成为货币市场的一部分。这样的制度安排和发展路径，几乎将民间主体排斥在了票据服务体系之外。

过去十几年间，随着实体经济对金融需求的迅猛增长，以及金融创新的持续深化，很多非金融机构也逐渐渗透入金融服务体系之中。在金融体系内部，跨界创新的混业经营趋势也推动非银行金融机构向银行业务领域的渗透，而商业银行也通过与外部非银行金融机构或非金融机构的合作，向其他金融服务领域不断扩展。正是在这样的大趋势下，在票据市场体系中，非银行金融机构和非金融机构不断进入票据服务领域。

非金融机构涉足票据业务的历程，可以分为两个阶段。

一是民间非金融机构在正规的票据服务体系之外逐步发展出了一个新的体外市场——民间票据市场。民间票据市场游离于银行与企业正规票据服务市场之外，主要开展非正规的票据流通与交易。这一市场交易的对象通常是银行承兑票据，交易方式一般是私下协商贴现利率，进行票据背书流转，在该市场融资的主体大多数是一些无法满足银行票据贸易背景审查标准或各种融资需求得不到满足的中小型企业。民间票据市场先期发端于商品经济发展程度较弱的区域，如山东、山西，后来在江浙一带市场经济较为发达的区域也迅速发展起来。

二是2010年以后，民间票据市场发展逐步进入银行间票据市场体系，与商业银行等主导性机构合作，渗透入票据业务的核心产业链。借助资产管理业务创新和互联网金融的发展，民间票据市场大大扩展了民间票据服务的广度和深度，甚至出现了票据中介的"代行"现象，即中介与某一小型银行机构达成协议，以该行的名义在市场上办理票据贴现、转贴现等业务。

早期票据中介集中服务于企业流通领域，客观上为解决中小企业融资难起到一定的积极作用。同时，在金融市场信息不对称的大环境下，民间票据交易具有促进市场价格发现的辅助功能，进一步活跃了票据贴现市场。参与民间票据市场交易的主体种类繁杂，初期多为各地区的行业核心企业，或票据结算量较大的企业，这主要是因为中小企业受到自身信用水平、资金资产实力的限制，在资金融通中经常遇到困难，因而为保证正常的资金循环，便寻求与行业内核心企业进行票据交换，以融通资金。而行业内的一些核心企业，经常也会有一定的资金闲置，同时，为了服务自身的产业协作生态，会通过票据交易的方式为小企业提供资金融通服务。由此，民间票据交易不断扩大，参与主体不断增多。

应该指出的是，行业内核心企业作为民间票据市场最初的主导性力量，也会利用自身在企业规模、资金和信用上的优势到银行进行贴现，获取新增资金的同时，也获得一定的财务利润。这一思路后来被更为专业的民间票据市场力量借鉴，出现了专门从事票据买卖的民间法人实体。民间票据资金融通和票据中介开始向专业化和平台化方向发展。一些产业公司甚至将票据资金融通这一辅助性副业转变为公司重要的主营业务板块，专业化的中介也不再满足于服务企业间票据流转的简单财务套利，而是通过各种渠道直接介入票据服务核心产业链，间接进入银行间票据交易市场，其票据交易金额和频率急剧增长，票据投机现象开始出现。

从近年来披露的重大票据风险事件来看，涉及票据中介的案件已经由原来的企业间票款打飞，变造、伪造票据等诈骗，发展成为银行间交易诈骗。前文提及的2016年集中爆发的农业银行39.15亿元票据窝案，中信银行9.69亿元票据无法兑付，天津银行7.86亿元风险资金，宁波银行32亿元涉嫌违规票据业务，广发银行9.3亿元票据案件等，都有票据市场中介的身影。

因此，要重塑票据产业链，首先要实现票据中介机构的转型。实际上，票据中介机构是票据市场繁荣的重要动力，同时也是票据市场乱象的主要根源，要实现票据市场的规范发展和健康运行，就必须发挥票据中介的积极功能，限制其消极作用。在笔者看来，为实现这一目标，规范票据中介的最好方式就是将票据中介服务纳入金融监管范畴，实行牌照化管理。

审视中国金融体系可以看到，无论是证券业，还是保险业，都对行业内的相关中介机构实行牌照化管理。例如，保险销售中介机构中有保险经纪公司和保险公估公司，证券业中有基金销售公司等，它们都被纳入监管机构的监管范畴，或由行业自律机构如行业协会进行管理。票据中介机构的管理完全可以参照这些行业的监管标准，将票据中介机构纳入监管范畴，促进其良性健康发展。

目前来看，应在票据一级市场设立票据咨询服务商，负责帮助票据融资企业开发票据服务需求，协助企业更好地利用票据融资工具进行融资；在票据二级市场设立经纪商，促进票据市场的专业交易，为非专业投资者提供投资咨询服务，以及接受客户指令代理票据投资服务等。监管机构、票据交易所和行业自律组织应对这两类机构设立准入标准、展业规则，以及违规惩罚和行业退出机制。监管机构和交易所应为这些机构展业提供标准与支持，同时严禁非持牌机构进入票据产业链，由此将从根本上规范票据市场业务链条，根除市场乱象。

为实现这一目标，央行和银保监会等监管机管和交易所应尽快出台相关制度与规则，推动现有票据中介机构转型为合规的持牌票据服务中介机构，为票据市场的健康发展奠定微观基础。自票据市场治理整顿以来，一大批不规范票据中介机构已消失或转型，利用这一契机推出新规则促进现有中介机构转型正当其时。

实际上，在票据市场强监管环境下，市场转型的压力和激烈的市场竞争，使票据中介机构数量较以往出现大幅下降。目前，票据市场上比较活跃的中介机构主要有三类：一是持有创新经营牌照的平台，如上海的普兰金融等，呈运作模式专业化、业务多元化的发展趋势，主要经营范围已从以面向企业为主，逐步扩展到同时面向企业和银行，提供票据交易撮合服务，涉及范围也从单一的票据经营发展为提供票据、债券、存款、同业、资讯、软件、培训等全面服务；二是一些资金实力相对雄厚的中介机构，继续在企业间收购或转卖票据，为票据承兑额度不足或贴现交易资料不完备而无法通过银行进行票据承兑或贴现的企业进行票据融资服务，通过低买高卖，从中赚取价差；三是少数中介机构仍未改变业务模式和服务内容，充当享受增值税优惠政策的中小金融机构的业务掮客，利用税收红利参与企业贴现交易，这类机构未来的生存空间日益变窄。

中国台湾的中介转型经验

上海票据交易所的成立，使原有的票据市场生态发生颠覆性变化，未来票据中介服务的内容、模式、路径等也将发生重大变化。票据中介机构的转型与发展方向可以借鉴中国台湾票券金融公司的发展经验。

台湾地区票据市场最初是一个与大陆市场非常相近的生态体系，随着台湾票据市场的转型，其票据中介也经历了脱胎换骨的洗礼与转型。因此，台湾票券金融公司转型与创新发展的经验，可以作为大陆票据中介转型的重要参考。

台湾票据市场参与者包括银行、公营事业、民营事业、票券及信托公司、保险公司以及个人等，市场中最重要的交易主体是由商业银行和大公司集团共同出资成立的票券金融公司，负责短期票券的签证、承销、保证、背书、经纪等业务，在票券发行市场以商业票据的承销人、签证人和保证人的身份协助企业票券发行，在票券流通市场以票券经纪商和票券自营商的身份出现，代客买卖或自营票券买卖。票券供求双方都通过票券金融公司这一中介机构进行交易。同时，票券金融公司也是台湾金融机构实施公开市场操作的重要渠道。

除了专业的票券金融公司，台湾银行业和证券业也可兼营票据业务。截至2017年6月底，台湾共有8家专业票券金融公司、40家兼营票券业务的银行（包括外国银行）、4家证券商，这些机构在台湾统称票券商。

从发行量和交易量来看，2016年，票券金融公司发行票券8.24万亿新台币，兼营票券业务的银行发行票券4.51万亿新台币；2016年票券金融公司交易票券25.09万亿新台币，兼营票券业务的银行交易票券11.93万亿新台币。因此，从交易数据上看，票券金融公司在台湾票券市场占有重要地位。

台湾票据市场的交易工具主要为商业本票、可转让大额存单、公债、国库券、金融债、银行承兑汇票等。商业本票是目前台湾票据市场最重要的金融工具。自2000年以来，台湾票据市场中约有81%的交易额为商业本票所创造，发行额的90%来自商业本票。2016年，台湾票券市场的交易量占整个金融市场交易量的13%。在交易场所方面，台湾票券市场属于场外市场，交易主要通过电话、临柜和网银的方式达成，交易的登记保管、清算结算则通过台湾集中保管结算所（TDCC）进行。

大陆票据市场参与者目前已拓展至银行类金融机构、非银行金融机构和非法人类金融产品。对于民间票据中介，央行和上海票据交易所应顺应市场所需，遵循市场发展规律，以"宜疏不宜堵"的思路促进票据中介的转型，充分肯定中介机构作为票据市场桥梁纽带和润滑剂的正面作用，也按照治理规则抑制中介机构野蛮生长、制造风险隐患的根源。

从对普兰金融等中介机构颁发的创新类营业执照等举措看，未来会以制度化、规范化形式，给予票据中介机构发展空间，促进其阳光化、规范化展业，遵循市场监管规则，从市场准入、业务规范、管理要求等多个维度对中介机构进行引导和管理。

同时，我国特殊的金融体系特征也决定了商业银行在票据市场的主导地位短时间内不会根本改变。因此，商业银行等金融机构可以借鉴台湾经验，通过成立附属子公司的形式开展票据中介业务。而目前市场上一些比较规范的票据中介机构也可以考虑通过与商业银行合资合作的形式，获得票据经营许可，继续经营票据中介业务。特别是对一些规模较小，缺少专业化队伍的小型商业银行而言，通过成立合资票据中介机构，并加强对合资公司的治理与管理，必然能在未来票据市场中获得先机与竞争力。同时，就票据中介发展模式而言，以台湾票券公司为参考点，票据中介可以开展签证、承销、保证、背书、经纪、自营等业务。

"回归本源"是近年来金融行业的热词，票据中介转型的突破点将是票据经纪业务。据普兰金融估计，通过票据经纪的直贴业务量约占全部直贴业务量的40%，通过票据经纪的转贴现业务量约占全部转贴现业务量的20%，经过票据经纪撮合而成的交易量估计可达到30万亿元（按2016年数据预估），票据经纪的市场空间十分广阔。因此，为规范票据经纪行为，促进票据市场发展，应由央行主导推出票据咨询、经纪金融牌照，起草票据咨询、经纪业务的相关法规，对票据咨询经纪机构的股东、实缴资本等进行明文规定。这对中国票据市场的长期健康发展，有效服务于实体经济意义重大。

创新票据市场机制

建立票据市场做市商制度

由于上海票据交易所是票据市场剧烈震荡之后，在原有场外分散交易的基础上发展起来的；而票据标准化的完全实现也需要逐步推进，票据交易品种的多元性、复杂性特征突出；同时，金融业正处在强监管和去杠杆进程之中，市场资金面波动较大，不利于保持票据市场稳定的因素很多。因此，在这样的背景下，为活跃票据交易，保持票交所的稳健发展和票据市场的持续成长，在票交所建立票据做市商制度，引入票据做市商将具有重要意义。

做市商制度是一种市场交易制度，在很多市场中均存在这一制度安排。就国际经验来看，通常由具有较强资金资本实力和良好市场信誉的法人机构承担做市商角色，做市商通过不断向市场投资者提供买卖价格，并按其提供的价格接受投资者的买卖要求，以其自有资金和证券与投资者进行交易，由此为市场提供即时性和流动性，而做市商则通过买卖之间的价差获得收益。做市商制度之所以能形成并发展起来，主要是因为在一些市场如证券市场、要素市场上，参与者交易不够活跃，产品不够标准化，或是单笔交易金额较大，阻碍了交易的顺利达成，引入做市商可以提高交易效率，并增加流动性以活跃市场，从而增加交易所的吸引力。

在上海票交所建立之初，随着2018年10月主要票据纳入场内交易，如何增加市场流动性，提高交易效率是当务之急。目前，票据市场流动性问题主要体现在两个方面：一是当金融市场资金面出现快速变化时，交易双方在买卖需求上的不一致导致大额交易缺口的产生；二是以商业承兑汇票、三农背书、融资性票据和小额散票为代表的票据因信用风险和操作风险而出现交易萎靡的情况。通过建立做市商制度，引入市场做市商可以针对性地迅速平抑资金价格的短期过度波动造成的交易失灵，同时，通过指定做市商做市品种，改善特定类型票据交易活跃度低的局面。此外，做市商还通过向市场的交易参与者提供信息咨询服务，降低市场的信息搜索成本，提升市场运行效率。

做市商制度的引入还可以促进票据市场更加平稳运行，合理熨平市场周期，减少波动。一方面，做市商有责任在票据价格暴涨时参与做市，遏制过度投机，削减市场泡沫；另一方面，由于做市商有比较强的资金资本实力、价值分析和市场判断能力，在此基础上的报价和交易会更加科学与理性，从而有力地遏制市场操纵者的投机性交易，起到市场稳定器的作用。在国际股票市场、债券市场上，实行做市商制度是比较普遍的做法。

建设有效的票据市场要求有敏捷、高效的价格发现功能。做市商所拥有的广泛信息和信息分析处理能力，使其做市报价是在综合分析市场所有参与者信息，以及权衡自身风险与收益的基础上形成的，市场投资者在此基础上进行决策，又反过来影响做市商的报价决策，由此形成一种良性循环机制，有利于促使票据价格逐渐向其实际价值收敛，由此形成的票据市场收益率曲线更加客观，因而对金融市场具有真正的参考价值，也对服务于央行的货币政策操作具有重要作用。此外，央行也可以借助做市商制度，通过做市商更好地发挥再贴现对于三农、小微企业的信贷支持作用。

上海票交所引入做市商制度可以借鉴证券交易和银行间市场的成功运行经验。成立于1990年12月的原全国证券交易自动报价系统（STAQ系统）曾经试行做市商制度。到目前为止，股票市场、银行间债券市场、期货市场都已根据各自特点，制定了相应的做市商制度。中国票据市场参与主体的多元化为引入做市商制度奠定了良好的基础，除了实力强大的国有商业银行和股份制银行外，城商行、农商行等银行机构，以及保险、证券、信托、基金和财务公司都是可以选择的潜在做市主体。而且，工商银行、农业银行等票据专营模式经过这些年的专业化、集约化运营探索，积累了丰富的市场实践经验，为建立做市商制度奠定了很好的实践基础。一些商业银行在其体系内部探索的集合竞价与撮合平台模式就具有内部做市的特征。票据市场众多参与主体经过对票据业务经营管理的持续探索和实践，也已初步具备一定的做市意识和能力，所有这些都为在上海票交所建立真正的做市制度打下了比较坚实的实践基础。

因此，利用上海票交所业已形成的全国统一、信息透明、电子化交易平台基础，尝试建立做市商制度正当其时。在做市商制度设计上，应遵循市场规律，明确规范做市商的权利和义务，并对做市商提供政策和制度上的引导。在分业经营、分业监管体制下，无论哪一类金融机构参与做市，都应该具备做市能力，并获得监管部门的批准。就目前票交所发展的情况看，做市商应该具备比较雄厚的资金实力；具有良好的商业信誉；熟悉票据市场，能够提供准确的有效报价，稳定市场价格；具有专业的风险管理能力，掌握专业的交易技术。为活跃市场交易，增强市场流动性，做市商需要承担一定的市场责任，包括按照规定的时间、价差、数量、持续挂单时间进行报价。对做市商的行为要进行动态监督和考评，确保其发挥正面作用，防止其利用市场优势地位非法牟利，甚至从做市演变为操纵市场。

由于票据交易十分频繁，尽管交易量巨大，但票据市场做市商的利润可能十分微薄，有时还面临出现亏损的风险。因此，国家和监管层面，应该尽量为票据做市商提供再贴现资金支持和税收优惠政策支持，这有利于提高做市商的积极性和维护市场稳定。此外，票据业务深受宏观环境特别是金融市场资金供求的影响，应该在特定情况下对做市商进行责任豁免。例如，2013年6月底，国内金融市场出现严重的"钱荒"，隔夜拆借利率曾短暂飙升到30%以上，在这种市况下，没有做市商有能力继续履行做市责任。因此，在票据市场价格出现异常波动，或金融市场出现显著波动时，交易所可以暂时豁免做市商履行做市义务，以合理保护做市商的利益。

构建票据市场评级体系

票据市场信用评级制度是完善票据市场机制，防范信用风险和激发市场活力的基础性制度安排。所谓票据信用评级，就是由信用评级机构对票据的各类风险因素进行分析，从而以量化的数值等级表示其偿还能力的评价。按照接受评级对象的不同，票据信用评级分为票据主体评级和票据债项评级。票据的主体评级是对票据行为责任人所承担的各种债务如约还本付息的能力和意愿的综合评价。票据的债项评级则需要通过分析票据行为责任人的整体实力，并结合特定的票据属性和保护性条款来评估某张票据的到期兑付能力。

构建票据信用评级制度意义重大，票据信用评级是票据定价的重要依据，可以为市场参与机构提供风险收益决策的参照系，从而有效规避信用风险，完善票据交易定价机制。例如，尽管银行承兑汇票是由商业银行签发承兑的，是以该银行的信用为担保的汇票，但是各家商业银行的资产规模、盈利能力、信用等级和偿债能力有显著差异，因此，其所承兑和贴现的票据的风险水平也存在巨大差异。为实现票据的合理定价，各银行信用等级的差异将通过票据利率的差异得以体现，即票据之间的风险溢价。

在上海票交所成立以前，票据交易是分散进行的，因而信息缺失和不透明并存，在票据存续期内，各类信息散布于央行、银保监会和商业银行等众多市场监管者和金融机构中，导致票据基础数据的汇集难度大，标准化程度低。正是由于票据市场缺少这种统一的权威数据库、信息管理系统和相应的数据接口，票据评级工作也无法实质性开展。

有别于债券市场，由于票据的非标准化和完整市场信息缺乏，票据评级理论、实践和技术基础薄弱，票据评级方法定型。尽管票据宝每年会定期发布《中国票据信用评级报告》，但其所使用的数据主要是中国票据网和其自身数据积累的公开数据，没有完全覆盖全部金融机构，缺乏可靠性，因而也缺少权威性。正是由于缺少票据评级的方法和实践，我国在构建票据评级的理论与数量模型、数据收集与清洗系统等领域都处于早期探索阶段。此外，中国评级行业一直实行评级机构向被评级对象收费的模式，自然会影响评级机构和评级结果的公信力，不利于投资者使用评级结果。

在上海票交所成立之后，随着票据在2018年年底全部进入票交所交易，构建票据市场评级制度体系的基础条件初步形成。在基础数据可获得性方面，可以利用票交所将原来散布于市场和监管机构的分散信息数据收集起来，汇集票据市场参与者基础信息、交易数据信息及其交易行为信息，构建票据市场信息应用数据库，为票据评级奠定完整的大数据信息基础。此外，还可以扩展其他征信资料来源，以央行征信数据和商业银行数据为基础，整合税务、司法、仲裁和企业征信等公共信息，全面客观地反映票据行为责任人的履约意愿和能力，以此作为票据评级的辅助信息来源。

中国评级市场上评级机构的数量不少，但具有良好行业公信力的评级机构不多。大部分评级机构规模较小，专业评级人员数量不多，评级技术大多是引进美国等发达国家的现成评级技术和方法，适应中过本土市场风险特征的评级方法和技术比较薄弱。由于中国票据市场具有明显的中国特色，探索适应中国票据市场特征的评级技术、评级方法和评级队伍是一个不断累积的过程。

只要监管层重视，市场参与者支持，票据评级制度一定会随着票据市场的发展而逐步培育起来。一是要探索确定适应市场特点的合理可靠的票据信用评级方法，多借鉴债券市场的评级方法和规则，制定统一科学的票据评级规则，增强票据评级结果的可信度。二是管理层要推出促进票据评级发展的配套措施，包括加强对评级行业的引导和指导，出台票据评级相关的制度规则。三是在提高票据评级行业独立性，增强评级结果公信力的基础上，积极推动票据评级结果的市场应用。

重塑票据市场产业链

在完善市场基础设施和制度体系的基础上，努力推进票据市场产业链的重塑。就票据未来的发展方向看，票据产业链的重塑应当着眼于三大维度——标准化、多元化和完备化。所谓标准化是指将票据改造和创新成为标准化金融资产，使其能够更加便利地在金融市场流通交易，能够被大多数投资者接受并投资。所谓多元化是指票据产业链条上参与者职能的分散化和分工专业化。所谓完备化是指引入新的参与主体，弥补原有票据市场体系的角色缺位和功能缺失，参与者根据自身的资源禀赋优势担当新的角色，由此使票据市场成为一个分工明确并相互制约的完备市场体系。

票据资产标准化在前文已进行了深入讨论。标准化债权类资产是指在银行间市场、证券交易所市场等国务院和金融监督管理部门批准的交易市场交易的具有合理公允价值和较高流动性的债权性资产。其具体认定规则由中国人民银行会同金融监督管理部门制定，其他债权类资产均为非标准化债权类资产。票据是否可以为标准化债权类资产？从目前的认定来看仍然较为模糊，根据2013年颁布的《中国银监会关于规范商业银行理财业务投资运作有关问题的通知》，银行承兑汇票不被认定为标准化资产，但是却可以进行逆回购操作。与该通知不同的是，上海票据交易所作为中国人民银行指定的提供票据交易、登记托管、清算结算和信息服务的机构，使票据具有公允价值和较高的流动性，具有标准化债权资产的特征。因此，随着票交所大力推进票据产品的标准化工作，相信票据被认定为标准化资产的时间不会太长，由此可以显著扩大票据的交易范围。

票据产业链上职能、角色和功能的多元化是未来发展的必然趋势。改变商业银行在票据市场"一家独大"，几乎独撑信用的局面，需要市场主体和角色的进一步分散，票据市场分工将从单一化走向多元化，由业务兼营走向专业化经营，形成完整的多层次性市场。此外，引入新的市场参与者，特别是各类非银行金融机构以及非金融机构参与者，由此构建票据市场实力雄厚的稳定投资者群体，对票据市场的稳健发展至关重要。在票据的资金属性特征日益突显的背景下，缺少金融机构及其发行和管理的金融产品的投资，票据市场难以做大、做强、做优。

从国外票据市场的发展情况来看,票据市场各类交易主体一直保持着较为独立和明确的市场定位与角色。国外票据市场作为货币市场的重要组成部分,已经成为财务状况良好、信用等级较高的公司筹集短期资金的主要渠道。例如,美国票据市场参与者中,投资银行的全资子公司或银行持股公司的子公司是最重要的市场主体,实行专业化经营。这些机构从发行人处购买商业票据,通过自有销售渠道将票据出售给其他投资人。票据发行人包括金融公司、非金融公司;票据的投资者包括银行、非金融企业、投资公司、中央和地方政府、私人养老金、公益基金等机构和个人。

在英国,票据市场以贴现行为中心,由商人银行、票据贴现行、商业银行等金融机构组成。贴现行是专业的贴现公司,其一方面从清算银行和其他金融机构借入短期资金,另一方面将资金投资于商业票据。商人银行在票据市场经营票据承兑业务,主要为客户办理票据承兑,并以收取小额的手续费作为正常业务收入。票据经过承兑行承兑,成为银行票据,贴现利息要比一般商业承兑汇票低。商业银行在贴现市场的活动主要是向贴现行提供贷款,并从贴现行购入票据。英格兰银行作为英国中央银行不直接参与贴现市场,而是通过向贴现行提供资金间接参与,并通过调整贴现行的再贴现率和买卖票据的公开市场的方式干预市场,传导其货币政策。因此,票据市场参与者的多元化和专业化是票据持续繁荣发展的基石。

票据产业链的完备性就是票据市场各类角色、功能和制度体系的完备化,这是票据市场长期健康发展的系统性保证。市场制度及体系的完备性前文已进行论述。而参与角色和功能的完备性同样重要,任何一个环节的角色缺位或职能缺失都将成为引发票据市场系统性风险的关键短板。从外国票据市场的发展经验看,参与者涵盖证券公司、保险公司、投资基金、货币市场基金、商业银行等主要金融机构,都是以第三方主体的形式为企业发行商业票据提供中介服务,形成多层次的市场交易制度体系和角色分工。

票据市场的参与主体，根据市场供求双方的需要，分别承担着票据评级、贴现和承兑等职责，并构成了一个相互制约的整体，减少了道德风险的可能性和市场行为的趋同性。从货币传导效果来看，票据市场作为调节短期资金供需的场所，是货币当局和金融体系之间的重要渠道，能够成为央行调节资本流动的有效手段。

鉴于银行业在我国金融体系中的特殊地位，我国的票据市场一直是银行专营模式，服务票据业务的所有正规中介机构都设立在商业银行系统内，其具体类型主要包括以工商银行、农业银行为代表的总行级票据专营机构模式和各股份制商业银行的内设票据中心，其特征为市场的进入门槛较高，交易主体单一。这客观上造成了票据信用成为银行信用的附属品，实质上仍是传统银行授信模式的延伸，而不是通过市场对签发或承兑企业自身信用的评估进行定价，利用多元化的参与主体对票据市场风险进行分散。

银行作为市场的绝对主体的行为趋同，很难形成相互制约机制和市场交易对手，且其发展目标具有多样性和复杂性，在以存贷款规模等为主导的经营目标下，容易与票据业务本身的发展规律出现冲突。现实中，票据业务往往成为银行信贷业务的补充，成为规模管理的调节器，成为派生存款业务的通道。

根据《中国人民银行关于规范和促进电子商业汇票业务发展的通知》和上海票交所发布的《票据业务管理办法》，未来在票据所参与交易的不仅有传统的商业银行，还有证券公司、基金公司等非银行金融机构，旨在建立一个多层次、全国性的票据市场。借鉴国外市场的经验，目前这种完全依赖透支银行信用，以银行业为绝对主体，全产业链介入票据市场，相互复制、完全同质化且经营目标不明确的业务模式将很难行得通。

在新的票据产业链上，参与者要对自身的资源禀赋做区分以进行市场定位，在未来市场中，自身管理、研发、运营能力较弱的银行机构，应立足于票据的基本功能，将票据业务定位于服务贸易融资的产品，以票据为载体，完善服务存贷款客户的业务链；有较强管理能力、产品研发能力、资金运营能力的银行机构，应以专业票据公司的模式，深度介入票据上下游产业链，以票据经纪、资产运营、个性化融资产品服务等为切入点，寻找自身在产业链条上的准确定位，形成行业竞争优势，提升盈利水平；证券公司、基金公司等非银投资性机构，应着重发掘票据资产的投资价值，完善资产配置需求；评级公司、律师事务所等基础性服务机构，应当发挥独立第三方专业机构的优势，成为市场的基础服务商。

在票据市场新旧格局交替之际，系统规划、合理布局、重点推进票据市场建设的相关工作，对重塑生机勃勃、健康有序的票据产业链至关重要。

专栏 6.1　区域票交所整合与协同

在 2016 年 11 月上海票据交易所成立之前，中国票据市场一直缺少一个全国统一的交易场所，数十亿万的票据交易仍然完全依赖柜台交易，不仅效率低，周期长，而且业务信息不透明，特别是在纸质票据时期，市场饱受假票、克隆票的困扰，票据诈骗、卷款潜逃的事件时有发生。因此，尝试建立区域性票据交易平台成为一部分市场人士和参与者的共识。

随着票据风险事件集中爆发，央行开始考虑筹建上海票据交易所，票据业务交易即将步入大转折的新时代。此时，适逢金融创新和"互联网+"热潮的兴起，区域票据交易所应运而生。目前，在区域内有一定市场影响力的区域性票交所主要有以下几家：

京津冀票据交易中心

京津冀协同票据交易中心股份有限公司（简称京津冀票据交易中心），由北京市海淀区国有资产投资经营有限公司、天津滨海新区创业风险投资引导基金有限公司、河北建设投资集团有限责任公司等三地有代表性的国有企业会同几家民营企业共同发起设立。公司于2016年4月28日经北京市人民政府同意批筹，5月20日取得工商营业执照，10月28日经北京市金融工作局验收合格正式开业经营。京津冀票据交易中心主要提供票据交易服务和票据质押融资交易服务，并提供与上述交易相关的鉴证、登记、信息披露、咨询、中介服务；接受金融机构委托提供金融信息技术和金融业务、金融知识流程外包服务。

武汉票据交易中心

武汉票据交易中心于2016年10月28日开业，该中心由湖北省人民政府批准设立，其股东包括天风天睿投资股份有限公司，武汉聚风天下科技有限公司、武汉光谷科技金融发展有限公司，以企业现金交易市场为业务核心，旨在为企业提供安全、方便、快捷、低成本的融资平台，加速流动资金的周转，缓解融资难问题。规范区域内票据类金融产品交易市场，提高票据类金融产品的流通性和交易效率，提升货币流通周转率和使用效率；促进票据类金融产品的普及推广。

前海票交

深圳前海金融票据报价交易系统股份有限公司（简称前海票交），是2016年年初在前海注册成立的国有控股混合所有制企业，注册资本为1亿元人民币，其股东包括：深圳金融电子结算科技有限公司、深圳市威豹保安服务有限公司、深圳前海金融科技服务有限公司、深圳聚融科技股份有限公司、华塑控股股份有限公司，定位于联合各投资主体的优势资源，积极推进、共同筹建和研发一个规范化、全国性、多功能、安全稳健的票据平台，为国内各企业提供多渠道、全方位、真实规范的票据信息服务。

除上述几家区域票据交易所外，还有厦门票据交易所、云票据、同城票据网、喜式电子、深度票据网等多家互联网票据交易平台。

从目前的情况来看，区域票据交易所是由地方金融办等机构以金融创新的名义批准筹建，核发工商管理执照，其营业范围包括票据类金融资产交易、票据类金融创新产品交易、金融信息咨询服务，但均被注明，涉及行政许可的，须取得许可证经营。在实际的运营中，区域票据交易所扮演了信息交换平台的角色，为需要票据交易的双方提供报价撮合和资金账户监管服务，从客观上活跃了区域票据市场，保证了资金的安全，票交所自身多从中收取居间佣金。参与区域票据交易所运营的企业寄希望未来做大平台交易量，获取丰厚佣金，更看中地方机构发放的创新牌照的稀缺性，比照地方金融交易所，获取股权的投资回报。地方政府积极推动区域票据交易所的建设，主要是着眼于与上海票据交易所形成互补优势，一旦能够得到金融监管部门的认同，企业之间买卖票据正规化运营后，也可以为地方政府带来税收等好处。

但是，从目前的法律制度环境看，按照《票据法》等相关规定，商业汇票的功能是支付结算，不能作为资产进行买卖交易，企业之间的流转需要贸易背景的支持。央行、银保监会等监管部门目前仅认可上海票据交易所，区域票据交易所的未来仍存悬疑。

创设票据市场价格指数体系

在规范成熟的金融市场上，价格指数是交易的坐标和指南。创设中国票据市场价格指数是完善票据市场软环境，优化市场生态支撑体系的重要步骤，与构建完善的中国票据收益率曲线具有同等重要的作用。

票据价格指数主要用来衡量整个票据利率的波动情况，既是票据市场参与者决策的风向标，也是金融监管部门和学术研究机构的参考系。目前，中国票据市场已经运行着的两个价格指数都存在一定的局限性。

长三角票据贴现价格指数是根据选取的长三角样本金融机构最近两周买入全部贴现票据的加权平均利率计算形成的，并接受当地人民银行和金融监管机构的监督。因此，长三角票据贴现价格指数的代表性和公信力比较高，但是缺陷也很明显，只反映了区域性的票据市场运行情况。

工银票据价格指数是由中国工商银行票据营业部根据全国重点金融机构样本报送的交易价格计算得出的指数。由于工商银行在中国金融市场的地位，以及工行票据中心在票据行业的地位，该指数在全国的代表性是比较强的。但是，由于该指数没有受到金融监管部门的具体监督，而且样本机构的报价准确性也不容易确认，其公信力有待提升。

尽管长三角票据贴现价格指数和工银票据价格指数包含了贴现、转贴现以及回购价格指数，能够反映相应票据业务种类的价格波动，但是，并没有反映票据市场的综合情况，以及影响票据价格的相关因素。因此，可以考虑建立一个票据因素价格指数体系，这一指数体系要既体现票据价格的总体走势情况，又要反映票据市场资金松紧程度和信贷状况等因素。

上海票据交易所成立后，全面准确的票据交易数据为创设票据价格指数体系奠定了基础，建立一个包括票据资金价格指数、票据信贷价格指数、票据综合价格指数在内的票据价格指数体系，以分别反映票据市场的资金、规模以及总体状况和变化趋势，完全具备可行性。通过构建中国票据市场票据价格指数，对市场发展、机构展业和监管决策具有重要意义。

一是可以及时地综合反映整个票据市场价格的变动方向以及幅度。由于任何单一市场机构的票据交易利率都无法全面代表整个票据市场的价格变化情况，因此通过创设票据价格指数来反映整个市场票据利率的变化情况及趋势，有利于票据市场参与者及时准确地了解市场价格变化，对票据市场的有序平稳运行具有重要意义。

二是可以分析和度量各个市场影响因素对票据价格变化的影响方向及其程度。统计学上的指数是反映由不能直接相加的多种要素所构成的总体数量变动状况的统计分析指标。票据价格指数是对票据利率进行采样并计算出来的，用于衡量票据市场价格波动的指数。由于票据业务兼具资金属性和信贷双重属性，影响票据利率的主要因素也就是金融市场的资金面状况和信贷状况。因此，可以根据这两大因素的内在联系建立票据价格指数体系。

三是可以用于分析和判断长周期内的票据价格变化趋势。票据价格指数的综合性和代表性都比较强，能够反映票据市场价格的总体变化情况，市场参与机构可以通过对指数的持续跟踪和每日分析，并结合自身的经验判断，能够对未来票据价格的走势做出更加可靠的预判，从而进行更为科学合理的经营决策，减少买卖交易的盲目性和随机性，有利于有效防控风险和争取实现更多收益。

四是可以将票据价格指数作为金融市场决策的重要参考。票据市场利率作为市场化时间最早、市场化程度较高的利率品种，部分发挥了基准利率的作用。因此，反映票据利率变化的票据价格指数既可以代表票据市场供求情况，以及资金市场和信贷市场状况，在一定程度上也可以作为货币市场乃至整个金融市场的利率参考坐标。

根据票据市场不同业务的特点，可以考虑建立包括票据资金价格指数、票据信贷价格指数和票据综合价格指数的指数体系。票据资金价格指数由回购利率和转贴利率构成；票据信贷价格指数由直贴利率和转贴利率构成；票据综合价格指数既包含票据利率因素，也考虑报价金额因素。

票据价格指数体系既反映了票据市场价格总体走势，也可以清晰地描述各市场因素对票据利率的作用方向和影响程度。这既有利于市场主体及时准确地了解市场现状，以进行有效的分析和预判，也可以被金融监管当局用作观测市场之用，或作为央行货币政策的中介指标。

第七章

创新涟漪：变革的宏观效应

过去两年是中国票据市场转型创新的重要节点，特别是票交所的成立，标志着传统票据市场开始全面转向标准化电子交易，是票据市场基础设施建设的重大进展。在以票交所为支柱的票据发展新时期，票交所不仅能够很好地解决纸票时代存在的违规操作、规避监管和道德风险等问题，也会在诸多方面为票据业的探索创新开辟新的广阔空间。

与此同时，票据市场作为金融市场的重要组成部分，特别是作为连接实体经济与货币市场的短期债务融资市场，其创新与变革必然对宏观经济金融领域带来显著影响，对于健全中国金融市场体系，完善利率形成机制，加强宏观货币政策传导，以及有效服务实体经济等的意义重大。

票据市场创新完善金融市场体系

2018年4月10日，习近平主席在博鳌亚洲论坛2018年年会上发表讲话，就中国进一步扩大对外开放、共建人类命运共同体提出重大举措。其中，金融业是对外开放的重点领域，国家要在金融业大幅度放宽市场准入，包括放宽银行、证券、保险行业外资股比例限制，可以由外资控股，并放宽外资金融机构设立的限制。完善中国金融市场体系，优化市场体制与运行机制，这是适应新的对外开放战略的必然要求。

金融开放要求加速健全金融体系

为适应新国际形势下中国改革开放的总体战略，进一步扩大开放，支持经济全球化和多边贸易体制，加强国际经济金融合作，2018年4月11日，央行行长易纲在博鳌亚洲论坛"货币政策的正常化"分论坛上宣布了金融放宽市场准入的十一条措施，其中六条在6月30日之前落实，其余在2018年年底前落实。易纲表示，金融市场开放后，内外资金融机构将在公平的环境下展开竞争。

同时，易纲还表示，下一步金融业的开放将遵循以下三个原则：一是准入前国民待遇和负面清单管理；二是金融业的对外开放与汇率形成机制的改革和资本项目可兑换改革进程相互配合，共同推进；三是在开放的同时，要重视防范金融风险，要使金融监管能力与金融开放度相匹配。

金融开放进程的加快要求金融市场体系的建设和完善也要同步加快，以适应扩大开放的要求。中国金融市场是伴随着中国改革开放的进程逐步发展起来的。改革开放以来，与社会主义市场经济相适应的金融市场和机构体系基本建立，目前已经形成涵盖货币市场、债券市场、股票市场、保险市场、黄金市场、外汇市场及相关衍生品市场的金融市场体系,为我国经济持续健康发展做出了重要贡献。目前,从一些数量指标来看,中国金融市场的发展已经处于世界领先水平。例如,债券市场规模位居全球第三、亚洲第二,股票市场总市值也位于全球前列。

尽管中国金融市场体系的发展取得了显著成果,但其在促进资本形成、优化资源配置、推动经济转型和结构调整中发挥的作用还不够,加快发展、加大支持实体经济的力度仍然是中国金融市场的第一要务。中央经济工作会议连续多年提出要健全完善多层次资本市场体系,2017年的全国金融工作会议明确提出,要完善金融市场体系,促进融资便利化、降低实体经济成本、提高资源配置效率、保障风险可控。

回顾中国金融市场的发展实践,必须坚持服务实体经济,把为实体经济服务作为出发点和落脚点,坚持市场化改革方向,继续大力发展金融市场,进一步提升金融市场的作用,为推动中国经济社会转型升级提供更加有力的支持。

此外,与成熟市场经济国家相比,中国金融市场还有相当大的差距,存在显著的结构性问题,主要体现在:一是直接融资比重过低;二是影子银行挤压债券市场,呈现劣币驱逐良币的现象;三是债券市场自身的结构有待改善;四是股权融资占比依然不高,且投资者以散户为主;五是金融衍生品发展明显不够。这些问题本质上在制度层面是相互关联的系统性问题,需要继续深化改革,激发市场发展的内在动力。

未来,应继续尊重并适应国际市场规则和惯例,在开放和完善金融监管框架的基础上,深化国内金融市场的改革,实现直接融资与间接融资、股权融资与债务融资、基础产品与衍生品协调发展,建设形成与大国开放经济地位相适应、种类齐全、结构合理、服务高效、安全稳健、更具包容性和竞争性、支持实体经济可持续发展的现代金融市场体系。

设立票交所，完善债务市场短板

上海票交所的成立，彻底打破了票据市场的传统格局，对票据转贴现业务发展乃至中国金融发展必将产生深远的影响。

票交所的成立有助于进一步繁荣票据市场。票交所为转贴现提供统一场所及信息渠道，之前票据市场是离散型、自发式市场，采取由相关机构点对点、单笔询价、送票清算业务模式，离散型的市场会导致交易壁垒、信息不对称，一定程度上降低了整个票据市场的资源使用效率，更提高了中小企业的融资成本。票交所的成立，将突破票据市场地域和时间限制，使市场参与者能够在一个统一开放的交易平台进行交易，有利于更加全面地获取真实准确的市场信息，由此提高市场参与者的票据交易意愿，并提升票据流转速度。

在票据交易所时代，票据二级市场交易也将转变为场内的标准化交易，并且，参与主体也扩大到包括非银机构和非法人产品在内的银行间市场的绝大多数参与者。可以预见，随着基础设施建设的不断完善，以及市场参与者的迅速发展壮大，票据二级市场交易日趋活跃，交投活跃度将显著提升，势必成为继货币市场、债券市场、资本市场、期货市场之后的又一大金融子市场。

票交所奠定了票据市场体系

票交所时代，票据市场体系可以分为票据承兑市场、票据贴现市场、票据转贴现市场、票据再贴现市场、票据创新市场、票据经纪市场、票据评级市场、票据交易市场八个子市场。这些子市场既互相联系，又相对独立，票据评级和票据承兑市场是基础市场，票据经纪和票据创新市场是新型市场，票据贴现、票据转贴现（回购）及票据再贴现市场是流通市场，票据交易市场是基础设施。随着票据基础设施的不断完善，票据市场体系建设的步伐将进一步加快，实现跨越式发展。

引领并促进了票据一级市场

第一，流动资金贷款票据化是货币电子化的必然趋势，将成为商业银行信贷业务发展的一个新方向。

随着金融互联网技术的发展，现金使用量逐步减少，货币电子化趋势十分明显。票据具有的信用和支付双重功能已发挥了替代现金的作用，新出现的电子票据，已具备了电子货币的职能，在此背景下，流动资金贷款票据化将变得更加可行，必将成为商业银行信贷业务发展的新方向。

流动资金贷款票据化具有重要的现实意义。从企业角度讲，流动资金贷款票据化可以增强企业财务弹性，有利于降低财务费用，提高支付灵活性和资金周转率，增强企业财务管理能力。从商业银行角度讲，签发商业汇票属于商业银行的表外业务，流动资金票据化可以满足企业特别是实体经济的信贷资金需求，办理贴现业务时也会扩大银行信用总量，有效节约银行的经济资本占用，提高运营资金使用效率，降低资金的机会成本。从监管角度讲，流动资金贷款票据化，既能满足社会资金需求，又能减少社会信贷规模总量，从而达到央行缩减货币发行量的目的，同时也有利于加强社会信用体系建设。

在电子商务中，企业以自身信用换取银行开出的电子票据，加上银行信用或以资产抵押、第三方担保等方式作为承诺，可以电子货币的形式去参与生产经营活动及支付结算。相对于流动资金贷款，电子票据既具备电子货币简便、安全、易交换的特点，同时还具有流动资金贷款无法具备的低成本、可追索的优势，因而可以部分替代流动资金贷款，在互联网金融和电子商务中发挥越来越重要的作用。

正是在这个意义上，流动资金贷款票据化的创新势在必行，流动资金贷款借助票据工具和票据平台在区域间流动。随着货币电子化和票据市场化进程的推进，将票据的支付功能、融资功能、投资交易功能集合为一体，最终替代短期贷款而成为企业流动资金的一部分，不失为一个良好的创新途径。商业银行在货币电子化的进程中，应积极适应发展大趋势，改造传统渠道，加速开发创新产品与服务。

第二，改变贴现市场的割裂格局，重点推进企业贴现线上化，进一步服务实体经济。

票据一级市场依托上海票据交易所业务平台，以及相关贴现业务交易规则，减少了贴现中不规范的流转环节，由实体企业、商业银行和票据经纪公司共同进行票据贴现交易，快速实现企业的贴现融资需求。因此，加快建设全国统一的票据贴现市场，推进票据贴现的线上化、电子化，抹平区域之间的贴现价差，将会进一步缓解实体企业融资难、融资贵的问题。

统一和规范了票据二级市场

票据二级市场交易体系包括承兑、贴现外的转贴现（回购）、再贴现等传统产品交易行为，也包括票据资管、票据证券化、票据理财、区块链票据、产业链票据、衍生票据等创新产品交易行为，还包括在票交所模式下所有交易行为规则的演化和更新，以及规范的票据经纪平台。

在票交所时代，票据二级市场交易也将转变为场内的标准化交易，并且，参与主体也扩大到包括非银机构和非法人产品在内的银行间市场的绝大多数参与者。由此可以预见，票据交投活跃度也将逐步得到提升。

第一，转贴现（回购）交易模式发生显著变化，票据二级市场功能进一步扩展。

在票交所时代，票据转贴现（回购）交易与过去相比将发生显著变化。一是转贴现交易模式依赖于票交所交易规则，交易的灵活性下降，但交易效率显著提高。二是交易信息更加规范透明，转贴现价格的地域性差异以及无风险套利价差会显著降低，转贴现交易价差更多依赖于对于远期趋势的判断。三是追索规则的修改将弱化票据转贴现交易环节中的增信行为，增信行为前移至票据保证环节。四是转贴现业务带有信贷资产转让的属性，短时期内各机构交易对手准入名单仍会有较大差异，交易过桥行为并不会完全消失，但操作空间将大幅收窄。五是在转贴现业务信贷属性没有实质性弱化的情况下，票据回购业务仍将受到一定制约。未来，若信贷属性弱化甚至取消，票据回购业务将迎来发展机遇，类似于银行间质押式回购，将成为机构间重要的短期资金融通渠道。六是各机构在转贴现业务上，配置型需求和交易型需求的模式分化将更加明显。

票据二级市场从场外市场逐步切换到场内市场，市场功能将进一步扩展。票据二级市场的价格发现功能，对于票据一级市场的价格指导作用更加显著，可有效提高票据业务在货币市场中的地位，进一步完善我国市场化的利率体系，未来甚至可能成为央行公开市场操作的新渠道。

再贴现一直是央行货币政策的工具之一，目前再贴现利率作为票据贴现利率的下限而存在，体现央行对于信贷投向的指引作用。但因之前再贴现市场属于场外市场，成交活跃度有限。在票交所时代，央行清楚掌握票据价格，票据利率更接近经济实体的实际融资利率，具有更有效的利率传导作用。可以预计，在加大使用再贴现这一货币政策工具之外，央行在票据市场上可直接进行公开市场操作，买入卖出票据，引导市场利率走势，投放回笼货币，实现央行的货币政策导向意图。

在票交所时代，票交所采用对话报价模式，随着交易机构的丰富、交易对手白名单的扩大，有实力的交易机构将承担起票据做市商的角色，在市场上进行双边报价，提升市场交易活跃程度，为市场提供流动性支持，做市机构需要具备强大的流动性管理和定价能力，票据做市商是票据业务重要的发展方向之一。

第二，建立健全票据二级市场交易体系，直转联动高效促进票据业务的发展。借助上海票交所平台，依据票交所交易、托管以及登记等业务规则，大力发展规范化的线上票据业务，将商业银行、信托公司、券商、基金公司、保险公司、期货公司、资产管理公司以及票据经纪公司等市场参与主体串联起来。

同时，加强直转联动，相互促进，高效推动票据业务的发展。一方面，在票据一级市场上，通过有效的产品链整合，做大、做强商业银行的承兑、贴现业务，更高效地满足客户的融资需求，充分挖掘产品链价值，为票据二级市场提供充足、高质量的票源。另一方面，通过整合转贴现和相应的票据投资，优化行内票据流通链条形成合力，更高效地与同业市场对接，通过转贴现、回购等做大资产规模，带动票据一级市场的发展，并增强抵御市场波动的能力，提高市场议价能力，灵活摆布资产，提高资本回报。

第三，借助全国一体化票据交易市场，逐步形成融资工具票据化、票据工具电子化、票据市场多元化、票据资产证券化的社会融资格局。

银行业信贷市场和同业市场已被打通、相互交融，银行机构与非银行金融机构在统一平台上，运用标准化票据工具，通过规范化的跨市场交易，形成利率传导机制，实现企业贴现－银行融资－非银行金融机构资产管理的大资管交易架构，持票企业在统一平台上实现即时最低利率的票据贴现，银行或非银行金融机构可购入票据资产创建特殊目的载体（SPV），为投资者提供低风险的直接融资的标的资产。票据作为标准化金融工具，已成为信贷市场－同业市场－理财市场跨市场交易的标的资产。

推动票据创新市场的发展

作为一种重要的投融资工具，票据的创新发展对经济金融以及票据市场本身的发展具有极大的推动作用。各类经营机构积极探索票据业务创新，创新型产品不断涌现，并取得了阶段性成果。

第一，票据业务与"互联网+"逐步融合。从2013年以"余额宝"为代表的互联网理财产品横空出世开始，互联网票据理财产品迅速成为互联网金融领域的新宠。2017年2月，中国人民银行推动的基于区块链的数字票据交易平台测试成功，意味着互联网票据进入新纪元。2017年3月15日，区块链票链全国监控运营管理中心揭牌暨全国首单区块链票链业务上线仪式在赣州银行举行，标志着区块链票据进入实际应用阶段，加速市场效率的提高。

第二，票据产品体系更加丰富。近年来，票据市场步入快速发展阶段，票据产品体系更加丰富，在承兑、贴现、转贴现等传统业务的基础上，票据池、票据资产管理、票据托管、票据资产综合服务、票据同业投资等产品在票据市场上相继出现。2016年3月29日，全国首单基于票据收益权发行的资产证券化产品——华泰资管–江苏银行融元1号专项资产支持计划成功发行，标志着中国票据业务证券化之门正式开启。另外，票据资产管理等产品不断趋于成熟并创新发展，票据衍生品未来也有可能逐步推出。

第三，票据市场参与主体更趋多元化，跨市场产品日益增多。近年来，农信社、外资银行等票据市场的新兴力量发展迅速，市场份额得到明显提升，一些信托公司、资产管理公司、证券公司、基金公司等非银行金融机构也在积极寻求进入票据市场的方式。《中国人民银行关于规范和促进电子商业汇票业务发展的通知》指出，除银行业金融机构和财务公司外，作为银行间债券市场交易主体的其他金融机构可以通过银行业金融机构代理加入电票系统，开展电票转贴现（含买断式和回购式）、提示付款等业务。

2016年11月2日，《中国人民银行办公厅关于做好票据交易平台接入准备工作的通知》发布，明确规定了票交所的参与主体，票据交易平台要对票据市场参与者实行会员管理制度，金融机构法人可申请成为会员，会员下设系统参与者，银行业金融机构总行及其分支机构、非银行金融机构、非法人投资产品可作为系统参与者加入票交所系统。

未来,为提升市场的活跃度,转贴现市场可能会出现双向报价的做市商。不同类型的市场参与者将自身经营资源、创新理念等新鲜血液注入票据市场,各类跨市场产品的交叉组合会日益增多,票据创新将越发深化和多元。

第四,票据创新预留空间巨大。《票据法》修改已纳入人大修法工作计划,预计《票据法》修改后将会按照国际惯例,对商业票据实行分类管理,商业汇票——贸易项下的债权凭证,商业本票——融资项下的债权凭证,银行远期本票——发生流动性风险的银行向央行申请救助的债权凭证。在利率市场化环境下,出票人凭借自身信用签发商业本票,向收款人融入资金,实现低成本融资,而贷款人可将持有的商业本票在票据市场进行转让以调节流动性;发生流动性风险的银行可签发银行远期本票向最后贷款人——央行申请救助。大面额可转让存款凭证因不具有支付功能,虽不属于票据范畴,但其具有可转让、可议价交易的特点,借助一体化票据交易市场,金融机构发行大面额可转让存款凭证可快速募集资金,持证机构可实现议价交易与转让。

培育发达的票据经纪市场

商业银行等机构可以适时开展票据经纪业务,以降低资本耗用,提升中间收入。票据经纪是指在票据活动中,以赚取手续费或佣金为目的,从事票据贴现、转贴现、再贴现、买入返售、卖出回购、票据咨询、票据见证、票据代保管、票据理财、票据资管等一系列票据买卖、信息服务的活动。票据经纪既可指票据经纪行为,又可指票据经纪人。

据上海普兰金融估计,通过票据经纪的直贴业务量约占全部直贴业务量的40%,通过票据经纪的转贴现业务量约占全部转贴现业务量的20%，经过票据经纪撮合而成的交易量估计可达30万亿元（按2016年数据预估），票据经纪的市场空间十分广阔。

为规范票据经纪行为，促进票据市场发展（2015—2016年发生的票据案件多有票据经纪从业人员参与），央行拟主导票据经纪牌照，目前正在起草票据经纪业务法规，主要限制条款包括投资人须为非银行业机构，公司实缴资本不低于1亿元人民币。因票据经纪市场发展空间巨大，银行业机构又具备天然的系统IT平台建设优势和专业人才管理优势，可通过银行附属机构投资成立票据经纪公司，迅速抢占票据经纪市场，获取客户资源，赢得票据经纪服务先发优势。

可操作的票据经纪运作模式大致为三类。

一是票据信息咨询模式。在此模式下，票据经纪只提供票据买卖信息和交易撮合平台，收取信息咨询费。具体操作模式分为两种：第一种是负责在市场中收集真实的票据信息，并提供给买入机构（通常为银行业金融机构），用以开拓票源；第二种是负责在银企之间及银行业金融机构之间询价、报价，提供市场各方供需匹配信息，利于价格发现，并努力撮合交易完成。

二是票据委托代理模式。在此模式下，票据经纪接受企业或金融机构的委托，以代理接入的方式在上海票据交易所内直接参与票据交易，赚取代理手续费。民生银行投资的票据经纪公司能否通过民生银行代理接入票据交易所系统需进一步确定。

三是票据受托理财模式。票据经纪将票据业务与基金公司、互联网金融等理财产品结合起来，开办受托理财业务。例如，票据经纪通过直接买入票据，包装成票据理财产品或票据资产管理计划对外出售，接受投资者的委托代理理财，以获取手续费或佣金。

票据经纪业务已迎来发展机遇。对此，需逐步规范我国票据经纪行为，建立票据经纪机构准入退出机制，明确票据经纪从业人员准入退出标准，规范票据经纪的会计、税收制度，并配套相应的票据经纪监管制度等。

创立规范的票据评级市场

逐步推出票据评级机制，建立统一的信用评级、资信评估、增信保险制度，推行信用评价制度，成立统一、规范、权威的信用评估机构，为特定的票据市场主体提供信用评级和增信服务，健全适合票据业务的评级评估指标体系，实行信用定期考评制度，推行票据担保支付机制和保险制度，逐步推进社会信用生态环境建设。

目前，关于票据行业信用评级的研究和应用仍基本处于空白状态，业务人员对交易对手、承兑人等的信用判断主要依靠经验，缺乏精准和定量的评判依据。票据交易所运行以后，交易员需要更加科学、精准地判断交易对手及其他相关主体的资信等级和风险状况，以此确定适合的风险定价，因此票据信用评级服务有望得到较快发展。

部分市场主体特别是票据中介机构在原来的业务受到抑制的情况下，可以致力于提供票据交易投资相关的信息服务，如成立专业的评级服务公司，研究发布票据主体和产品等维度的评级报告；其他权威的评级机构也可以将其成熟的评级方法引入票据行业，并充分发挥品牌优势，为有需求的主体定向提供信用评级服务。相应地，综合实力强、信用资质好的机构可以为其他有需求的机构提供增信服务，为后者的票据产品提升信用等级，提高市场认可度。

优化金融市场利率形成机制

票据市场是连接金融市场与实体经济的重要纽带，而票据资产又兼具资金和信贷的双重属性，因此，由市场化集中竞价交易所形成的票据利率是反映实体经济资金融通需求和金融机构货币信贷供给的重要均衡价格。这一利率体系对金融资源配置和企业融资需求有重要的指标意义，也是信贷市场的短期基础利率之一。

同时，从另一个角度看，票据利率也反映了金融机构持有票据资产到期的回报率和收益水平。在中国票据市场自然成长与发展的过程中，票据是利率市场化时间较早、市场化程度较高的金融产品，作为商业汇票的价格构成体系，按照票据贴现的类型，票据利率可以分为贴现利率、转贴现利率和回购利率。

票据定价的主要机制

货币市场涵盖同业拆借市场、回购市场、票据市场、同业存单市场等。近年来，中国货币市场的发展速度明显加快，逐渐成为各类金融机构和资产管理机构实施流动性管理所依赖的主要场所。货币市场利率已经成为许多金融产品的重要定价基准，以及央行进行公开市场操作的重要参考系和政策目标之一。银行间货币市场为央行货币政策的有效传导提供了有力支持，在利率市场化进程中也发挥了重要作用。

本书探讨的票据价格是指票据二级市场的转贴现利率、回购利率。票据转贴现是商业银行等金融机构之间将未到期的已贴现商业汇票进行转让的票据行为；票据回购则是持票方出现临时性资金短缺时，将未到期的商业汇票作为质押物进行短期融资的行为。理论上而言，票据市场利率走势变动遵循利率期限结构理论，影响其利率期限结构的因素主要包括资金成本、流动性偏好、未来的利率预期等。

在金融实务中，票据资产的价格驱动因子可以归纳为宏观层面价格驱动因子和微观层面价格驱动因子两大类：宏观层面价格驱动因子主要包括宏观经济基本面状况、货币政策与资金面松紧、信贷规模调控因素、金融监管因素，以及一级市场的供给情况；微观层面价格驱动因子则主要是指票据承兑人的信用状况、距离到期日的剩余期限等。

宏观层面价格驱动因子分析

宏观经济基本面状况主要是指重要宏观经济指标，如 GDP（国内生产总值）增速、PMI（采购经理指数）、CPI（居民消费价格指数）和 PPI（生产者物价指数）、投资与消费、进出口贸易等。由于这些指标主要影响长端利率，而票据的期限通常较短，最长仅为 1 年，因此宏观经济数据通常通过影响央行的货币政策和市场情绪，来作用于票据市场的价格，总体而言，宏观经济基本面状况对于票据市场价格的影响较为间接。

货币政策对于票据市场的影响主要在于影响短期和长期的货币供给，货币的供不应求将推升资金价格，从而推动持有票据资产的成本上升。其中，短期货币供求更多体现为资金面松紧状况的变动，资金面的松紧主要通过影响市场机构在一段时间内的持票成本，进而作用于票据转贴现利率。在理想情况下，持票成本应当是票据转贴现交易买入价格的下限，然而，由于票据具有信贷属性，当面临刚性的信贷规模调控压力时，持有票据的资金成本对于票据转贴现交易价格的制约则相应减弱。

除此之外，由于票据承兑主要针对实体企业的融资，因而票据贴现利率和实体贷款利率存在一定的"比价效应"，贷款利率会对票据贴现利率形成一定的制约，从而影响转贴现利率。

信贷规模调控因素也会对票据价格产生影响。由于票据融资纳入信贷规模管理，是具有信贷属性且流动性好于其他信贷资产的金融资产，每逢月末和季末，当商业银行需要调控信贷规模以满足监管和考核要求时，通常首选通过票据规模调整来进行信贷规模调节。因而，基于信贷规模管理的调控行为，必然会对票据供求关系产生显著影响，从而影响票据价格。

例如，自 2016 年 11 月以来，每月新增票据贴现量逐月下降，但是，由于受央行稳健中性货币政策影响，以及持续抬升的资金利率压力，再加上银行2016年年底至2017年年初通过压缩票据资产调节信贷规模，使票据二级市场的需求端转弱，票据市场利率非但没有下降，反而进入持续爬升通道。这也从侧面印证了在短期内票据市场利率主要受需求端影响。

金融监管因素则主要通过影响市场行为和市场情绪对票据价格形成影响。就票据市场来看，我们以2016年1月至4月的票据市场利率走势为例，由于受到几起票据风险案件密集爆发，以及重要监管文件出台的影响，票据市场情绪起伏较大，这直接导致利率走势出现剧烈震动，市场利率多次出现短期内达到50个基点以上的显著震荡。

票据一级市场供给情况也是中长期影响票据市场利率的重要因素，在其他因素变动不大的情况下，供给的增加会使市场均衡利率趋于上升，而供给收缩则可能推动利率下行。票据市场的票源供给就是票据贴现量问题，贴现端作为票据一级市场，每月新增票据贴现规模和市场存量票据贴现余额，会从票据资产供给方面对二级市场产生影响。

微观层面价格驱动因子分析

信用主体不同也会对票据价格产生影响。具体而言，票据承兑人的资质对于票据交易价格的影响主要体现在信用利差上。由于银行承兑汇票的承兑人为银行，而商业承兑汇票的承兑人是企业，银行信用一般而言要高于企业信用，因此商业承兑汇票的二级市场利率通常也高于银行承兑汇票。

在票据实务中，银行类承兑人可以细分为国股、大城商、小城商、农商等，因此一般来说，大城商承兑票据的价格比国股高几个基点，小城商通常比国股高数十个基点。由于银行承兑汇票与同业存单的信用主体均为商业银行，其信用主体定价具有一定的可比性。然而，由于票据市场尚未形成基于信用评级的准确收益率曲线，因而难以对信用风险溢价进行精细化定价。

票据利率与同业拆借利率、债券利率、银行间债券回购利率、贷款利率的关系

票据利率与银行间同业拆借利率

银行间同业拆借利率是金融机构同业之间的短期资金借贷利率，是同业拆借市场的资金价格，也是货币市场的核心利率之一，是整个金融市场上具有代表性的利率。该利率能够及时、灵敏、准确地反映货币市场乃至整个金融市场短期的资金供求关系。同时，银行间同业拆借利率也可以看作银行间同业市场中拆出资金的回报和收益。

作为反映货币市场短期资金价格的利率，银行间同业拆借利率与票据回购利率之间运行的契合度较高，因为两者反映的是同一时期金融市场资金价格水平，而且，两者的市场化程度也比较接近。但是，银行间同业拆借利率与票据转贴现利率之间运行的契合度要低于票据回购利率，原因在于票据转贴现利率不仅包含了资金价格因素，同时涵盖了票据的信贷属性，因此在一定程度上还要受银行信贷规模的影响。所以，在信贷规模因素较为突出的时候，两者的运行情况会出现一定的背离。

从利率水平上来看，银行间同业拆借利率应该明显低于票据利率，原因在于银行间同业拆借利率主要反映的是金融机构同业之间的信用风险溢价。而票据利率则涵盖了出票企业、承兑行等多种因素，其风险水平会明显高于单纯的金融机构信用风险。因此，银行间同业拆借利率与票据利率之间始终存在一定的差距，在实务操作中，确定票据利率时存在着银行间同业拆借利率加上一定点差的定价方式。

票据利率与债券利率

债券利率，或者说债券的票面利率，是债券利息与债券票面价值的比率，反映了持有债券到期后所获得的收益。如果将企业作为债券发行方和票据出票人，对其发行的债券利率和票据利率水平进行比

较，债券的利率水平应当高于票据利率水平，原因在于，目前国内票据市场 90% 以上的票据为银行承兑汇票，票据中大都具备一定的银行信用，其风险水平应当低于单纯由企业发行的债券的风险水平。

从债券市场和票据市场整体利率水平看，特别是就银行间债券市场和票据市场的整体利率水平分析，债券市场利率要低于票据市场利率。其原因在于，目前银行间债券市场产品主要为国债和政策性金融债，一般债券市场的企业发行主体也主要为评级较高的大型企业，而在票据市场中，由中小型企业签发的银行承兑汇票约占 2/3，因此，票据市场的整体风险水平要高于债券市场。票据的回报和收益水平自然也会高于债券。

票据利率与银行间债券回购利率

银行间债券回购利率是银行间以债券作为质押借贷资金、回购交易时所产生的利率，作为质押的债券标的主要为国债和政策性金融债。与银行间同业拆借利率相似，银行间债券回购利率主要反映了银行间市场的资金供求状况和价格水平。因此，银行间债券回购利率与银行间同业拆借利率和票据回购利率运行的契合程度会更好。

债券回购和票据回购同属于具有质押标的的回购市场，因而在利率走势上的契合度也更好。但是，在利率水平上，银行间债券回购利率和银行间同业拆借利率在风险水平上相当，利率水平也应当更接近，由于具有国债等质押标的，债券回购利率应当较同业拆借利率略低。

票据利率与贷款利率

贷款利率是指借款期限内利息数额与本金数额的比率，也是商业银行向借款方融出资金所获得的回报。2013 年以前，贷款利率由央行统一管理，贷款利率因贷款种类和期限的不同而不同，同时也与借贷资金的稀缺程度相关。自 2013 年 7 月 20 起，央行取消了金融机构贷款利率 0.7 倍的下限，由金融机构根据商业原则自主确定贷款利率水平，但央行依然公布贷款的基准利率水平，以供市场参考。

从利率水平的对比情况来看，贷款利率水平整体要高于票据利率水平，其原因在于，贷款利率由商业银行根据借款企业的整体经营状况和风险水平来确定，尽管存在抵押物等的差异，但依然反映的是企业信用水平的不同。而对票据融资而言，在承兑和出票时已通过承兑费用和承兑保证金等形式引入了银行信用，其整体风险水平要低于贷款。因此，整体而言，贷款利率要高于票据利率。

票据业务定价的参考利率中枢

就利率中枢而言，对于投资持有型票据配置需求，其参考利率中枢可以10年期国债收益率为锚，而交易型需求为主的票据配置则可以"对标"1年期国开债收益率。如此将使票据在金融市场利率体系中找到可比参照系，而且具有较强的相关性和匹配性。就配置策略而言，收益端决定投资型配置需求，而成本端则决定交易型需求。从收益角度看，资产收益空间的大小决定其配置价值；而从成本角度看，票据收益与成本对比则决定了盈利空间的大小。

因此，市场机构在票据经营决策中，需要建立科学的票据定价体系，以实现对票据风险全覆盖，并以收益覆盖风险。电子票据的承兑成本应依照商业银行的经济成本和出票人的资信度进行科学定价。充分权衡信用风险资产权重、资本充足率、资本成本、资本报酬率和违约率等风险因子，准确合理地计算电票的承兑费用，在风险全覆盖基础上谋求利润最大化。

优化价格形成机制，奠定票据市场利率体系

票据流动性高、变现能力强、获利能力较强、风险相对较低，且交易体量大，因而是重要的货币子市场。在上海票交所成立后，全国统一的票据交易市场初步形成，票据价格的形成过程由线下移至线上，市场交易主体得到极大地扩大，交易环节不断减少，资金价格、供求关系、交易品种、时间窗口等影响票据价格的因素也得到充分体现，这都有利于价格实现，反映资金市场价格，以形成公允的票据基准利率，提高贴现利率市场化程度。

金融机构在进行贴现、转贴现时，可以非常便捷地了解票据市场贴现利率波动，以及票据市场资金供给利率的即时变动信息，有助于消除票据交易的区域性因素，提高票据转贴现信息透明度，完善票据市场价格发现机制，从而降低票据转贴现融资成本。票据二级市场从场外市场切换到场内市场，市场功能得到进一步扩展，这非常有利于加快利率市场化。票据二级市场的价格发现功能，对于票据一级市场的价格指导作用也将更加显著，可有效提高票据业务在货币市场中的地位，进一步完善我国市场化的利率体系。

票据基准利率的形成对票据市场发展、优化金融资源配置和完善宏观调控政策的意义重大。在票交所成立和统一票据交易系统上线之前，票据价格形成于线下，存在资金价格、资产替代弹性、利润调整、货币政策预期、市场供求、持仓情况等多重因素，都可以对票据利率产生时点性或时段性影响。这种价格形成机制的主观性很强，稳定性比较差，而且，缺少充分的市场代表性，并非完全意义上的市场均衡利率。

在票交所上线后，随着集中统一交易机制的形成和运行，票据交易环节大幅度减少，因分散交易、信息不对称等问题引发的市场噪音大大降低，影响票据利率的各类市场因素有望在均衡价格形成中被充分吸收和体现，由此形成客观、公允、合理的票据利率基准。2018年12月，上海票据交易所在上海首次发布了中国票据市场利率曲线，这对中国票据市场运行和健康发展具有巨大的现实影响和深远的战略意义。

宏观金融决策部门可以利用票据市场利率建立引导金融资源配置的体制和机制。由于票据市场交易量巨大，央行可以借其准确传递货币政策意图，并将其作为具体政策措施实施和传导的重要平台。特别是票交所成立以后,央行可以借助该市场,通过更加贴近市场的再贴现利率、结构化的票据种类选择等措施,准确引导金融体系资金的流向,从而有效扩大实体企业的融资渠道,有效促进信贷资金向实体经济领域进行优化配置。

优化货币政策传导机制

货币政策是央行为实现特定的宏观经济目标所采取的措施,用以达到或维持特定政策目标,如抑制通胀、实现完全就业或经济增长。央行为货币政策作用的传导提供了先决条件,即确立货币政策目标、选择货币政策工具和货币政策中介指标。而政策作用的发挥还受到货币政策传导机制的影响。

市场化的票据利率在宏观经济层面与微观企业层面都有重要影响。央行公开市场业务操作主要集中在国债市场和票据市场,规范、统一的票据市场可以成为央行进行公开市场操作的新渠道,并为央行货币政策实施提供新的重要平台。

宏观调控的实施平台和传导渠道

实施稳健中性的货币政策,为实体经济创造良好的货币金融环境,离不开一个统一、高效、有序的金融市场。近年来,经济金融环境发生显著变化,对宏观调控提出了新的要求:一是随着市场化改革的日益深化,微观主体自主决策的能力和意愿逐步增强,传统行政化、数量型的直接调控效果弱化,需要向市场化、价格型的间接调控转变;二是国际金融危机后,加强宏观审慎监管成为共识,而实施资本充足率、流动性和杠杆率、场外衍生品集中清算等监管,都需要金融市场给予足够的支持。在这样的背景下,必须推动金融市场发展,加强金融基础设施建设，提高市场广度和深度。

实践表明，银行间市场（主要包括货币、债券和外汇市场）在担当调控平台方面具备独特优势：一是其面向机构投资者和场外市场的特性适合宏观管理部门开展相关调控操作；二是银行间市场的规模占据绝对主体地位，也是各主要金融机构进行流动性和投融资管理的主要平台，其承载政策操作和传导政策的能力较强。依托银行间市场这一平台，管理部门可开展常规性和应对危机冲击的各项宏观调控操作。

未来，随着市场规则的进一步统一和健全，需要逐步提高市场运行的透明度，推动相关产品和机制的创新，加强金融基础设施建设和统筹监管，从而为宏观调控政策的顺利实施和传导提供有效的渠道，为熨平经济周期波动、维护物价水平稳定和促进经济持续健康发展发挥重要作用。

票据市场对央行宏观调控的影响

上海票据交易所作为央行货币政策可选择的实施平台之一，可以通过完善再贴现工具的运用，加强货币政策对宏观调控的精准传导。一是有助于拓宽实施货币政策的渠道，在操作规范、交易集中的全国统一市场中，央行能够在更大范围内筛选符合政策目标需要的票据，公开透明的操作方式也将增强引导社会资金流向的效果。二是有助于提升货币政策操作的灵活性，电子化实时交易使隔夜的再贴现操作成为可能，票据市场化在宏观经济调控方面可以发挥更为重要的作用。

票据交易所带来的金融市场信息和大数据也可以为宏观经济政策研究、决策和实践提供帮助。一方面，统计监测系统能够更便捷地汇总海量交易数据，客观反映货币市场走势和宏观经济状况，为国家重大经济决策提供参考。另一方面，借助大数据分析，可以形成中长期票据利率曲线和业务指数体系，以推动中国货币市场指数的建立，为"利率走廊"的建设提供参考依据。

以再贴现、转贴现工具强化央行货币政策引导

经过多年的快速发展，票据市场已经成为中国货币市场的重要组成部分。与同业拆借市场和债券回购市场等其他的货币市场子市场相比，票据市场不仅为金融机构资产配置和资产流动性管理提供了重要选择，也为企业短期融资困难问题提供了解决的方法。

作为货币市场重要的子市场，以及金融机构与企业资金流动性管理的重要载体，票据市场与其他货币市场子市场相比，对货币政策的反应更为敏锐。因此，能够更好地传达货币政策当局的货币政策思路。改革开放后，特别是近十几年来，中国票据市场从无到有，从小到大，发展速度惊人，票据市场作为资金流动媒介的作用日益突显。

再贴现一直是央行货币政策工具箱里的重要工具之一。目前，再贴现利率作为票据贴现利率的下限而存在，体现了央行对于信贷投向的指引作用。在票交所时代，央行清楚掌握票据价格，票据利率更接近经济实体的实际融资利率，具有更有效的利率传导作用。

可以预计，利用票据市场作为货币政策传导的重要途径，在加大使用再贴现这一货币政策工具之外，央行还可以在票据市场上直接进行公开市场操作，买入卖出票据，以引导市场利率走势，投放或回笼货币，实现央行的货币政策意图。

加强票据服务实体经济

票据业务与实体经济联系紧密

票据业务作为直接对接实体经济和金融市场的重要支付结算和融资工具，对解决企业短期融资便利和促进实体经济发展，以及推动金融体系创新都发挥着至关重要的作用。

金融机构票据承兑和贴现业务直接服务于实体企业经营活动，对实体经济发展有着直接支持作用，票据承兑为实体经济支付结算提供便利，票据贴现为实体经济提供便捷的融资渠道和低成本资金，票据融资规模的持续增长加大了对实体经济尤其是中小企业的金融支持力度，并且通过票据再贴现政策传导和深化金融市场创新，对实体经济发挥间接支持作用。

票据业务发展实践表明，从行业结构看，企业签发的银行承兑汇票主要集中在制造业、批发和零售业；从企业结构看，中小型企业签发的银行承兑汇票占比逐年上升。由此可见，票据融资已经成为推动实体经济发展不可或缺的重要金融资源。

商业汇票有力支持经济发展

票据作为具有悠久历史的传统支付与融资工具，在促进商品流通、服务经济发展中发挥积极而巨大的作用。发展至今，票据仍然在经济金融市场中发挥着重要作用。

汇兑作用

票据的汇兑作用，避免了使用大量现金进行结算，在国际贸易中显得更为突出。因为国际贸易的双方当事人往往分处两国，交易金额较大，如果不使用票据，每笔交易都通过输送大量现金进行结算，其困难是可想而知的。

支付作用

票据的支付作用是票据最原始、最简单的作用。汇票、本票作为汇兑工具逐渐形成后，在交易中以支付票据代替现金支付的方式逐渐流行起来。用票据代替现金作为支付工具，既可以避免清点现金时可能产生的错误，还可以节省清点现金的时间。因此，在经济生活中，人们普遍使用票据特别是支票作为支付工具。正是由于票据的支付功能代替了现金，才使现代商品交易，尤其是大宗或国际交易，能够迅速、准确、安全。

信用作用

票据的信用作用是票据的核心作用。在现代商品交易活动中，信用交易不仅大量存在，而且起着举足轻重的作用。票据作为信用工具，在现代社会中的作用日益突出，既可以作为商业信贷的重要手段，又可以用作延期付款的凭证，还可以作为债务的担保。汇票和本票都具有信用工具的作用，票据当事人可以凭借这种信用，实现资金的周转与融通。同时，票据的背书制度客观上加强了票据的信用作用。

流通作用

最初的票据仅限于一次付款，不存在流通问题。背书制度产生之后，票据就具有了流通作用，可以通过背书的方式进行转让。依照背书制度，背书人对票据付款负有担保责任，即在持票人的付款请求权不能实现或者无法实现时，持票人可以向背书人追索，背书人应当付款。因此，票据背书转让的次数越多，票据债务人也就越多，票据债权实现的可能性也就越高。在当今经济发达的国家，票据的流通日益频繁，仅次于货币的流通。

融资作用

随着票据贴现制度的出现，票据的融资作用日益突出。通过票据的签发、承兑、贴现等不同途径，实现支付结算、融通资金。票据融资在解决一般经济实体短期资金融通中具有非常大的优势：一方面，票据融资简便灵活，经济实体在筹集资金时可以不受其规模的限制，可以持未到期的票据到银行办理贴现取得生产资金；另一方面，通过签发票据进行支付结算、贴现融资等活动，按时支付到期票款，可以提升经济实体在市场中的信用度。同时，与同期限的银行贷款相比，票据融资利率要比同期银行贷款利率低，可以有效降低融资成本。

发展商票，提升实体经济直接融资占比

中国是一个高储蓄率的国家，长期以来主要依赖银行融资，间接融资占绝对比重，导致风险过度集中于银行体系，给整个社会的金融风险控制带来一定的难度。因此，需要积极发展商业信用市场，以提高直接融资比重，促进融资结构优化，分散银行体系风险，增强金融体系的稳定性。

过去十年来，中国直接融资占比快速上升，直接融资在社会融资总量中的占比从2006年的9%上升至2016年的23.82%，其中，债券融资占比更是从5.4%上升到16.85%。但是，与其他国家横向对比来看，中国的直接融资与间接融资之比仍然偏低，不仅低于美国等较发达的资本市场，也低于德国、韩国、马来西亚、日本等较活跃的传统信贷市场。要进一步发展直接融资，应以显著提升直接融资占比为目标，深化多层次资本市场体系改革，积极有序地发展股权融资，继续以合格机构投资者和场外市场为主发展债券市场，扎实推进基础性制度建设，增强资本市场服务实体经济功能。

建设促进实体经济和票据协调发展的信用环境

票据业务的性质和特点表明，发展现代票据融资服务体系，离不开良好的企业信用体制。增强票据融资支持实体经济发展的作用，需要建立一个以信用为基础，运行规范有序的票据市场，需要建立权威的企业信用评估体系，完善信息披露制度，建设健全的企业征信系

统，强化信用约束，完善票据市场特别是商业承兑汇票的信息传递、披露制度。在此基础上，建立无理拒付、拖延支付商业汇票的"黑名单"制度，对经核实无误的无理拒付、拖延支付商业汇票等情况进行备案登记、定期通报，按照法律法规或规章应予以行政处罚的，要严肃处理。

密切跟踪社会信用体系建设进程，推动实体经济发展对票据信用信息供求的需求，把票据信用体系纳入协调发展范围，增强票据信用信息满足实体经济发展需求的能力，通过社会信用环境的改善，为商业汇票业务的发展创造一个良好的外部环境。

探索融资性票据支持实体经济

融资功能是票据的一项基本功能，对于促进实体经济发展、缓解中小企业融资困境，具有其他市场无可替代的作用。加快推进票据多元化融资，积极创造条件有序发展融资性票据，才能更有效地发挥票据业务支持实体经济发展的作用。

随着金融支持实体经济发展作用的日益提升，多元化市场主体将会更积极主动地参与票据融资业务的创新与发展。通过政策引导，稳健推进，逐步把信托公司、证券公司、基金等投资类金融机构发展成为票据市场主体。中国实体经济发展在满足交易性资金需求的同时，其融资性资金需求也日趋增强，尤其是在实体经济的发展壮大中，融资性需求显得尤为突出，开发票据满足企业融资性需求的业务将成为今后金融支持实体经济发展的主要方面。

在推进解决票据多元化融资需求的举措中，首先，应继续稳步发展银行承兑汇票，扩大票据承兑与贴现量；其次，积极创造条件放开融资性票据，尝试使用银行本票、商业本票、无担保票据、公司票据等商业票据，尽快将大额存单、债券、保险单纳入票据范畴，并在企业经济活动中推广应用。

发展融资性票据有利于降低企业融资成本，支持实体经济发展。企业通过票据进行融资，其加权平均利率相对低于一般贷款平均利率。通过放开融资性票据的发行，选择有信誉和实力的企业，通过商业票据市场进行融资，可以起到提高短期融资效率、降低资金成本的积极作用，使金融业更好地服务于实体经济。

第八章

制度变革：跨越成长的阶梯

金融监管与市场创新是金融体制中相互制衡又相互促进的两大核心力量。金融创新无疑是推动市场持续发展的主要动力，而与此同时，监管所遵循的金融制度创新与变革也是促进金融发展的关键因素，重大制度变革甚至是释放市场内生力量，推动市场成长的重要阶梯。这既体现为主动金融制度创新对市场发展的直接推动，也体现为被动修订监管规则以承认市场实践的积极作用。因此，无论从被动改革，还是主动变革的角度看，金融业的制度变革都对市场发展和行业成长有着举足轻重的影响。

金融制度变革既包括宏观监管体制和制度的改革，体现为金融法律的制定与修正，也包括监管理念和具体监管规则的创新与修改，体现为具体监管条例、规则、流程的修改。历经近40年的探索发展，特别是经过近两年票据市场的严厉整顿后，适应经济形势变化和国家宏观金融政策导向的要求，就中国票据市场未来发展在制度层面进行深入检视和长远谋划，形成票据市场发展的长期顶层设计，显得尤为重要和迫切。

从促进中国票据市场的进一步发展，服务经济发展之所需的角度看，既需要票据市场相关制度的系统修订，更需要在修订之前，对票据市场在金融体系中的功能定位、发展规划和制度安排有合理的顶层设计。只有在形成顶层制度设计之后，再系统地对票据制度本身存在的问题、漏洞进行修正，对市场相关的配套制度、规则进行改革和完善。可持续的金融市场创新发展需要制度变革先行，为行业发展打下坚实的制度基础。只有不断地推进制度创新与变革，才能使票据市场获得持续发展的不竭动力。

票据市场顶层制度创新设计

在近 40 年的票据市场发展进程中,票据行业呈现着近乎自然演化成长的特征,与票据在西方近代乃至现代的发展相仿,尽管时间要短得多。因此,票据的功能是随着中国经济市场化的进程而不断演化成长的,票据的金融功能逐步从传统的支付结算工具,演化成为融资、交易和投资的工具。正是这样一个不断演化成长的特征,使票据在金融体系中的功能未能系统地进行清晰定位。例如,早期的票据被作为国企间的支付工具,而在国企脱困时期,票据成为清理"三角债"的有力工具,后期在市场发展中又成为贸易支付与融资的工具。

票据在中国金融市场中到底应该如何准确定位,并为其制定相应的法律和制度规范,显得尤为重要。应票据市场实践的需要,临时出台的制度规则,大多具有临时性,很容易过时,不及时修改甚至会阻碍市场的进一步发展。在票据市场经历几轮剧烈震荡和严厉整顿之后,正是系统思考和全面修订票据制度安排和行业规范的很好时机,由此形成中国票据市场的顶层制度设计与安排,为票据市场的长期稳定发展,服务于经济发展打下坚实基础。

中国票据市场的顶层制度设计首先需要明确票据市场在金融市场体系中的定位。在 2016 年年底上海票据交易所成立之前,中国票据市场还不能称之为真正的市场,票据只是以商业银行为代表的金融机构的一个服务于企业的常用金融产品。因票据金融服务形成的票据资产由于期限短、信用风险相对较低和良好的流动性而获得金融机构的青睐,成为银行机构进行流动性管理的重要工具之一。

同时,贴现和转贴现一直被监管机构纳入信贷规模管理,票据也因此成为商业银行调节信贷规模参数的重要工具。因此,进行票据资产的交易买卖应运而生,以获取短期买卖价差为目的的交易则是在流动性管理和信贷规模管控之外衍生出来的金融业务。由于没有统

一、公开的市场化交易平台，票据资产也像其他类型的信贷资产一样，通过私下交易的形式进行场外不规范交易，由此形成一个庞大的金融生态链，并潜藏各类风险。

上海票交所的成立是票据市场基础设施的巨大完善，为形成统一规范、公开透明的票据交易市场打下了坚实基础，特别是经过两年的逐步上线运行，在2018年秋季将全部票据纳入票交所进行交易之后，票据市场发展需要具备的软硬件设施基本具备。此时，立足于中国票据市场的长期健康发展，适应新时代的市场变化和科技进步带来的机遇，对票据市场进行顶层制度设计，谋划中国票据行业的长远发展正当其时。

首先，票据市场在中国金融体系中的角色应该定位于短期直接债务融资市场，因而票据不应该局限为商业银行的一类间接融资金融产品。这包含几层内涵：一是票据要定位于直接债务融资工具，而非间接融资工具，这在票交所成立后是具备客观条件的；二是既然是直接融资工具，就应该标准化，目前来看，票交所正在积极研究，不存在实质性的技术障碍，核心是方案选择问题；三是作为直接债务融资工具，票据与目前的债券市场的直接区别在于票据的期限更短，目前作为非标资产的票据期限最长为1年，未来制度设计中，票据市场可以和债券市场进行明确的职能分工，将1年内的直接债务融资界定为票据市场，而将1年以上的直接债务融资工具界定为债券市场。

其次，作为统一的短期直接债务融资市场，票据应该被定位为服务于所有企业的短期直接债务融资工具。这些企业既包括大企业，也包括中小企业和小微企业；既包括实体经济企业，也包括金融类企业。当然，我们可以根据中国金融市场的整体发展进程，有序放开有交易背景的实体企业需求，以及以融资性需求为特征的非交易性融资需求，这也是中国利率市场化和金融国际化进程的必然要求。为了有效防控风险，规范市场发展，可以对市场的各类融资主体和交易服务及投资主体进行准入标准和交易规则的具体设定。

再次，在新票据市场定位中，票据作为各类企业的短期直接债务融资工具，应该允许符合条件的企业按交易规则在市场公开、自主发行票据。这就要求票据成为一个脱离以银行信用为核心基础的金融工具，而成为一个真正市场化的公开发行债务工具，因此它更具有企业本票的特征——不再主要依赖银行信用发行和流通，各类企业可以依靠自身信用发行票据，也可以引进银行等金融机构以及核心厂商等机构和企业的增信而发行票据，既可以单独发行，也可以集合发行。国家为支持中小微企业的发展，可以在票据市场设立专门的增信机构，或设计有效的增信机制为其融资提供支持。

最后，在票交所统一公开交易的条件下，票据作为短期直接融资工具应该像债券市场上债券的发行与流通一样，允许市场参与主体在票据的投资、交易、服务中比照债券执行，并据此修订法律、法规、规则、办法和操作规程等。

国家可以在顶层设计思路的指导下，修订《票据法》等一系列制度和规则。由于金融市场发展迅速，考虑到修改《票据法》为国家完善法律的重大举措，可以将上述思想纳入整个框架，形成更具前瞻性的立法文本，而把具体如何开放市场、修订规则的责任交给国务院或其下属监管机构，具体实施时在报全国人大常委会认可备案，如此可以大大省去一部专业法律的烦琐修订程序，尽最大可能及时响应市场变化，促进票据市场发展和服务实体经济。

在按照顶层设计思路全面修订法律、制度和规则之前，可以考虑响应市场呼声，渐进式地推进相关具体制度和监管规则的修改，以促进市场发展。

制约票据市场发展的制度与规则

近几年来，票据市场出现了一些重大的风险事件，而这些风险事件的根源大体上反映出票据市场在制度、规则和操作规范上存在的缺失或滞后问题，加之透明度低、市场分割等因素，票据市场面临的问题更加严重，这表明中国票据市场体系中的诸多问题亟待解决。因此，在大规模修订《票据法》之前，可以对具体制度加以修订，以顺应市场需要。

信贷规模监管口径与计算标准

根据现有监管政策，贴现和转贴现被纳入金融机构的贷款科目统计。笔者认为，尽管把转贴现纳入贷款科目管理已经延续了多年，但实际上存在明显的欠妥之处，核心在于贴现和转贴现存在明显的性质差异。

贴现业务是商业银行通过票据贴现服务向企业融出资金，这类似于银行贷款业务。但是，转贴现则是在银行同业之间发生的资金融通业务，是不同银行之间以票据资产为标的进行的资产买卖行为，目的在于同业间的资金筹措和融通，双方是一种买卖交易关系（买卖断），或是资金融通关系（卖出回购或买入返售），而非借贷关系。

在转贴现交易中，转贴现资金只在金融机构之间流转，而不像贷款资金进入企业或个人账户，并受贷款银行的监督。因此，从对社会融资总量的影响来看，转贴现不改变社会总资金盘子，只体现为资金在金融体系内部的流通，也没有直接体现为信用扩张，当然也不会进行货币创造。而银行向企业和个人的贷款则完全不同，信贷资金流入实体企业和个人，从而增大了社会融资总量，并直接形成信用扩张和货币创造。

上述转贴现与贴现之间的差异也是诸多票据乱象产生的深层原因之一。商业银行之所以具有"出表"的强烈冲动，归根到底是因为转贴现票据资产也占用商业银行有限的信贷规模。银行业在规模扩张和利润增长的双重需求下，必然有强烈的资产出表，扩大资产负债表以增加利率的冲动，而票据资产的特性使其成为资产规模大挪移的主要选择。

由于银行承兑汇票的签发属于表外业务，不占信贷规模，同时，承兑保证金又能给银行带来大量存款，因此，银行给合格企业签发票据的动力充足。例如，某企业向银行申请1亿元融资，并符合银行融资的风险控制标准，则银行可以有两种选择：一是直接给企业发放1亿元贷款；二是不直接给企业发放贷款，而是采取签发银行承兑汇票的方式，先让企业按照50%的比例交纳5 000万元保证金，给企业签发1亿元的银行承兑汇票，然后企业到其他银行进行贴现，这样给企业的融资接近1亿元（由于要付出一定的贴现利率成本，因而不到1亿元）。由此，既解决了企业的融资需求，又使银行增加了5 000万元的保证金存款，而授信风险也降低了，信用风险敞口减少了一半，同时，还有贴现利息收入和承兑手续费收入。

票据贴现使票据经过银行的背书，可以进入银行间市场流通，其较高的信用等级、较短的存续期限，使票据资产成为商业银行进行资产规模调节，并发挥"蓄水池"功能的最佳选择之一。具有良好流通性的银行承兑汇票，经常被商业银行用来当作调节资产结构的"缓冲剂"，以满足各项金融监管指标的要求，包括存贷比指标、LCR（流动性覆盖率）指标、信贷规模指标等。

如果票据持续在一级市场流通，没有银行贴现的支持，则无法进入银行间市场，也就无法成为金融机构偏好的高流动性金融资产。从实际运行情况来看，企业之间由于正常贸易往来而流通的票据约占总量的20%~30%，其余约70%~80%的票据进入银行体系进行贴现融资。

在利润压力和信贷规模管控的双重约束下，商业银行开始在贴现信贷规模上尝试创新，票据业务逐步演变成商业银行在资产规模扩张与信贷规模调控之间进行灵活调节的珍贵"钥匙"。与此同时，也衍生出诸多的市场潜在风险和违规操作的可能。因此，如尊重票据在二级市场流通中的真实属性，不将票据转贴现作为贷款类科目而占用信贷规模，则目前市场中的许多问题就会得到有效、合理的解决。

票据风险资产计量标准与政策

根据《商业银行资本管理办法（试行）》（又称新资本管理办法）的规定，票据业务作为商业银行的资产类业务，须占用风险资本。但是，针对票据业务的具体类型，要求计提的风险资本权重并不相同。按照新资本管理办法，票据承兑业务尽管属于表外业务，但等同于贷款类授信业务，因此按 100% 的风险权重计算；在贴现业务中，银行承兑汇票贴现业务按普通商业银行债权计算风险权重，原始期限 3 个月以上按 25% 的风险权重计算，3 个月以内则按 20% 计算。

对买断卖断类的转贴现业务，买断行买入的票据贷记贴现资产，也以普通商业银行债权标准，按照 3 个月以上 25% 和 3 个月以内 20% 这两种权重来计算。对于卖断行而言，由于新资本管理办法规定，"信用风险仍在银行的资产销售与购买协议，信用风险转换系数为 100%"，票据是通过背书转让的，按照现有法律法规的规定，所有背书人都有被追索的可能性，因此其风险未能完全转移，所以卖断票据后卖断行还需计提与买入时相同的风险资产，即按对应期限相应计提 25% 或 20% 的风险资产。

在票据卖出回购和买入返售业务中，资金融出行（买入返售方）对返售资产按原始期限不同分别计提风险资产，3 个月以上的票据按普通商业银行债权计算风险权重，比例为 25%，3 个月以内的票据则按照 20% 计算加权风险资产。资金融入行（卖出回购方）的风险资产权重不变。这意味着对于同一笔业务，买入返售方和卖出回购方都必须计提同样的加权风险资产，因而明显存在重复计提风险资本的问题。

按照新资本管理办法，在银行承兑汇票流转交易中，后手行对前序任一背书行都有追索权，这导致卖断行无法完全释放其风险资产，买断后仍然要继续计提风险资产。这显然极大地加重了票据交易参与机构的资本负担，且明显不符合风险与收益相对称的逻辑。对于票据持有行而言，票据通过转贴现买入后须计提风险资产，这是符合逻辑的。但是，卖出行在卖断票据的情况下，仍须计提风险资产，直至票据到期兑付为止，显然不符合逻辑。

在票据二级市场的多次流转交易中，任意一家银行买入票据后，因增加了票据资产，都需要再次计提加权风险资产。因此，一笔票据资产在银行业同业之间的一次买断和卖断交易，会被计算两次加权风险资产。例如，一笔票据业务，经 A 行贴现后卖断给 B 行，B 行卖断给 C 行，C 行卖断给 D 行，D 行卖断给 E 行，5 次市场交易之后，由于 A、B、C、D、E 行都必须计提加权风险资产，假设票据的期限在 3 个月以上，按照 25% 的比例计提，则最后 5 家商业银行计提的加权风险资产比例为 25%×5=125%，远远超过了票面金额的 100%。

即使在审慎监管的原则下，这样的制度规定显然也存在明显缺陷，票据作为频繁交易的高流动性金融资产，重复计提风险资产直接低了金融机构资本资源的利用效率，不利于活跃票据交易和促进票据市场的发展。而且，对于这样的制度安排，商业银行会"左右为难"：如果不按规则计提风险资产，则存在较大的监管合规风险，可能遭受监管处罚；如果按规则计提，则会显著提高转贴现市场的资本成本，自然需要提高票据定价以弥补资本支出。

因此，当前票据业务的风险资产计提规则明显抑制了票据转贴交易，并最终影响了票据市场的活跃度。由于加重了金融机构的资本成本，自然也会加重企业的资金成本负担，影响实体经济的融资需求。在当前，融资难、融资贵成为经济顽疾的大环境下，票据业务的风险资产计提既抑制了市场融资需求与供给，也违背了资本充足率管理对于商业银行债权加权风险权重按期限设定为 25% 和 20% 的初衷。

《票据法》的部分规定滞后于市场发展

《票据法》出台于 1996 年，至今已施行 20 余年。该法在早期对于促进商业票据业务的稳定与发展起到了关键作用。然而，时至今日，中国票据市场已发生了巨大变化，《票据法》中的许多规定已经明显不符合当前票据业务的市场实际，特别是在当前金融科技不断进步，支付电子化日益盛行，票据电子化、数字化大幅推进的背景下，其滞后性日益突出。

法律和制度的修正需要顺应时代的发展与变革，国内学术界与实务界对适时修订《票据法》的呼声一直很高。本书从几个方面对《票据法》的修订提出一些思考与建议。

《票据法》立法宗旨的完善

《票据法》第一条规定："为了规范票据行为，保障票据活动中当事人的合法权益，维护社会经济秩序，促进社会主义市场经济的发展，制定本法。"作为立法目的或宗旨的阐述，该条文本身并无可诟病之处，但是，从中也可以看出，当时票据立法的核心在于规范票据行为，维护社会经济秩序，重点强调票据使用的安全性。这与当时治理经济过热与混乱，同时又面临国企脱困巨大压力的大环境相适应。因此，票据的支付与汇兑功能被作为立法的根本立足点。

但是，随着过去20年里中国经济的高速发展，票据的流通及交易功能越发突显，票据本身的金融属性也不断加强。在当初这种立法理念指导下进行制度设计，使目前《票据法》中的一些规定与市场实践出现了不协调、不适应的情况，甚至有违票据市场的发展规律，与国际上的通行做法相背离，也限制了票据市场的进一步发展。因此，适应中国经济环境和金融市场格局的巨大变化，遵循票据市场发展实际，与时俱进地扩展和完善票据立法目的，前瞻性地设计票据立法宗旨和框架，对于支持和指导票据市场发展的意义深远。

融资性票据与真实交易背景问题

现代票据的功能属性包括信用、融资、支付、汇兑等，而以保障安全支付为宗旨的1996年的《票据法》在立法理念上是排斥融资票据的。但是，票据市场发展和行业实践至今，在票据市场实务运行中，受经济活动内在需求的驱动，票据市场上的融资性票据需求日渐增长。

所谓融资性票据，是指票据持有人通过非贸易方式取得商业汇票，并以该票据向银行申请贴现取得资金，以达到融资的目的。从国外市场的发展经验看，票据市场工具既包括以真实性贸易为基础的交易性票据，也包括单纯以融通短期资金为目的的融资性票据，且金融市场的发达程度与融资性票据所占比重呈明显的正相关性。

《票据法》第十条中关于"真实交易"的规定是发展融资性票据的法理障碍。按照法规要求，商业银行在办理开票业务时，开票申请人必须提供真实的商品购销合同；在办理票据贴现业务时，贴现申请人必须提供与贴现票据相关的增值税专用发票，以保证票据业务具有真实的贸易背景。由此把无真实贸易背景、单纯以资金融通为目的的融资性票据排斥在外，虚构交易背景，甚至伪造、变造增值税发票骗取贴现资金的行为，是违法的，甚至构成犯罪。

与发达国家金融市场相比，我国金融市场对融资性票据的排斥，大大缩小了票据市场的发展空间，也严重抑制了票据市场为企业提供短期直接资金融通的功能。从国外票据市场发展的经验来看，融资性票据是票据市场的重要产品种类与交易工具。从服务经济发展，并有效控制风险的角度看，有序地适时开放融资性票据是大势所趋，也有充分的国际经验可以借鉴。

因此，《票据法》在修订时应考虑在不同票据行为中，对"真实贸易背景"作为有效构成要件时做一些限制性规定，允许单纯以资金融通为目的的票据合理签发，在赋予融资性票据以合法地位的同时，强化对其的监管，以进一步发挥票据融资对经济发展的积极支持作用。

关于票据的无因性原则问题

如果考虑对票据的"真实贸易背景"要求做出修订，以推出融资性票据，那么在法理逻辑上，我们就不能回避票据的无因性问题。票据的无因性是指，票据权利一经合法产生，即与其赖以产生的基础关系相分离，票据独立于其基础关系之外而存在，其效力不受基础关系效力的影响，即使基础关系被撤销或被确认无效，也并不影响票据关系的效力。

《票据法》第十条的立法目的是防止在票据实务中，当事人利用票据进行欺骗活动，从而扰乱社会经济秩序，甚至形成金融诈骗。但是，票据的无因性原则在各国票据市场上均被广泛认可和支持，因此，《票据法》的规定与市场实践的矛盾不仅体现在票据法学理论的争议当中，在票据实务中也常常遇到。

2000年11月，《最高人民法院关于审理票据纠纷案件若干问题的规定》第十四条规定："票据债务人以《票据法》第十条、第二十一条的规定为由，对业经背书转让票据的持票人进行抗辩的，人民法院不予支持。"这一规定对《票据法》第十条、第二十一条做了限制解释，即对票据债务人的抗辩权做了严格的限制。只有在票据签发时有直接因果关系的出票人、收款人之间才能产生抗辩的事由，票据关系中其他当事人不能以顺序履行、给付对价等事由进行抗辩，从而在一定程度上维护了票据的无因性原则。

票据无因性本身就弱化了对真实贸易背景的关注，以更多地关注票据需求本身。这是市场经济快速发展的需要，也是社会信用增进的结果，其合理性对金融交易而言具有更大价值，重视票据形式得当性的意义，要远大于考虑票据是否由购买设备、原料而开立的意义。

从国际惯例看，大陆法系和英美法系也均认同票据行为的无因性，其差异仅在于对无因性的表述上，大陆法系认为票据权利并不依赖于票据产生的基础原因，即使基础原因无效或者被撤销，票据权利也不应受影响。英美法系则从便利票据流通的角度考虑，认为只要票据的取得是善意的，并且支付了对价，没有收到瑕疵通知，那么权利转让就应当获得认可。此外，日本以及中国台湾也均坚持票据无因性。因此，无论是从中国票据市场发展的实际需要出发，还是从票据市场实践的国际惯例看，将票据无因性属性引入中国票据立法体系中都是十分必要的，这对未来票据市场的发展影响深远。

> **专栏 8.1　融资性票据试验：中期票据**
>
> 中国银行间市场发行的中期票据是类似于融资性票据的成功尝试。自2008年4月以来，中期票据的发行获得长足增长，并主要在银行间交易，目前主要的投资者为商业银行，且不以实际交易关系为依托，具有回购融资功能，但不具有支付功能。银行间市场发行的中期票据已经完全摆脱了《票据法》所规定的票据支付功能特性，但是将其取名为中期票据，可见政策制定者是认可其票据属性的。
>
> 中期票据作为银行间市场的企业债务直接融资工具，也需要借助流转使其风险得到合理分散。因此，相应的制度规则就被提上议事日程。按照目前的制度规定，中期票据不仅可以采取《票据法》所规定的背书转让（包括贴现），也可以采取质押、回购等流转方式。就背书转让方式而言，因为中期票据多为银行机构持有，因此其信用等级一般较高，而对于一般持有主体来说，其背书转让的信用等级则可能较低。就质押方式而言，必须注意其在商业领域的特定含义，即附条件转让。而就回购而言，因为流动性特征是中期票据的显著特色，所以回购必然成为其重要的流转方式。但对于发行主体来说，是否选择回购也是对市场价格权衡的结果，在票据价格很低的情况下尤其如此。
>
> 中期票据的有效创新与实践对现行相关法律制度包括《证券法》及《票据法》提出了诸多挑战。中期票据的现实实践表明了国家先实践、后立法的战略性考量。从健全与完善票据制度规范的角度而言，此举意义重大。
>
> 《票据法》在实践中遇到了"理论与市场需求孰轻孰重"的问题。在过去的制度设计中，主流意见倾向于认为票据不具备融资作用，它

仅仅是一种支付替代手段。而如今，在几十年经济发展实践的基础上，市场已经认识到初期制度设计的不足，以此才有大型企业中期票据的推出，并在实践中获得成功。

中期票据实践反映了理论界与实务界的共同认识：制度建设不仅要以理论研究为支持依据，更要以经济发展实践为基础，促进经济发展的市场需求决定了制度供给与制度变革，这也是生产力决定生产关系的体现。因此，就需要尽快将市场实践的结果系统地吸收进相关的法律法规修订和制度变革中，要适应新时代票据市场发展的现实要求，系统、科学、及时地对现行《票据法》加以修订。

发展企业本票问题

在1996年的《票据法》以及《支付结算办法》中都有关于本票的规定。但是，由于本票在国内的社会认可度低，加之结算流程限制等，本票业务的发展极为缓慢。

《票据法》第七十三条规定："本法所称本票，是指银行本票。"将本票的签发主体限定为银行，而排斥了商业本票的存在。同时，《票据法》第七十五条的规定也表明我国不存在无记名本票。此外，结合《支付结算办法》中有关本票的规定，可以看出，法规中所规定的本票为"见票即付"的银行本票，并不承认远期本票的效力，且票据交换区域限制较为严格。在票据业务发展的实践中，一方面，银行作为企业债务人的情形比较少见，一般无须签发本票；另一方面，对商业本票的限制使本票丧失了生存的基本空间，从而导致国内票据市场很少出现本票。

与信用基础较好的发达国家相比，国内《票据法》重视本票的支付功能，忽视信用功能，而国外对本票的规定一般都比较宽松，特别表现在出票人的广泛性上，除了银行以外，企业甚至自然人都可以是本票的出票人。在这方面，中国台湾采取了担当付款人制度和强制执行制度来保证本票的流通。担当付款人制度指的是，出票人可以签发一种在票面上记载担当付款人的"甲存本票"，该本票由出票人选定的金融机构统一印制，除必要记载事项外，还需标注担当付款人和出票人账户余额情况。强制执行制度则是一种为保证持票人权利、强化票据流通性而推出的在本票发生追索时，只要取得法院判决即可强制执行的制度。

基于上述考虑，《票据法》的修订应考虑为商业本票预留可能的发展空间和机会，并在市场实践中适时扩大本票的应用范围，逐步放开乃至取消本票交换区域限制，从而逐步提升本票的信用功能，在有效控制其风险的前提下，使之能够顺利服务于实体经济发展。

在尝试推进本票业务发展中，可以参考中国台湾的本票担当付款人制度，制定有效的实施细则和风险管控政策，确保本票有序发展，风险完全可控。需要强调的是，在中国台湾的本票担当付款人制度下，担当付款人没有在本票上签章，也非票据关系当事人，故而我们进行《票据法》修订时应该充分考虑这一情况，明确出票人和担当付款人之间的权利义务关系，以减少在市场实践中发生争议的可能性。

金融监管检查尺度与市场实际的矛盾

随着2016年下半年票据强监管、大检查阶段的到来，监管层在对众多金融机构的全面检查中，发现了票据市场经营中的一系列问题。其中，既有一些金融机构明显的违规、违法行为，也有一些属于监管规则内涵不够明确，甚至与市场实际相脱节的问题。例如，在2017年上半年的检查中，监管机构针对票据业务开具的罚单主要针对以下几种情况：

在开票承兑环节，银行审查工作不合格

银行在开票承兑环节把关不严或不到位，导致收到罚单的情形主要包括：一是在对贸易背景未严格审核的情况下开具了银行承兑汇票；二是对企业开票时拿出的质押物（如存单、本行理财等）的归属状况审查不严，导致个人存单在不知情情况下被冒用；三是给不具备授信资质或授信额不足的企业开票。

违规开展贴现业务或违规开具商票保兑函等兜底性文件

监管机构开出的这一类罚单内容主要包括以下几种情形：小微银行违规开展异地贴现业务；银行在进行直贴业务后未按照规定足额纳税；银行在直贴后的打款环节存在违规问题；银行违规为商票提供保兑函等兜底性文件。

交易对手或交易模式异常

这一类罚单比较特别，被媒体报道次数也比较少，但需要银行在自查工作中引起重视。已出现过的情形包括：银行的交易对手不符合相关规定，如交易对手为同业户（外部规定）或交易对手无足额同业授信等情况（银行内部管理因素）；银行在通过双买代持票据时，未进行背书或未见票的情况；银行的过桥类业务（包括买卖断过桥及回购过桥、代保管等）与固定交易对手交易总额庞大，引起了监管机构关注，存在为他行"消规模"提供业务操作通道问题，不计提风险资产等。

此外，监管检查中频繁出现的共性问题，如风险资产计提不规范、不足额，通过票据资产管理业务调节信贷规模等，不少都与票据市场实际和法律规章的规定之间存在脱节有关。这些问题需要国家从

票据市场在金融市场中的战略定位，以及服务经济发展特别是实体经济发展的需要出发，并审慎考虑防范系统性金融风险后，进行票据市场发展的顶层设计。由此才能真正发挥票据及票据市场的真正价值，使之有力促进国民经济发展。、

完善和强化票据监管

补足金融监管的空白区

2008年全球金融危机以来，为应对外部冲击而出台的政策举措，以及金融创新活动出现了一些新特征，其中，最突出的就是金融脱媒加速和影子银行膨胀。影子银行的形成与各类金融机构通过资产管理模式而形成的多重嵌套业务密切相关，在"分业经营，分业监管"体制下，这类金融创新带来大量监管空白区和重叠区，而影子银行式的创新正出现在这些监管空白区或盲区之中。

过去十年中，由银行理财、基金、信托、证券资管计划等各类业务创新，各类金融机构及其子公司推动的资管业务规模达百万亿元规模之巨。通过各类创新产品快速汇聚起来的资金主要投资于非标类资产，由于这类资产的透明度相对较低，在期限、流动性和信用转换功能上存在明显不足，此外，金融机构为了规避资本约束等监管要求，大多未将这些资产纳入社会融资规模的统计核算口径之中。

在刚性兑付的大环境下，金融机构间多层嵌套关系形成了一种因"太关联而不能倒"的恶性循环，这显著提高了发生系统性金融风险的可能性，也对监管机构之间加强协作，减少监管薄弱环节，避免监管盲区提出了更高要求。在新一轮国家机构改革中，将银监会与保监会合并，也是强化监管统一性，扎紧监管制度的笼子，减少和防止监管"漏球"的重大监管改革举措。

调整票据监管的偏颇区

在金融创新与金融监管的对立统一关系中，最终是选择承认创新的合理性，还是以监管规则取消创新的合法性，其根本判断标准是是否有利于市场的成长，有利于促进经济发展，并能有效控制风险。近年来票据市场的大量"创新"都存在不少可质疑之处。但是，从服务于市场经济发展的角度看，还是很有必要检视监管政策上有失偏颇和值得商榷的部分。

在票据市场近几年的快速扩张中，市场创新或努力规避的监管规则包含两大核心主线：一是贷款规模考核与会计核算口径问题；二是风险资产加权计提标准问题。其他的则主要是各个机构内控规则和授权体系的缺陷等造成的操作风险问题。梳理近几年来银监会下发的有关票据业务文件，可以看到其也基本集中在上述两个领域中。

2011年6月，《中国银监会办公厅关于切实加强票据业务监管的通知》对信用社"逃避信贷规模"的做法予以纠正，要求彻底整改。2012年10月，叫停票据信托收益权。2013年5月，中国银监会下发《关于排查农村中小金融机构违规票据业务的通知》，再次进行专项排查，排查内容包括是否通过复杂合同安排为他行腾挪和隐瞒自身信贷规模（包括签订不对称协议，或与票据卖断行签订隐形回购协议，与票据买入行签订回购协议但实际上商业银行在票据到期前买断票据等），是否乱用会计科目隐瞒真实交易逃避内控与监管等。2014年又下发《中国银监会办公厅关于规范商业银行同业业务治理的通知》，专门规范了同业投资业务。

基于票据的无因性原则，票据在离开承兑行进入金融市场以后，其信贷属性已经完全淡化，其资金属性显著增强，而且流动性是票据的典型特征与优势，在此情况下，仍然将转贴现票据资产纳入信贷规模管控明显背离了市场实际，也不利于票据的流通与交易，有悖于以票据服务中小企业资金融通的初衷。因此，在将票据承兑、票据直贴纳入信贷规模管理的情况下，完全可以将票据转贴现从贷款口径中剔除出来。这对繁荣票据市场交易，以活跃票据二级市场推动票据一级市场发展，从而扩大票据融资规模，更好地服务于实体经济大有裨益。

票据业务风险资产计提和资本占用问题在本书前文已论及，这里不再赘述，准确、适度地计提风险资产和资本准备，对票据市场发展和金融机构而言，都是意义重大的举措。与市场发展实际所需存在脱节，或有失偏颇的制度规则或监管举措，导致监管与被监管者之间的博弈显著增加，"猫鼠游戏"带来的后果反而是市场无序创新的加剧，一方面，这增加了票据监管成本，甚至降低了监管有效性；另一方面，拉长了票据的交易链条，增加了票据交易成本，而且极易引发各种道德风险和操作风险。

优化票据发展的法律环境

修改《票据法》的相关内容

《票据法》中没有贴现的相关具体规定，贴现票据种类单一，现有法律法规中对贴现的法律性质界定混乱，以及贴现条件规定不一致等，是导致贴现业务出现诸多问题的重要原因。但是，票据贴现（实践中主要是银行承兑汇票贴现）这一传统的票据融资方式已经无法满足市场主体日益增长的融资需求，而《票据法》又禁止融资性票据产品，这是导致贴现业务中虚构交易背景、票据一级市场掮客盛行，以及民间票据融资市场不断扩大等问题的根源所在。

要保证贴现业务的持续健康发展，充分发挥票据融资功能，促进实体经济发展，特别是支持中小企业的融资需求，就必须完善现有的票据贴现法律法规与制度，既要对现有的贴现立法进行修改完善，也要探寻融资性票据在风险可控条件下的合法化发展途径，为其市场应用提供法律与制度保障,从而从根本上解决贴现业务中的问题。

完善票据贴现相关立法规定

贴现业务在发展实践中反映出来的诸多问题,实际上也反映出现有立法明显滞后于市场发展,因此迫切需要尽快完善相关法律法规,明确规定票据业务操作规范,使票据业务发展和机构经营有法可依,有规可循。为此,应该在以下两个方面采取行动:

一方面,在立法上需要明确贴现的法律地位。作为调整票据法律关系的基本法,《票据法》中对贴现没有做出任何规定,使立法和理论中对贴现的法律性质长期存在争议,并导致市场实践中对票据贴现的法律性质不甚明了,这不利于票据贴现申请人和贴现行之间的权利义务划分,并在票据贴现业务创新方面形成障碍。

因此,应尽快补充修订《票据法》的相关规定,在《票据法》中对贴现的法律性质进行正确界定,确立贴现的合法地位。只有在《票据法》中明确了贴现的法律地位,才能对相关规章中贴现主体、贴现条件等细节方面的规定起到指引作用,形成上下一体、统一规范的票据贴现法律制度。

另一方面,在立法上还应当统一贴现业务规范。在中国人民银行制定的《支付结算办法》《票据管理实施办法》《商业汇票承兑贴现与贴现管理暂行办法》等规章中都有贴现的相关规定,对贴现业务的经营主体、申请人资格、业务办理条件等细节做出了较具体的规定,是实务中业务操作的主要法规依据。但是,各规章中的相关规定并不一致,这种法律规范上的不一致性使银行在实务操作中容易按照各自的理解各行其是,从而影响贴现业务发展,同时,也损害了法律的权威性。

因此,为了使贴现业务具有统一的法律规范指导,促进业务的健康发展,笔者认为应当制定专门的业务规范细则,对贴现主体、贴现条件等内容做出明确规定，增强可操作性，形成开展贴现业务的统一法律标准。

分类审查票据真实交易背景问题

在票据发展实践中，监管机构对票据真实交易背景的审查，在很大程度上是监管机构控制信贷规模，防范信贷风险的需要，同时也是央行控制信用扩张的重要手段，以避免银行承兑汇票成为企业绕开银行正常信用审核，导致融资规模无序扩大的途径和手段。

然而，尽管有明确的法规限制，在市场实践中，却出现了大量虚构交易背景的票据贴现，甚至在市场高涨时期，还催生出一个庞大的以虚构交易背景为生的票据掮客行业。一些商业银行为了扩张票据业务，或无力进行深入审查，或故意放松审查标准，甚或通过外包给票据掮客的方式，帮助客户"包办"贴现业务所要求的相关资料和手续，导致违规操作现象屡禁不止、愈演愈烈。

市场实践证明，银行作为商业运营机构，发展票据业务是其拓展客户和保持客户黏性的基础性金融产品，要求银行进行严格交易背景审查并不能有效保证贴现票据交易背景的真实性，也无法有效防范信贷扩张的风险。因为商业银行既无动力，也无充分的条件保证交易背景的完全真实合法。这类法规规定不仅使银行承担了不应由其完全具体负担的职责，各个分支机构和人员素质的差异，也大大加重了银行负担。对整个票据市场发展而言，这也限制了票据更加有效地流通使用，难以发挥其在商事关系中应起的作用。

由银行承担真实交易背景的审查义务与责任，不仅加大了银行业务经营的成本，影响业务办理效率，也使银行承担了超出其能力的过多法律风险，妨碍票据贴现业务的进一步发展。屡禁不止的虚假交易背景票据反映了立法初衷与市场实践之间的差距。因此，防范银行信贷扩张风险，应当从源头上着手，在票据签发时对出票人进行严格的资格审查，以保障票据资金的最终清偿，而不应在票据流通过程中通过多加限制来进行事后控制。

更重要的是，进入票交所新时代，票据的交易模式和操作方式已经发生了根本性变化，在票据向标准化短期直接债务融资工具演化的过程中，应该探索有序放开交易背景审查的要求，也可以考虑对有真实交易背景的票据与融资性票据分类管理，对没有交易背景的融资性票据在发行、流转和资金运行上进行更多管理，提出更多的限制性措施。

总体而言，票据市场发展宜疏不宜堵，宜分类施策管理不宜一刀切管控。唯有如此，才能在既促进票据市场服务实体经济所需的同时，又有效管控票据风险，守住风险底线，确保票据市场的长期可持续发展。

适时探索推出融资性票据问题

为了满足企业的融资需求，中国人民银行于2005年5月23日颁布了《短期融资券管理办法》，允许符合条件的非金融企业，在银行间债券市场向合格机构投资者发行短期融资券。短期融资券是企业筹措短期（1年以内）资金的一种直接融资方式。短期融资券推出后迅速成为优质企业的重要融资工具之一。

但是，由于短期融资券审批极为严格，准入门槛很高，并未成为绝大多数企业，特别是中小企业的有效融资工具。短期融资券的实质是企业凭自身信誉发行的无担保的商业本票，只不过为了规避法律的限制在名称上做了改变。短期融资券的成功推行表明，融资性票据的使用已经具备了市场条件，也顺应了企业融资需求。因此，在上海票交所已经成立，票据进行场内交易的背景下，可以对《票据法》中关于融资性的规定进行修订，增加非金融企业发行融资性票据的相关规定，并对发行主体的信用等级、累积存续发行量等进行更详细的限定。

融资性票据一般通过承销机构公开发行，其发行对象是不特定的多数人，出票人在出票时无法确知具体的收款人，无法签发以特定人为收款人的记名票据，出票人只能采取无记名票据形式签发融资性票据。这种无记名的融资性票据在转让时最好采取交付方式，才能使票据流通便利可行。但《票据法》中不承认无记名票据，也不能通过交付方式转让票据，这就在技术上限制了融资性票据的发展。要使融资性票据在操作上可行就必须对现有的票据发行和转让制度进行适当修改，允许发行无记名票据以及用交付方式转让票据。

随着票据融资作用的日益突显，发展融资性票据的必要性也日渐增强。票交所的成立，解决了融资性票据的发行数量多、发行对象不确定，以及交易更活跃的问题，发展融资性票据的市场基础条件也已具备，市场只欠制度变革的东风。

加快修正票据资本占用规则

自 2015 年 10 月 1 日起，《中华人民共和国商业银行法》（简称《商业银行法》）开始施行，该法调整和放松了银行贷存比不得超过 75% 的硬性规定，将贷存比由法定监管指标调整为流动性监管指标，这对票据业务发展产生了深刻影响。随着强监管期的到来，为规避信贷规模控制而进行的"消规模"式创新迅速萎缩。

但是，在监管机构的日常监管与专项检查中，这一问题并没有得到根本解决。因此，为促进票据市场发展与流通，降低票据融资成本，可以考虑采取以下措施：

一是将信贷规模占用行只限定为承兑行。票据直贴后，贴现行通知承兑行，承兑行直接将票据的风险敞口纳入本银行的信贷规模，同时不计入贴现行的信贷规模。因为对于承兑行来说，其所承兑的票据应属于刚性兑付，纳入资产负债的表内资产，此时若再纳入表外或有负债统计,无法准确反应这项业务的风险实质。但是,后期的银行间市场转贴现交易,应属于资金性业务,已与债券的买卖核算类似,不应纳入买入行的信贷规模管理之中,而只计入可供出售的金融资产科目即可。

二是应该修改《贷款通则》第九条:"票据贴现,系指贷款人以购买借款人未到期商业票据的方式发放的贷款。"人民银行应根据《中华人民共和国合同法》,对《贷款通则》的规章进行完善,明确承兑行、贴现行与转贴现行的贷款属性问题,将转贴现从贷款类金融资产中剔除,否则,也是违背交易实质的。在由央行牵头发布的资产管理新规文件中,由于未能将票据贴现从贷款类信贷资产中剔除,各家商业银行不能再将转贴现票据资产转化为资产管理产品,在信贷规模紧张的环境下,票据的流转出口被堵住,直接导致票据承兑和贴现利率的立即上升,加大企业的融资成本。在融资难、融资贵的大背景下,票据二级市场流转不畅直接伤害了更加依赖票据融资的中小微企业。

三是修改风险资产计量规则,或适当降低票据转贴现业务占用的风险资产权重。例如,可以将风险资产权重从25%降低至5%~10%,可以修改《商业银行资本管理办法(试行)》,将票据资产单独列出,降低风险权重。这样可以大大降低票据资产流转中的资本成本,有利于活跃市场交易,增加流动性,从而促进一级市场的扩展与繁荣,有利于满足实体企业的融资需求。

加强监管的日常协调

在不同监管机构层面,需要强化贴近市场实际的监管协调机制,加强央行规则制定权与主要监管机构执行尺度之间的协调与配合,推进票据市场监管规则的及时修订完善。特别是结合票据市场创新发展实际和未来趋势,消除不同部门法规制定与实施中的抵触和矛盾现象,以及尺度不一等问题,使票据市场在更完善、合理的监管制度框架和监管协作机制下健康发展。

同时，笔者还建议，根据承兑业务、贴现和转贴现业务的不同属性，建立相应的具体监管规则，分别把承兑和贴现纳入社会信用规模和独立的票据融资规模予以监管，摆脱现有票据融资规模归属信贷规模的范畴。同时，根据转贴现资金化运作的突出特征，将转贴现（回购）作为金融机构资金业务进行监管制度设计，从而规范票据承兑、贴现和转贴现业务的不同监管政策要求。

强化金融监管顶层协调

金稳委的成立，以及银监会与保监会合并为银保监会，标志着中国新监管框架的变革与创新。中央对金稳委的定位体现了加强统一监管的整体思路，中国人民银行在金融监管规则制定中地位的提高，表明更加协调的集中统一监管得到提升，这有助于堵住监管漏洞，填补监管空白区，提高监管质量和有效性。

按照国家金融监管领域顶层设计安排，金稳委的工作重心是通过"统筹金融改革发展与监管，协调货币政策与金融监管相关事项，统筹协调金融监管重大事项，协调金融政策与相关财政政策、产业政策等"，以此来防范金融风险、维护金融稳定。金稳委在新监管体系中处于中心地位，统筹、稳定、改革、发展是其基本职能。

在新监管体系下，央行负责宏观审慎管理，银保监会和证监会负责微观审慎监管和行为监管，金稳委是指导央行与银保监会和证监会的领导组织与协调机构。这样一来，有分工、有协作，金融监管的盲区和重叠区将由金稳委统筹协调。在风险叠加和结构转型的当下，金融稳定、防范风险是首要任务，在稳定的基础上求发展，以推进金融业改革与发展稳中求进。

以金融支持经济发展的根本途径在于打通金融与实体经济之间的隔离墙，使金融能够更好地服务于实体经济。金稳委的协调将主要表现在三个方面：外部监管与金融机构内部监管的协调、国内与国外的协调，以及监管机构之间的协调。

央行的监管职能也在加强，主要体现在构建宏观审慎管理体系，从宏观、逆周期和跨市场的角度加强监测、评估和调节。近几年，央行一方面积极稳妥推动货币政策框架从数量型调控为主向价格型调控为主逐步转型，创新多种货币政策工具，保持流动性基本稳定，不断增强利率调控和传导能力，平衡货币政策与宏观审慎管理；另一方面逐步建立和完善宏观审慎管理框架。

银保监会和证监会则将更加注重微观审慎监管，包括对金融机构的功能监管、行为监管和竞争监管，关注的是金融机构的行为，注重对消费者的保护，强调对信息披露的监管；同时还要维护市场公平的竞争环境，不以机构类型的差异而设置业务准入门槛。

以金稳委的成立为开端，中国将步入由宏观审慎和微观审慎为主导、行为监管和功能监管相结合、全方位监管的新时代。票据市场作为连接实体经济与货币市场的最佳途径，在票交所成立后票据交易转变为场内交易的背景下，必将在金融监管得到加强与协调的政策环境下，取得新的发展机遇，迎来新的更大发展！

第九章

未来已来：区块链数字票据

票据自诞生以来，在发展历程中经历了不同的存在形态。就现代票据的发展而言，纸质票据经历了漫长的发展时期。而在近几十年来，随着信息技术的广泛应用，纸质票据逐步发展为电子票据，尤其是随着互联网的迅速崛起，电子票据适应互联网的环境变化，发展出基于互联网的网络票据形态及其交易。

展望未来，人类正在经历新的重大技术变革期，随着大数据、云计算和人工智能等现代科技创新发展的日新月异，人类社会开始迈入数字化发展时代，票据的数字化也迅速成为显著趋势。区块链是近些年崛起的新技术，特别是随着以比特币为代表的金融应用日益盛行，基于区块链技术的数字票据正被深入探索和积极实践。

区块链的技术特征与票据产品的金融属性，及其票据流转特征之间具有良好的匹配性，因此研究和探索基于区块链技术的数字票据，既是当下票据领域技术创新的热点，也将是票据行业未来发展的重要趋势。

区块链及其对金融业的影响

区块链技术及其特征

区块链是指一个分布式可共享的、可信的,通过共识机制每个参与者都可以检查的公开账本,但是没有一个中心化的单一用户可以对它进行控制,它只能够按照严格的规则和公开的协议进行修订。其通过去中心化的、无须信任积累的信用建立范式,集体维护一个可靠数据库,形成一种几乎不可能被更改的分布式共享总账。

从数据的角度看,区块链能实现数据的分布式记录(系统参与者集体维护)和分布式存储(所有节点可以或选择保存数据);从效果的角度看,区块链可以生成一套按照时间先后顺序记录的、不可篡改的、可信任的数据库,且这套数据库不是存储在某一个中心服务器中的。所以,区块链技术就是通过去中心化、去信任和加密算法去维护这套分布式数据库运转的技术。因此,概括起来,区块链技术主要有五大显著特征。

一是去中心化。由于使用分布式核算和存储,不存在中心化的硬件或管理机构,任意节点的权利和义务都是均等的,系统中的数据块由整个系统中具有维护功能的节点来共同维护。

二是开放性。系统是开放的,除了交易各方的私有信息被加密外,区块链的数据对所有人公开,任何人都可以通过公开的接口查询区块链数据和开发相关应用,因此整个系统信息高度透明。

三是自治性。区块链采用基于协商一致的规范和协议(如一套公开、透明的算法)使整个系统中的所有节点能够在去信任的环境下自由安全地交换数据,使对人的信任改成了对机器的信任,任何人为的干预不再起作用。

四是信息不可篡改。一旦信息经过验证并添加至区块链,就会永久地存储起来,除非能够同时控制系统中超过51%的节点,否则在单个节点上对数据库的修改是无效的，因此区块链的数据稳定性和可靠性极高。

五是匿名性。节点之间的交换遵循固定的算法，其数据交互是无须信任的（区块链中的程序规则会自行判断活动是否有效），因此，交易对手无须通过公开身份的方式让对方对自己产生信任，对信用的累积非常有帮助。

区块链在金融业的应用

区块链作为一个底层的互联网协议，并没有得到互联网公司的过多垂青，反而是金融企业对其应用研发的兴趣十分浓厚。甚至曾有人大胆预言："区块链是互联网金融的最终形态。"

从国际上看，自2008年基于区块链的第一个应用比特币诞生以来，这项基于网络协议的底层技术被越来越多的金融机构所关注。国际货币基金组织在其首份数字货币报告中明确指出，"它具有改变金融的潜力"。英国政府在其发行的《分布式账本技术：超越区块链》（Distributed Ledger Technology：Beyond Blockchain）中明确指出了其将首先应用于传统金融行业，并且英国央行已经在考虑发行数字货币。欧洲证券及市场管理局（ESMA）提出了"区块链对整个金融行业产生巨大、深刻的影响"的观点。纳斯达克借助区块链建立私人股权交易平台Linq。花旗银行（Citibank）、汇丰银行（HSBC）、富国银行（Wells Fargo）等纷纷加入R3区块链联盟，并设置自己的研究实验室。德勤（Deloitte）借助基于区块链的Rubix平台提供咨询和审计。比特币的发明者中本聪（Satoshi Nakamoto）甚至被提名为2016年诺贝尔经济学奖候选人。

从国内来看，一些大型企业成立了专门的区块链实验室，致力于区块链技术的研究和在中国金融、公证等领域的推广。国家主管部门早在2014年就成立了专门的区块链研究团队，并召开了基于区块链的数字货币研讨会，指出了发行数字货币对降低传统纸币发行、减少洗钱、逃漏税等违法行为，以及提升对货币供给和货币流通的控制力，更好地支持经济和社会发展，助力普惠金融的全面实现，完善支付体系，推动经济提质增效升级等方面的重要意义，还提出了进一步明确央行发行数字货币的战略目标，包括做好关键技术攻关、研究数字货币场景应用，争取早日推出央行发行的数字货币等。可见，国内金融高层对区块链这一技术在金融领域应用的重视。

区块链对金融业的影响

区块链在金融领域受到广泛关注、积极研究和应用，并非偶然。从区块链技术的特点可以看出，其独特属性与金融业有着明显的匹配性。

一是区块链能够有效降低金融行业的运行成本，对现有的中心化金融系统布局方式产生深刻变革；二是区块链能够创新驱动新型商业模式的诞生，促进传统金融经营模式的转型；三是区块链能够降低信任风险，成为传统金融行业对抗互联网金融（信用风险突出）最有利的武器；四是区块链是实现共享金融的有力工具，为自金融的产生奠定技术基础；五是区块链技术鼓励开发性协作和创新，可编程模式将促进更多金融生态的产生，监管业去金融属性化也将开始。

因此，区块链技术首先影响的是金融业的基础设施，随后，它可能将扩展至一般的金融业务应用，并最终改变整个金融生态链。金融基础设施主要包括核心金融基础设施和附属金融基础设施，核心金融即金融市场基础设施，包括支付系统、中央政权的存款系统、证券登记系统等，附属金融基础设施是一个广义的概念，主要包括信用体系、法律会计体系、反洗钱信息等。对于金融业务应用而言，可以通过选取某个金融产品作为突破点，一旦基于区块链产生可持续的效益，将对其他金融产品产生强大的示范效应。促进金融生态链的演变将是区块链在金融领域应用的最终形态,自金融的产生和全新信用体系的构建将可能成为最终模式。

区块链票据融合的优势及技术需求

票据是依据法律的相关规定,并按照规定的固定形式,制成的显示有支付金钱义务的凭证。票据在自身特性、交易特点、监管要求等方面与区块链技术存在高度契合性。

区块链与票据融合的优势

如前所述,区块链技术是一种通过去中心化和去信任的方式集体维护一个可靠数据库的技术方案,能够让区块链中的参与者在无须相互认识和建立信任关系的前提下,通过一个统一的账本系统确保资金和信息安全。因此,这使票据业务可以利用区块链技术搭建一个可信的交易环境,避免信息的互相割裂和风险事件的发生。

具体而言,如图9-1所示,从当前票据业务存在的主要问题出发,提出解决问题的方案,然后再用区块链技术的特征去加以匹配,从而发现区块链技术如何构建出更可靠的技术方案。

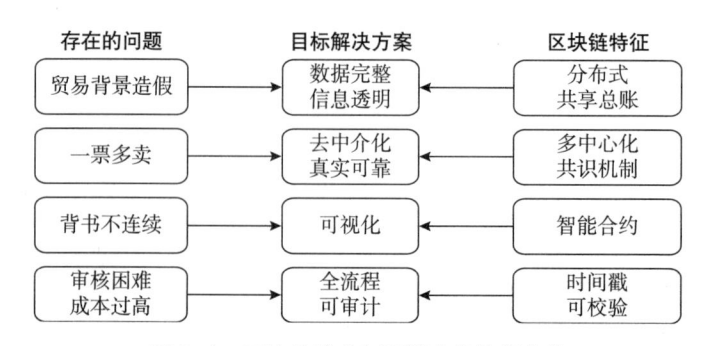

存在的问题	目标解决方案	区块链特征
贸易背景造假	数据完整 信息透明	分布式 共享总账
一票多卖	去中介化 真实可靠	多中心化 共识机制
背书不连续	可视化	智能合约
审核困难 成本过高	全流程 可审计	时间戳 可校验

图9-1 区块链技术与票据业务的契合性

我们从四个维度进行可行性分析。

第一，在数据保护方面，这是区块链技术在金融业务场景应用中最突出的价值，通过分布式总账的建立，实现了数据的分布式记录，而不是存储在某一个中心服务器中，并且，数据按照时间先后顺序记录，不可篡改，可以有效地保证票据交易链上数据的真实性和透明性。同时，即使部分节点受到攻击或者损坏，也不会影响整个数据库的完整性和信息更新。

第二，在信任保证机制方面，无论是银行承兑汇票，还是商业承兑汇票，在区块链联盟链里，不需要中心化系统或强信用中介做信息交互和认证，而是通过共同的算法解决信任问题，保证每个参与角色都是扁平的、互信的，甚至创造信用。

第三，在业务操作流程方面，在数字票据环境下，区块链通过时间戳反映了票据的完整生命周期，从发行到兑付的每个环节都是可视化的，可以有效地保证票据的真实性，再加入智能合约的特性，可实现端对端的价值传递和可追溯性。

第四，在金融监管合规性方面，得益于区块链技术的特性，在必要的条件下，监管机构可以作为独立的节点参与监控数字票据的发行和流通的全过程，实现链上审计，提高监管效率，降低监管成本。未来，随着技术的更加成熟，甚至可以引入央行数字货币，实现自动实时的 DVP 对付和监控资金流向等功能。

票据业务的区块链技术个性化需求

在应用区块链技术的环境下，票据业务自身对区块链技术提出了明显个性化的需求。

一是强化身份认证等管理机制。票据是由法律认定的登记在实体名下的权益，与物理世界的真实身份密切相关，区块链的匿名机制无法满足身份认证和授权等功能需求。

二是需要设置全局时间。票据业务需要依赖权威的全局时间，而区块链的出块间隔相对较长，出块时间不确定，交易时间的认定存在一定的不确定性，无法满足对履约时间要求较高的场景。

三是预先考虑监管接口和要求。票据的贴现利息计算要考虑节假日的影响，需权威机构向系统中输入实际的节假日情况，这就要求系统在设计之初就考虑包括监管在内的管理机构的接入接口，以便其履行法律或制度赋予的行政职能。

四是需要加强交易信息的安全保护。票据交易的转手交易价格信息高度敏感，需要严格保密，如果不加保护地放在区块链上，会严重抑制用户的使用意愿，因此需要有整套的隐私保护方案来保护商业和用户隐私。

区块链技术的应用有利于推动票据业务实现数字化转型。基于对数字票据及其交易特点的分析，依托区块链技术，以智能合约为载体构建数字票据技术基础设施正日益受到重视。每张数字票据，都是一段包含票据业务逻辑的程序代码，包含对应的票据数据信息，这些运行在区块链上的数字票据拥有独立的生命周期和自维护的业务处理能力，可支持票据承兑、背书转让、贴现、转贴现、兑付等一系列核心业务类型，各种业务规则可通过智能合约编程的方式来实现。

票据业务应用区块链的可行性

票据作为一种金融工具的独特属性以及其流转运行的特征，使区块链技术与票据的融合具有良好的适配性。随着上海票交所的成立，票据市场的主体基础设施得以完善，票据电子化即将全面完成，数字化的进程正在加快。这为应用区块链技术助推票据业发展奠定了坚实的基础。区块链技术与票据融合具有很强的可行性。

票据价值传递去中介化

票据作为一种有价凭证，其在流转传递中一直需要隐藏的"第三方"角色来确保交易双方的安全可靠。比如，在电子票据交易中，交易双方其实通过了央行电子商业汇票系统的信息交互和认证；纸质票据交易中，交易双方信任的第三方识别票据实物的真伪性。但是，在借助区块链技术下，既不需要第三方对交易双方价值传递的信息做监督和验证，也不需要特定的实物作为连接双方取得信任的证明，实现了价值在点对点之间的"无形"传递。

另外，在实际的票据市场交易中，经常会有票据中介这一角色利用信息差撮合，很多票据案件都与非法中介的参与有着千丝万缕的联系。票据在借助区块链技术实现点对点交易后，票据中介的既有角色将被消除，票据中介将探索新的参与角色，以新的身份进行重新定位和规范。这有利于票据市场的健康可持续发展。

有效防范票据市场风险

过去几年，中国票据市场因为参与机构的多样性和行为不规范，风险事件频发，重大案件时有发生，不少银行遭受重大损失，不透明、不规范交易诱发了多种风险。区块链技术将有效解决票据市场交易中的诸多难点和痛点。

从道德风险来看，纸票交易中的"一票多卖"和电票交易中的打款背书不同步现象很常见，但是，区块链技术具有不可篡改的时间戳和全网公开的特性，在电子化交易环境下，交易一旦发生，将不会存在上述问题。

从操作风险看，电票系统是中心化运行，一旦中心服务器出现问题，将会给整个市场带来灾难性的后果。企业网银的接入也会把风险更多地转嫁到银行自身的网络安全问题上，整个风险的链条会越拉越长，而借助区块链的分布式高容错性和非对称加密算法，操作中产生风险的概率几乎为零。

从信用风险来看，借助区块链的数据可以实现对所有参与者信用的搜集和评估，并可进行实时控制。

从市场风险来看，中介市场大量的资产错配不仅导致了自身损失，还捆绑了银行的利益，借助区块链的可编程性不仅可以有效控制参与者资产端和负债端的平衡，还可借助数据透明的特性使整个市场交易价格对资金需求的反应更真实，进而形成更真实的价格指数，有利于控制市场风险。

改变现有电子商业汇票系统结构

现有的电子商业汇票系统是典型的中心化模式，其由央行牵头开发完成中心化的登记和数据交换系统，其他银行或企业通过直连或网银代理的方式接入，这使所有的票据承兑、交易、托收等环节都需要由电子商业汇票系统做数据通道，其不仅是集中式数据存储平台，还是第三方的认证和资源交互平台。

在采用区块链去中心化的分布式结构后，现有的系统存储和传输结构发生改变，建立起更加安全的"多中心"模式，更可以通过时间戳完整反映票据从产生到消亡的过程，其具有的可追溯历史的特性，使这种模式具有全新的连续"背书"机制，真实反映了票据权利的转移过程。

提升票据市场运作效率

当前的票据市场在信息交流上更多的是单对单，即使通过即时通信工具的群组方式，也容易导致信息的不对称和时效性差。

通过区块链的信息记载和回溯，易于建立基于关键字或其他智能方式的信息检索和提醒，提升信息的有效性，并可借助其开放性的优势让信息更加快速地传导至需求者，减少市场信息的不对称。

由于区块链不需要中心化的服务器，这对现有的系统开发模式形成极大优化，一旦需要进行系统优化或变更，不需要通过需求—代码—测试—投产—验证等多个环节的时间跨度，对于现在依赖系统来办理业务的票据体系来说是重大优势。

区块链可以极大程度地改变现行的组织结构、管理体系和行政干预，让经营的决策更简单、直接和有效，从而提高了整个票据市场的运作效率。

规范市场并降低监管成本

票据市场的操作模式众多，监管机构只能通过现场审核的方式来进行监管，对业务模式和流转缺乏全流程的快速审查和调阅手段。借助区块链中的智能合约，可以有效解决这一问题。

一是利用可编程的特点在票据流转的同时，通过编辑一段程序控制价值的限定和流转方向，如限定贴现中必须有真实贸易背景；设定资管票据不能绕开信贷规模等。这有助于形成市场统一的规则，建立更好的秩序，进一步发挥票据为实体经济服务的作用。

二是区块链数据前后相连构成的不可篡改的时间戳，使监管的调阅成本大大降低，完全透明的数据管理体系提供了可信任的追溯途径。同时，对于监管规则，也可以通过在链条中编程来建立共用约束代码，实现监管政策全覆盖和硬控制。

三是对于央行的货币政策再贴现，也可借助区块链实现定点投放、约束投放或智能投放，并可对其后续的价值流转进行限制。

探索发展区块链数字票据

区块链数字票据及其优势

所谓区块链数字票据，并非新产生的一种实物票据，也不是单纯的虚拟信息流，它是基于区块链技术，结合现有的票据属性、法规环境和市场实际而开发的一种全新票据形态。区块链数字票据与现有电子票据相比，在技术架构上完全不同，它既具备目前电子票据所有的特点和功能基础，又融合了区块链技术的新优势，从而成为一种更安全、更智能、更便捷、更具发展前景的票据形态。因此，从这个意义上来讲，我们也可以把区块链数字票据理解为基于区块链技术构造的全新形式的电子票据。

区块链技术在比特币上的成功已经证明了可编程数字货币的可行性。随着该技术的扩展，加上金融领域急需解决总分重复记账、安全攻击和信任关系等一系列问题，区块链在金融领域有着广阔的应用空间，票据所具有的属性和流转特征，使发展区块链数字票据成为区块链在金融领域应用的重要突破口。未来，随着区块链技术进一步的扩展和应用实践，区块链可以应用于任何有去中心化、验证和防伪等需求的金融服务领域，这对拓展金融服务领域，提升金融交易和服务效率具有重大意义。

区块链数字票据与电子票据的类比，可参照数字货币与电子货币的类比，电子货币只是实物货币在互联网中的虚拟化，只能完成支付清算功能，并且需要中心化的服务器记载数据，也需要第三方的支持才能产生信任关系。比如，存储在支付宝中的是电子货币，它指的是实物货币用电子信息流来替代，通过支付宝来支付，最终的数据记录人是支付宝背后的中心服务器，产生的价值交换需要支付宝作为第三方证明，支付的电子货币功能、流转方向等也是不可控的。但是，基于区块链的数字货币的分布式记账规则，不需要任何中心机构或第三方来认证，就可以实现点对点的转账，而且，还可以通过编程对货币的流转进行控制，实现更高级别的智能化。

因此，与电子票据相比，区块链数字票据拥有巨大的核心优势。具体表现在：

第一，系统搭建和数据存储不需要中心服务器，也不需要中心级应用。这会带来四大优势，一是省去了中心应用和接入系统的开发成本；二是减少传统模式下的系统维护并优化成本，包括设备投入、数据备份、应急管理等。三是减少系统中心化带来的风险，不会出现集中模式下服务器崩溃或被黑客控制的问题，因为分布式数据库具有强大的容错功能，不会因为一个或几个节点出错而影响所有参与者的运转，更不会影响数据的进一步存储和交易更新。四是减少中心化模式下数据反复被记录和保存的成本，各个参与者中记录的数据账本，既是分账本，也是总账本。进入票交所时代，在近乎高频交易的市场中，票据交易量庞大，有着海量记账需求，区块链数字票据的优势是显而易见的。

第二，在区块链技术下，数据的完整性、透明性和通过时间戳的可验证性，使任何价值交换都可以追踪和查询，而且这些信息并非单单保存在某一个服务器或某一个参与者机器中，同时可以通过相应的技术实现对涉及商业秘密（如出票人、承兑行等）的屏蔽。其优势在于，一是通过所有参与者任何行为数据的记录和累积，易于形成信用分析和评估机制，最大限度地降低违约后无人知悉的可能性，进而为建立良好的信用环境打下基础。二是方便的信息跟踪可以实现对历史数据的调阅，更容易对票据的流转过程进行清晰的展示和控制，一旦发生法律纠纷，易于行使相关权利并追索。三是可以有效控制票据交易和其他票据产品中的风险，如对于票据 P2P（互联网金融点对点借贷平台）理财使用的质押票据，通过数据的查阅，可以知晓其状态，从而防止现有模式下重复质押或合伙作案的风险。

第三，区块链的智能合约形式使票据在整个生命周期中具备了可编程性和可控制性。一是交易的控制方式更加多元化，如在实际的交易中会存在票据代持（即双买断）的模式，可以在交易的开始就将约定买回的日期通过代码的形式写入智能合约，待到期后票据将自动完成赎回买断。二是智能合约通过代码来实现，其硬控制性使票据的交易不再需要线下合同作为保证，避免执行中存在违约现象。

区块链数字票据应用分析

一张票据在其生命周期中，会经历承兑、流转和托收三个核心环节。下面笔者结合区块链的应用特点，分别对这三个环节的应用场景加以分析。

一是在承兑环节，不同的企业在整个票据流转交易体系中占据不同的节点，如果企业 A 需要向企业 B 开票，那么承兑人相当于对出票企业 A 的第三方担保，这与比特币的第三方记账有类似之处，只是比特币争夺记账时比的是算力，而承兑环节则通过建立一套完整的算法（可包含承兑方对出票人的授信、出票人指定的开户行、服务效率等）来完成承兑，并生成相应的数据区块。

这种模式的优点很多：不同于现有的承兑需要与中心的电子商业汇票系统进行数据交换和信息登记，实现了非中心化的出票过程；省去了现有模式下企业需要到开户行开立企业网银的困扰，减少了网银这个中介传输方；通过记录数据块的时间戳，解决了所有参与者对持票企业的信任问题，不需要通过中心化系统的信息交换来证明其票据权利归属；解决了现有模式下的信息安全问题，现有模式下企业主要通过企业网银接入电子商业汇票系统，等于把风险转移给企业网银的信息安全，一旦 U 盾发生丢失或者被破解，将带来资产丢失的隐患，而通过区块链票据的实现方式，每个节点都有自己的私钥，一旦私钥丢失或被破解，产生的信息将公开至全网络，作案很难。

二是在流转环节，该环节包含企业间流转、贴现、转贴现、再贴现、回购等一系列业务类型。在这些业务类型以及交易中的要求和限制，如做回购业务，需要约定买入返售的到期日等，都可通过编程的方式来实现。在流转中，可参照比特币中的交易场景，卖出方公布公钥、买入方拿自己的私钥进行匹配，这其中只需建立合适的规则，然后由第三方完成信息的记录并生成数据区块即可。

区块链在流转环节的优势包括：免去了到中心化的系统中做信息流转；实现了点对点的交易，确保了价值传递的去中介化；通过智能合约和流转的可追溯，有效避免道德风险、操作风险和信用风险，从而确保交易的公平性和价格的真实性。

三是在托收环节，由于票据的到期日在承兑时已写入代码，所以程序控制会在到期时由持票人向承兑行自动发出托收申请，待托收完成后只需按照一定的规则，由第三方完成信息的记录并生成数据区块。

区块链票据在托收环节的优点包括：价值交换直接完成，如果直接与资金清算挂钩，则不存在托收逾期的问题；通过代码的控制，在托收时不能进行其他操作，因而确保了账实相符。

区块链数字票据应用扩展

在票据交易所的票据匹配撮合交易系统中，与票据流转环节中的指定目标交易不同，票交所场内更多的交易是非指定目标交易，要由票据交易所建立市场匹配规则，并进行代码级的匹配才能实现交易。在场内票据交易中，卖方节点将自己要卖出的票据根据自身需求和交易规则等进行编程后发布，买方节点将自己买入需求进行编程后发布，而票据交易所作为网络中的一个节点，可以制定代码的匹配规则，待买卖双方的代码通过匹配规则达成共识，并得到双方确认后，进入指定目标交易的票据流转环节。

在现有票据场内交易模式，由票据交易所公布和制定规则，维护中心系统运行。而在区块链数字票据交易模式下，可以将票交所设定为特殊角色节点，用于发布公认的参数控制（如节假日、计息方式）规则，使全网节点的任何行为都要遵照这些规则，由此实现交易所的公共核心职能。

此外，票据交易所中的信息、风险、产品等模块，可以通过区块链中的数据回溯功能，充分发挥其分布式数据库存储的作用，对票据的承兑、交易、企业、银行和客户信息等进行数据挖掘，建立票据的评级评估体系。对风险预警、风险处置、风险信息等通过大数据挖掘评估、模型建设等积累经验，防范票据风险。对于各类票据产品组合配置，通过大数据挖掘实现跨业、跨产品、跨区域的设计和重构，更好地服务于经济和金融发展。交易清算功能，则可以考虑采用数字货币或数字货币与实物货币相关联的方式来解决。

对于目前仍存在的纸质票据托管问题，可以将纸质票据托管后转化为数字票据，进而形成和原始数字票据一样的功能需求。可参照当前纸质票据办理贴现业务时查询查复的业务场景有：贴现行根据贴现企业提供的票据向承兑行发出查询，承兑行在确认核实后回复"此票据为我行所承兑，无公示催告，无挂失止付，真伪自辨"的报文。

因此，在基于区块链技术构建的数字票据系统中，托管方作为一个网络节点，发布一条信息（包含票据的所有要素）至委托方所在的网络节点，并声明委托方拥有该票据资产，票面真实，保管在托管方。此时选取的第三方做信息记录的节点为票据的承兑行，其完成记账并生成数据区块后，在委托方所在的网络节点名下增加该票据资产，实现与数字票据一样的流转和使用。

这种方式的优点很多，一是当消息的发起方为托管方节点时，表明完成了票据的审验和保管，其必然要对票据审验的真伪性负责，解决了票据的真实性问题；二是增加承兑行验证和记账，以防止托管方节点和委托方节点联合作弊，即托管方发布委托方并不拥有的票据资产信息，解决了票据的存在性问题；三是由承兑行验证和记账，防止承兑行、托管方和委托方三方联合作弊，因为承兑行验证通过并完成记账化,在这个数字票据的记录中到期时其是要提供资金给持票人的,起到了对承兑行的限制作用,解决了票据的有效性问题。

> **专栏 9.1　上海票据交易所数字票据交易平台试运行**[①]
>
> 根据中国人民银行的安排部署,上海票据交易所会同中国人民银行数字货币研究所,组织中钞信用卡公司、工商银行、中国银行、浦发银行和杭州银行共同开展基于区块链技术的数字票据交易平台建设相关工作。
>
> 2018年1月25日,数字票据交易平台实验性生产系统成功上线试运行,工商银行、中国银行、浦发银行和杭州银行在数字票据交易平台实验性生产系统顺利完成基于区块链技术的数字票据签发、承兑、贴现和转贴现业务。实验性生产系统的成功上线试运行实现了数字票据的突破性进展,对票据市场的发展具有里程碑意义。
>
> 数字票据交易平台实验性生产系统结合区块链技术前沿和票据业务实际情况对前期数字票据交易平台原型系统进行了全方位的改造和完善。
>
> 一是结算方式创新。构建了"链上确认,线下结算"的结算方式,为实现与支付系统的对接做好了准备,探索了区块链系统与中心化系统共同连接应用的可能。
>
> 二是业务功能完善。根据票据真实业务需求,建立了与票据交易系统一致的业务流程,并使数据统计、系统参数等内容与现行管理规则保持一致,为实验性生产系统业务功能的进一步拓展奠定了基础。
>
> 三是系统性能提高。通过采用实用拜占庭容错协议(PBFT),大幅提高了实验性生产系统性能,降低了系统记账损耗,为实现"运行

[①] 资料来源:上海票据交易所。

去中心化，监管中心化"奠定了基础。

四是安全防护加强。适应我国金融服务应用高安全性、自主可控密码学算法的要求，采用国密 SM2 数字签名算法进行区块链数字签名，为参与的银行、企业分别定制了符合业务所需的密码学设备，包括高安全级别的加密机和智能卡，并提供了软件加密模块以提高开发效率。

五是隐私保护优化。通过同态加密、零知识证明等密码学算法设计，构建了可同时实现隐私保护和市场监测的看穿机制，强化了票交所的市场监测能力，为基于区块链技术的监管模式探索新的实现方式。

六是实时监控管理。建设可视化监控平台，通过可交互的图形化业务展示、信息查询、运行告警、统计分析等功能，实现对区块链系统、业务开展、主机网络等运行情况的实时监控。

七是服务生产应用。突破节点虚拟、参与者虚拟的模式，通过重塑系统安全防护和网络连接机制，使系统的安全性和稳定性得到全面提升，支持由银行、企业以真实信息和管理需要直接进行系统操作。

数字票据交易平台是区块链技术应用于金融市场基础设施的一项重要举措。上海票据交易所将持续关注和跟踪研究区块链、云计算、大数据等前沿科技在票据市场中的应用，以科技进步推动票据市场提质增效，为服务实体经济，防范金融风险，促进金融改革做出更大的贡献。

区块链数字票据面临的问题

与很多新兴的现代金融技术的发展现状一样，区块链数字票据的发展尚处于探索阶段，仍存在不少问题有待研究和解决。这些问题，一部分与区块链技术自身的问题相关，另一部分是在应用过程中引起的。

区块链自身的问题

运行高能耗问题

在传统的货币银行学体系中存在"不可能三角"的辩证逻辑,在区块链构建的数字货币经济学体系中也存在相应的"不可能三角"问题(长铗,2014),即不可能同时达到去中心化、低能耗和高度安全这三个要求,比如在比特币的实际应用中,其发展带来的结果是实现了计算机硬件的快速提升和膨胀,"挖矿"过程中的主要成本也转移到硬件成本和由之带来的电力成本等。所以,如何应用区块链技术实现权益成本收益,让其技术功效发挥至最大化将成为未来急需解决的重点问题之一。

数据存储空间问题

利用区块链构建的系统需要记录从一开始发生的每一笔交易信息,并且参与进来的每个节点都要下载存储并实时更新数据区块,所以一旦每个参与节点的数据完全同步,一方面网络压力较大,另一方面每个参与节点的存储空间容量要求可能会成为制约其发展的关键问题。

处理抗压能力问题

基于区块链构建的系统遵循木桶理论,即永远要考虑所有网络节点中处理速度最慢和网络环境最差的那个,所以一旦将区块链技术推广至大规模交易环境下,其整体的抗压能力还没有得到实际的验证。一旦每秒产生的交易量超过系统的设计容纳能力,或者超过最弱节点的容纳能力,那么交易就自动进入队列排队,如此会给使用者带来不良体验。例如,比特币的设定是每秒记录7笔交易,产生的数据区块大小为1M左右,但随着其加入者的增多,交易量提升,加之某个节点交互能力差、容纳力不足的可能性增大,整个比特币的网络已经严重超载,交易中有大量的交易在排队等待被打包成数据区块。

在数字票据应用中的问题

在传统的票据系统设计模式中，一旦提供标准化的开发接口，跨技术平台的系统对接和数据交互并不存在障碍。但是，借助区块链构建的数字票据，每个节点都代表一个市场的参与方，自身也有相应的系统在运行，另外，在票据交易所的构造过程中，数字票据所在的联盟链还需要与其他技术平台下的系统或其他联盟链之间发生数据交互和功能调用等，产生了基于区块链构建的数字票据系统如何与其他平台下的系统对接的问题。

借助区块链构建数字票据本质上是替代现有电子票据的构建方式，实现点对点的价值传递，但在整个社会没有公开发行和使用数字货币的前提下，如何实现数字票据与实物货币在资金清算中的实时对接将会是要面临的重要问题。比如在比特币交易所中，其最终的资金清算也是在线下进行的，通过现有的银行转账或者第三方支付实物货币的形式来体现。在区块链构建的数字票据中，如果依旧采用线下实物货币资金清算的方式，那么其基于区块链能够产生的优势将大幅缩水，如果在其所在的联盟链中发行数字货币，那么数字货币的可编程性本身对数字票据就有了可替代性，可以把数字票据看作有承兑行、出票人、到期日、金额等要素的非标数字货币，两者之间存在一定的矛盾。从另外一个角度来看，借鉴现行电子票据模式中线上清算与备付金账户相挂钩的方式，实现数字票据的网络节点中与存有实物货币账户绑定的方式，也值得进一步研究。

数字票据交易所的尝试

市场参与机构积极参与数字票据的探索与实践，作为中国票据市场的核心基础设施，上海票据交易所业已退出实验性生产系统，并平稳上线运行。票交所董事长宋汉光披露，目前区块链技术在票据交易上的应用仍处于发展的初级阶段，在系统稳定性、应用安全性、业务模式等方面还不够成熟，一些业务场景上的测试还不充分，复杂业务场景的有效应用还不多，区块链的交易吞吐量、资源利用率还有较大优化空间，区块链为监管提供高效服务的能力还有待提升。

尽管如此，票交所对区块链票据系统的积极研发和试验运行表明，中国票据市场的所有参与者都在积极开展区块链票据的创新性尝试，这对促进票据业务和票据市场借助新兴技术实现更大的发展意义深远。目前，票交所负责运营的中国票据交易系统和电子商业汇票系统，分别提供了集中化管理的纸质票据交易平台和电子票据交易平台；而数字票据交易平台实验性生产系统借助区块链技术，搭建一套经过数学证明可信，技术上可分布式部署运行的数字票据交易平台。

未来，上海票交所将继续跟踪研究区块链和其他前沿技术的发展，努力构建和完善更加稳定、高效、安全的数字票据交易平台，并在此基础上开展技术创新和数字票据业务产品创新。数字票据交易平台将更多地发挥区块链技术的创新优势，不断优化底层架构，探索系统节点的扩展性以及与中心化系统联通的技术可行性，探索符合票据市场未来发展要求的创新应用场景，通过发展数字票据业务，强化票据市场的建设与发展。

专栏 9.2　京东金融区块链数字票据试验

国内关于区块链数字票据的试验和实践尝试正在很多企业和研究机构积极展开，除金融机构和上海票据交易所的有益探索与尝试外，很多实业企业及准金融机构也在积极研发探索。如海航集团、美的集团、京东金融等，也是这个领域的积极尝试者，这里将京东金融的区块链票据案例介绍给读者，笔者对相关公开发表的资料进行了整理，其中部分内容有删减。[①]

京东金融区块链票据金融研究组设计了数字票据的业务流程，并将它与纸质票据和电子票据区分开，具体详见表9-1。

表9-1 纸质票据、电子票据和数字票据的区别

	纸质票据	电子票据	数字票据
定义及特征	由收款人或存款人（或承兑申请人）签发，由承兑人承兑，并于到期日向收款人支付款项的一种票据	指出票人依托央行电子商业汇票系统以数据报文形式制作的，委托付款人在指定日期无条件支付确定的金额给收款人或者持票人的票据	一种基于区块链技术的增强型票据形态。可编程的数字化票据，支持智能化风控及交易结算，是电子票据的有益补充
流通形式	依托票据本身，必须在票据上加盖有效印章后，方能流通	依托于央行电子商业汇票系统，一般需要借入银行才能办理票据的各项业务	基于点对点的分布式对等网络，通过联盟链实现票据业务从发生到兑付全程可视可控

基于区块链的数字票据是一个全新的增强型票据形态，不同的企业研发推出的票据形态千差万别。京东金融研究项目组经过业务与代码研究，推出了京东金融区块链数字票据V0.1版本，该版本完全基于超级账本（Hyperledger Fabric）开源代码开发实现，项目组根据票据业务的流程和角色类型划分，部署了4个验证节点，分别定义为

---

① 资料来源：当代金融家，2017年12月，作者：王琳、陈龙强、高歌，由亿欧编辑整理。

核心企业、财务公司、银行和上游供应商，在一个小的商业闭环内形成联盟链，完成票据发行和兑付等基本动作。该项目的重点在于对区块链技术的应用检验，其重点试验领域包括以下几个方面：

架构设计

Fabric 是区块链技术的一种架构实现形式，它的逻辑结构主要包括：会员、区块链、交易和链代码（Chaincode，即智能合约）。这种模块化的架构支持组件"可插拔"，也具有强大的容器技术来支持任何主流的语言来开发智能合约。

在具体的实践上，项目组将区块链数字票据进行分层设计，包括底层网络协议层、数据层、平台层和应用层。各个参与方可以通过API（应用程序编程接口）的方式很方便地接入联盟链中。在这样的架构下，还可以实现多种信用资产的发行与流通管理。区块链数字票据的分层架构见表9-2。

表9-2 区块链数字票据分层架构

应用层	平台层	数据层	网络层
银行	商业逻辑API	区块数据	无P2P组网
核心企业	开放API	交易数据	网络API
中小企业	运营平台	地址管理	节点部署
交易所	智能合约	共识机制	数据验证

账本结构

Fabric 的账本结构很灵活，以数字票据应用为例，如图9-2所示。

图 9-2　账本结构示意

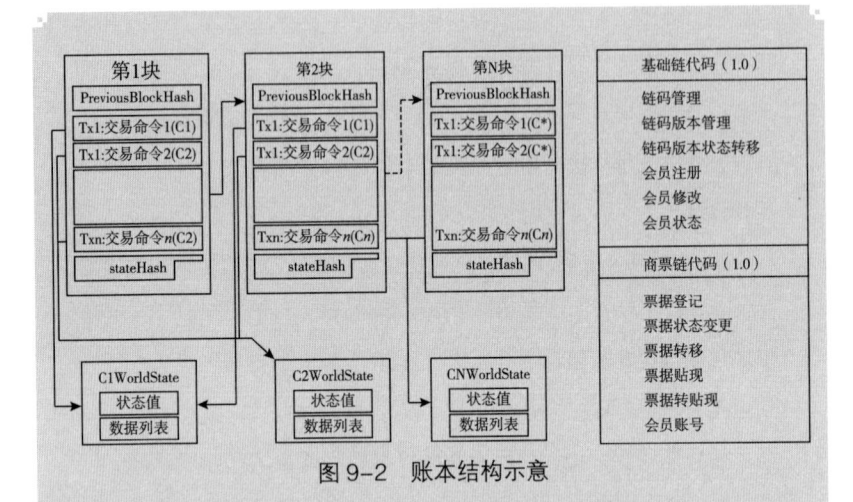

C1、C2……Cn 表示发布在区块链网络上的链代码（智能合约），对于区块链账本来说，每页账本只记录链代码的操作命令；链代码可以由任何验证结点发布，可执行代码自动同步给网络的所有结点；业务运行的逻辑处理依赖于每个链代码（C1、C2）对应的相互隔离的 WorldState（物理上是存在 RocksDB 里的键值对）动态维护的数据；账本同步共识时校验 WorldState 的 Hash 值并记录在账本上，保障所有结点的 WorldState 值一致。

智能合约

　　每个数字票据都有一个完整的生命周期，其中智能合约承担着区块链最核心的功能，包括票据开立、流转、贴现、转贴现、再贴现、回购等一系列业务类型，这些业务类型、交易规则以及监管合规，理论上都可以通过智能合约编程的方式来实现，并可根据业务需求变化灵活变更升级。但是，目前基于 fabric 架构的智能合约还不够成熟，比如产品版本更迭，需要手动实现数据迁移，不易保证稳定性与安全性。

票据发行示意

试验最终完成了会员管理、票据发行和流通等常见功能。原则上，每个验证节点代表的单位都是强信用企业，由自己保管公私钥，所有参与方在票据平台上的交易、查询等业务操作需要使用私钥进行认证与数据加密。同时，承担上下游企业参与方身份识别和管理等职能。此外，平台会员登记以及票据资产上链均需要经过严格审核，一旦上链，数据将不可篡改，就进入一个可信的交易流通环境，完成KYC（了解你的客户）环节，并且所有会员均可见，避免不同参与方之间重复KYC流程，极大地提高了效率，减少了信用风险。会员管理和票据发行如图9-3所示。

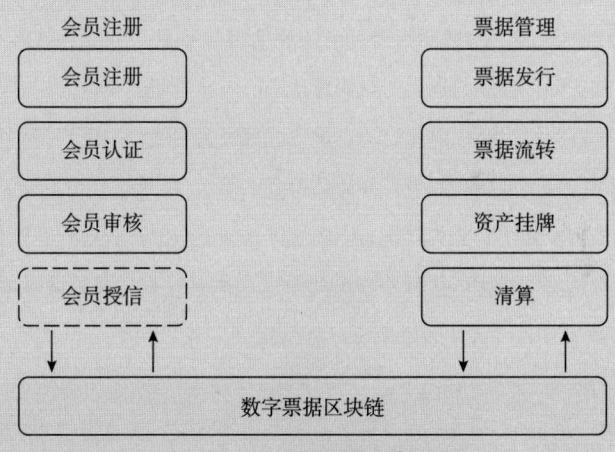

图 9-3 会员管理和票据发行

技术挑战

实践证明，区块链技术在数字票据的应用是机遇与挑战并存，价值与障碍共同作用。项目组从概念证明中看到了商业价值潜力，也从Fabric看到了区块链技术共性上的不足。具体而言，主要遇到的挑战包括以下几个方面：

（1）扩展性和性能。

区块链技术的性能是被普遍关注的话题，也是被诟病最多的地方，当然不同的架构和共识也会有不同的表现。Fabric 的共识机制为拜占庭容错算法，多个验证节点之间达成共识需要经过多次通信。这个过程的快慢主要取决于两方面：验证节点的数量和验证节点的性能。对于第一个方面，验证节点的数量越多，即参与共识的节点数越多，达成共识所需的时间就越长，系统整体性能会越差，这是由共识算法本身决定的。对于第二个方面，智能合约通过验证节点来管理，而智能合约的执行可能耗时较长，尤其对于性能相对较差的验证节点而言。这可能会进一步拉长达成共识所需要的时间，使整个网络的性能实际上取决于性能相对较差的验证节点，因为即使其他验证节点完成了计算，仍然需要等待一部分速度慢的节点来完成共识。

在实际应用中，通过对共识算法进行一定程度的简化，尤其在数字票据联盟链这种相对可信的场景下，可以达到优化的目的。

（2）异步通知机制带来额外负荷。

区别于传统的业务系统，以区块链作为底层的系统在处理请求上是异步的。这是因为区块链中的验证节点需要对客户端的请求本身，以及请求的执行结果达成共识，其间需要各验证节点之间的多次通信进行信息同步来完成，区块链本身不会主动通知客户端请求的执行结果。所以，在请求发送之后，客户端需要不断地查询链的状态来确定请求是否已经执行完毕，频繁的查询对客户端而言会浪费计算资源，而且也会给区块链带来额外负荷，不适用于有大量请求的高频场景。

当然，Fabric 有事件框架，事件框架提供了生产和消费预定义或自定义事件的能力，但需要单独的监听者连接到某个节点对特定的事件进行监听。这意味着在实际的落地应用上，可能需要做出妥协。

（3）智能合约版本更迭后的数据较难同步。

Hyperledger Fabric 的链代码是在交易被部署时分发到网络上，并被所有验证节点通过隔离的沙箱来管理的应用级代码。目前是通过 Docker 容器来运行链代码的。

这样做的好处是所有的链代码各自隔离，互不干扰，并且安全性高。但缺点也是显而易见的，在企业级应用中，一个产品需要不断地进行迭代更新，具体来讲，实现某个功能的链代码在发布之后不会是一成不变的，可能会有功能的调整、升级和漏洞修复等，某些链代码可能需要频繁地更新以适应需求。由于链代码运行在沙箱隔离环境，运行时的数据（即状态）也都单独存储，这样每次对 Chaincode 的改动再发布就相当于发布了一个全新的链代码，对原始版本所积累的数据将无法直接访问。

在 Fabric 架构下，只能手动实现状态迁移，并且随着版本的不断更迭，迁移数据量会不断增加，不易保证稳定性与安全性，但是暂时没有完善的解决方案。

（4）大量数据的存储问题。

区块链不可篡改、可追踪溯源的特性，使区块链保存了在链中进行的完整交易记录及状态记录，在某些应用场景中，企业可能只关心自身的或除自身外有限的数据内容，但作为验证节点之一，它必须保存全部数据以保持链的完整及可溯源，这对于某具体的验证节点来讲就会造成大量存储空间的浪费。能否只保留部分数据而非全部数据，但同时仍然保持区块链的完整性以及可验证性，还需要进一步研究。

附录

中国票据市场主要制度、规则与协议

附录一

票据交易管理办法

(中国人民银行公告〔2016〕第 29 号)

为规范票据市场交易行为,维护交易各方合法权益,促进票据市场健康发展,中国人民银行制定了《票据交易管理办法》,现予公布施行。

中国人民银行
2016 年 12 月 5 日

票据交易管理办法

第一章 总则

第一条 为规范票据市场交易行为,防范交易风险,维护交易各方合法权益,促进票据市场健康发展,依据《中华人民共和国中国人民银行法》《中华人民共和国票据法》《中华人民共和国电子签名法》等有关法律法规,制定本办法。

第二条 市场参与者从事票据交易应当遵守本办法,本办法所称票据包括但不限于纸质或者电子形式的银行承兑汇票、商业承兑汇票等可交易票据。

第三条 票据交易应当遵循公平自愿、诚信自律、风险自担的原则。

第四条 中国人民银行依法对票据市场进行监督管理,并根据宏观调控需要对票据市场进行宏观审慎管理。

第二章 票据市场参与者

第五条 票据市场参与者是指可以从事票据交易的市场主体,

包括：

（一）法人类参与者。指金融机构法人，包括政策性银行、商业银行及其授权的分支机构，农村信用社、企业集团财务公司、信托公司、证券公司、基金管理公司、期货公司、保险公司等经金融监督管理部门许可的金融机构。

（二）非法人类参与者。指金融机构等作为资产管理人，在依法合规的前提下，接受客户的委托或者授权，按照与客户约定的投资计划和方式开展资产管理业务所设立的各类投资产品，包括证券投资基金、资产管理计划、银行理财产品、信托计划、保险产品、住房公积金、社会保障基金、企业年金、养老基金等。

（三）中国人民银行确定的其他市场参与者。

第六条 法人类参与者应当符合以下条件：

（一）依法合规设立。

（二）已制定票据业务内部管理制度和操作规程，具有健全的公司治理结构和完善的内部控制、风险管理机制。

（三）有熟悉票据市场和专门从事票据交易的人员。

（四）具备相应的风险识别和承担能力，知悉并承担票据投资风险。

（五）中国人民银行要求的其他条件。

第七条 非法人类参与者应当符合以下条件：

（一）产品设立符合相关法律法规和监管规定，并已依法在相关金融监督管理部门获得批准或者完成备案。

（二）产品已委托具有托管资格的金融机构（以下简称托管人）进行独立托管，托管人对委托人资金实行分账管理、单独核算。

（三）产品管理人具有相关金融监督管理部门批准的资产管理业务资格。

第八条 法人类参与者开展票据交易，应当遵守有关法律法规，强化内控制度建设，完善部门和岗位设置，并采取切实措施持续提高相关人员业务能力。

第九条 非法人类参与者开展票据交易，由其资产管理人代表其行使票据权利并以受托管理的资产承担相应的民事责任。资产管理人从事资管业务的部门、岗位、人员及其管理的资产应当与其自营业务相互独立。

第三章 票据市场基础设施

第十条 票据市场基础设施是指提供票据交易、登记托管、清算结算、信息服务的机构。

第十一条 票据市场基础设施应当经中国人民银行认可。中国人民银行对票据市场基础设施开展票据相关业务进行监督管理。

第十二条 票据市场基础设施可以为市场参与者提供以下服务：

（一）组织票据交易，公布票据交易即时行情。

（二）票据登记托管。

（三）票据交易的清算结算。

（四）票据信息服务。

（五）中国人民银行认可的其他服务。

第十三条 票据市场基础设施按照金融市场基础设施建设有关标准进行系统建设与管理。

第十四条 票据市场基础设施应当从其业务收入中提取一定比例的金额设立风险基金并存入开户银行专门账户，用于弥补因违约交收、技术故障、操作失误、不可抗力等造成的相关损失。

第十五条 上海票据交易所是中国人民银行指定的提供票据交易、登记托管、清算结算和信息服务的机构。

第四章 票据信息登记与电子化

第十六条 纸质票据贴现前，金融机构办理承兑、质押、保证等业务，应当不晚于业务办理的次一工作日在票据市场基础设施完成相关信息登记工作。

纸质商业承兑汇票完成承兑后，承兑人开户行应当根据承兑人委托代其进行承兑信息登记。承兑信息未能及时登记的，持票人有权要求承兑人补充登记承兑信息。

纸质票据票面信息与登记信息不一致的，以纸质票据票面信息为准。

第十七条　贴现人办理纸质票据贴现时，应当通过票据市场基础设施查询票据承兑信息，并在确认纸质票据必须记载事项与已登记承兑信息一致后，为贴现申请人办理贴现，贴现申请人无须提供合同、发票等资料；信息不存在或者纸质票据必须记载事项与已登记承兑信息不一致的，不得办理贴现。

本款所称纸质票据必须记载事项指《中华人民共和国票据法》第二十二条规定的票据必须记载事项。

第十八条　贴现人完成纸质票据贴现后，应当不晚于贴现次一工作日在票据市场基础设施完成贴现信息登记。

第十九条　承兑人或者承兑人开户行收到挂失止付通知或者公示催告等司法文书并确认相关票据未付款的，应当于当日依法暂停支付并在票据市场基础设施登记或者委托开户行在票据市场基础设施登记相关信息。

第二十条　金融机构通过票据市场基础设施进行相关业务信息登记，因信息登记错误给他人造成损失的，应当承担赔偿责任。

第二十一条　贴现人办理纸质票据贴现后，应当在票据上记载"已电子登记权属"字样，该票据不再以纸质形式进行背书转让、设立质押或者其他交易行为。贴现人应当对纸质票据妥善保管。

第二十二条　已贴现票据背书通过电子形式办理。电子形式背书是指在票据市场基础设施以数据电文形式记载的背书，和纸质形式背书具有同等法律效力。

第二十三条　纸质票据电子形式背书后，由票据权利人通过票据市场基础设施通知保管人变更寄存人的方式完成交付。

第二十四条 贴现人可以按市场化原则选择商业银行对纸质票据进行保证增信。

保证增信行对纸质票据进行保管并为贴现人的偿付责任进行先行偿付。

第二十五条 已贴现票据应当通过票据市场基础设施办理背书转让、质押、保证、提示付款等票据业务。

第二十六条 纸质票据贴现后,其保管人可以向承兑人发起付款确认。付款确认可以采用实物确认或者影像确认。

实物确认是指票据保管人将票据实物送达承兑人或者承兑人开户行,由承兑人在对票据真实性和背书连续性审查的基础上对到期付款责任进行确认。

影像确认是指票据保管人将票据影像信息发送至承兑人或者承兑人开户行,由承兑人在对承兑信息和背书连续性审查的基础上对到期付款责任进行确认。

承兑人要求实物确认的,银行承兑汇票保管人应当将票据送达承兑人,实物确认后,纸质票据由其承兑人代票据权利人妥善保管;商业承兑汇票保管人应当将票据通过承兑人开户行送达承兑人进行实物确认,实物确认后,纸质票据由商业承兑汇票开户行代票据权利人妥善保管。

第二十七条 实物确认与影像确认具有同等效力。承兑人或者承兑人开户行进行付款确认后,除挂失止付、公示催告等合法抗辩情形外,应当在持票人提示付款后付款。

第二十八条 承兑人收到票据影像确认请求或者票据实物后,应当在3个工作日内做出或者委托其开户行做出同意或者拒绝到期付款的应答。拒绝到期付款的,应当说明理由。

第二十九条 票据保管人应当采取切实措施保证纸质票据不被挪用、污损、涂改和灭失,并承担因保管不善引发的相关法律责任。

第三十条 电子商业汇票签发、承兑、质押、保证、贴现等信息应当通过电子商业汇票系统同步传送至票据市场基础设施。

第三十一条　电子商业汇票一经承兑即视同承兑人已进行付款确认。

第五章　票据登记与托管

第三十二条　票据登记是指金融机构将票据权属在票据市场基础设施电子簿记系统予以记载的行为。

第三十三条　票据托管是指票据市场基础设施根据票据权利人委托对其持有票据的相关权益进行管理和维护的行为。

第三十四条　市场参与者应当在票据市场基础设施开立票据托管账户。

市场参与者开立票据托管账户时，应当向票据市场基础设施提出申请，并保证所提交的开户资料真实、准确、完整。

第三十五条　票据托管账户采用实名制，不得出租、出借或者转让。

第三十六条　一个市场参与者只能开立一个票据托管账户，中国人民银行另有规定的除外。

具有法人资格的市场参与者应当以法人名义开立票据托管账户；经法人授权的分支机构应当以分支机构名义开立票据托管账户；非法人市场参与者应当以产品名义单独开立票据托管账户。

第三十七条　贴现人应当于票据交易前在票据市场基础设施完成纸质票据登记工作，确保其提交的票据登记信息真实、有效，并承担相应法律责任。

第三十八条　票据市场基础设施依据电子商业汇票系统相关信息为持票人完成电子票据登记。

第三十九条　因票据的交易过户、非交易过户等原因引起票据托管账户余额变化的，票据市场基础设施应当为权利人办理票据变更登记。

第六章 票据交易

第四十条 票据交易采取全国统一的运营管理模式，通过票据市场基础设施进行。

第四十一条 票据交易包括转贴现、质押式回购和买断式回购等。

转贴现是指卖出方将未到期的已贴现票据向买入方转让的交易行为。

质押式回购是指正回购方在将票据出质给逆回购方融入资金的同时，双方约定在未来某一日期由正回购方按约定金额向逆回购方返还资金、逆回购方向正回购方返还原出质票据的交易行为。

买断式回购是指正回购方将票据卖给逆回购方的同时，双方约定在未来某一日期，正回购方再以约定价格从逆回购方买回票据的交易行为。

第四十二条 市场参与者完成票据登记后即可以开展交易，或者在付款确认、保证增信后开展交易。贴现人申请保证增信的，应当在首次交易前完成。

第四十三条 票据到期后偿付顺序如下：

（一）票据未经承兑人付款确认和保证增信即交易的，若承兑人未付款，应当由贴现人先行偿付。该票据在交易后又经承兑人付款确认的，应当由承兑人付款；若承兑人未付款，应当由贴现人先行偿付。

（二）票据经承兑人付款确认且未保证增信即交易的，应当由承兑人付款；若承兑人未付款，应当由贴现人先行偿付。

（三）票据保证增信后即交易且未经承兑人付款确认的，若承兑人未付款，应当由保证增信行先行偿付；保证增信行未偿付的，应当由贴现人先行偿付。

（四）票据保证增信后且经承兑人付款确认的，应当由承兑人付款；若承兑人未付款，应当由保证增信行先行偿付；保证增信行未偿付的，应当由贴现人先行偿付。

第四十四条 票据交易应当通过票据市场基础设施进行并生成成交单。成交单应当对交易日期、交易品种、交易利率等要素做出明确约定。

票据成交单、票据交易主协议及补充协议（若有）构成交易双方完整的交易合同。

票据交易合同一经成立，交易双方应当认真履行，不得擅自变更或者解除合同。

第四十五条 票据交易无须提供转贴现凭证、贴现凭证复印件、查询查复书及票面复印件等纸质资料。

第四十六条 票据贴现、转贴现的计息期限，从贴现、转贴现之日起至票据到期日止，到期日遇法定节假日的顺延至下一工作日。

第四十七条 质押式回购和买断式回购最短期限为1天，并应当小于票据剩余期限。

第四十八条 质押式回购的回购金额不得超过质押票据的票面总额。

第七章 票据交易结算与到期处理

第四十九条 票据交易的结算通过票据市场基础设施电子簿记系统进行，包括票款对付和纯票过户。

票款对付是指结算双方同步办理票据过户和资金支付并互为条件的结算方式。

纯票过户是指结算双方的票据过户与资金支付相互独立的结算方式。

第五十条 市场参与者开展票据交易应当采用票款对付，同一法人分支机构间的票据交易可以采用纯票过户。

第五十一条 已在大额支付系统开立清算账户的市场参与者，应当通过其在大额支付系统的清算账户办理票款对付的资金结算。

未在大额支付系统开立清算账户的市场参与者，应当委托票据市场基础设施代理票款对付的资金结算。

第五十二条　票据市场基础设施代理票款对付的资金结算时，应当通过其在大额支付系统的清算账户进行。票据市场基础设施应当在该账户下，为委托其代理资金结算的市场参与者开立票据结算资金专户。

第五十三条　交易双方应当根据合同约定，确保在约定结算日有用于结算的足额票据和资金。

第五十四条　在票据交易达成后结算完成之前，不得动用该笔交易项下用于结算的票据、资金或者担保物。

第五十五条　办理法院强制执行、税收、债权债务承继、赠与等非交易票据过户的，票据市场基础设施应当要求当事人提交合法有效的法律文件。

第五十六条　持票人在提示付款期内通过票据市场基础设施提示付款的，承兑人应当在提示付款当日进行应答或者委托其开户行进行应答。

承兑人存在合法抗辩事由拒绝付款的，应当在提示付款当日出具或者委托其开户行出具拒绝付款证明，并通过票据市场基础设施通知持票人。

承兑人或者承兑人开户行在提示付款当日未做出应答的，视为拒绝付款，票据市场基础设施提供拒绝付款证明并通知持票人。

第五十七条　商业承兑汇票承兑人在提示付款当日同意付款的，承兑人开户行应当根据承兑人账户余额情况予以处理。

（一）承兑人账户余额足够支付票款的，承兑人开户行应当代承兑人做出同意付款应答，并于提示付款日向持票人付款。

（二）承兑人账户余额不足以支付票款的，则视同承兑人拒绝付款。承兑人开户行应当于提示付款日代承兑人做出拒付应答并说明理由，同时通过票据市场基础设施通知持票人。

第五十八条 银行承兑汇票的承兑人已于到期前进行付款确认的，票据市场基础设施应当根据承兑人的委托于提示付款日代承兑人发送指令划付资金至持票人资金账户。

商业承兑汇票的承兑人已于到期前进行付款确认的，承兑人开户行应当根据承兑人委托于提示付款日扣划承兑人账户资金，并将相应款项划付至持票人资金账户。

第五十九条 保证增信行或者贴现人承担偿付责任时，应当委托票据市场基础设施代其发送指令划付资金至持票人资金账户。

第六十条 承兑人或者出票人付款后，票据保管人应当参照会计档案保管要求对票据进行保管。承兑人进行影像确认并付款的，可以凭票据市场基础设施的提示付款通知、划款通知以及留存的票据底卡联作为会计记账凭证。

第六十一条 票据发生法律纠纷时，依据有权申请人的请求，票据市场基础设施应当出具票据登记、托管和交易流转记录；票据保管人应当提供相应票据实物。

第八章 附则

第六十二条 票据市场基础设施依照本办法及中国人民银行有关规定制定相关业务规则，报中国人民银行同意后施行。

第六十三条 本办法施行前制定的相关规定，与本办法相抵触的，以本办法为准。

第六十四条 本办法由中国人民银行负责解释。

第六十五条 本办法自公布之日起施行，过渡期按照《中国人民银行办公厅关于做好票据交易平台接入准备工作的通知》(银办发〔2016〕224号）执行。

附录二

上海票据交易所票据交易规则

第一章　总则

1.1　为规范票据交易行为，防范交易风险，提高交易效率，维护交易各方合法权益，依据《中华人民共和国票据法》、《票据交易管理办法》等法规制度，制定本规则。

1.2　市场参与者通过上海票据交易所的中国票据交易系统进行的票据交易适用本规则。

1.3　本规则所称票据包括但不限于纸质或电子形式的银行承兑汇票、商业承兑汇票等可交易票据。

1.4　本规则所称票据交易包括票据转贴现、票据质押式回购和票据买断式回购等。

1.5　上海票据交易所（以下简称票交所）是中国人民银行指定的提供票据交易、登记托管、清算结算和信息服务的机构。

1.6　市场参与者开展票据交易应当遵循公平自愿、诚信自律、风险自担的原则，不得以任何形式操纵市场价格，扰乱市场秩序。

第二章　定义与基本规则

2.1　中国票据交易系统与核心交易子系统

2.1.1　中国票据交易系统（以下简称票交所系统）是指由票交所建设并管理的，依托网络和计算机技术，向交易成员提供询价、报价、成交及登记、托管、清算、无纸化托收等服务的计算机业务处理系统和数据通信网络。

2.1.2　交易成员通过票交所系统的核心交易子系统（以下简称交易系统）进行票据交易。

2.2 系统参与者与交易成员

2.2.1 系统参与者是指获准参与票交所系统的法人机构及其授权分支机构和非法人产品等。

2.2.2 交易成员是指具有票据交易权限的系统参与者。

2.2.3 交易成员应当与票交所系统联网，并依照票交所有关规定在票交所系统开立独立的交易账户和票据托管账户。

2.2.4 交易成员在交易系统中的所有操作以交易系统数据库记录为准。

2.3 用户与交易员

2.3.1 用户是指归属于系统参与者的，用以在票交所系统中进行相关操作的系统账号。

2.3.2 用户包括机构管理员用户和机构操作员用户。

2.3.3 交易员用户是指具有交易权限的机构操作员用户。交易员用户可以在交易系统浏览行情、发送报价和达成交易。

2.3.4 交易成员应当通过规范程序授权具备票据交易业务资格的人员通过操作交易员用户代表其进行票据交易。

2.3.5 任何通过用户在票交所系统中进行的操作，均应当视为该用户所归属的系统参与者的行为，由该系统参与者所属法人机构承担行为后果。

2.4 交易方式是指在交易系统达成票据交易的方式，包括询价、匿名点击和点击成交等。询价交易方式下，报价方式包括意向询价和对话报价。

2.5 票据要素包括：

（1）所属机构。

（2）票据号码。

（3）票据介质：包括纸质商业汇票（以下简称纸票）和电子商业汇票（以下简称电票）。

（4）票据类别：包括银行承兑汇票（以下简称银票）和商业承兑

汇票（以下简称商票）。

（5）票据金额。

（6）出票日期。

（7）到期日期。

（8）出票人：票据的出票人名称。

（9）承兑行/承兑人开户行：银票为承兑行名称，商票为承兑人开户行名称。

（10）承兑行/承兑人开户行行号：银票为承兑行的大额支付系统行号，商票为承兑人开户行的大额支付系统行号。

（11）承兑行/承兑人开户行类型。

（12）信用主体：是指票据的无条件付款责任主体中，信用等级最高的金融机构法人。若存在两者或以上信用等级相同的情况，则按付款顺序选择最先付款的主体。

银票的无条件付款责任主体包括承兑行（确认）、贴现人、保证增信行、承兑保证人和贴现保证人。付款顺序为承兑行（确认）、承兑保证人、保证增信行、贴现人、贴现保证人。

商票的无条件付款责任主体包括贴现人、保证增信行和贴现保证人。付款顺序为保证增信行、贴现人、贴现保证人。

（13）信用主体类型。

（14）贴现人。

（15）贴现人行号：贴现人的大额支付系统行号。

（16）承兑行（确认）：若承兑行/承兑人开户行对票据已进行付款确认，则该项为承兑行/承兑人开户行。

（17）保证增信行：若票据已进行保证增信，则该项为保证增信行。

（18）承兑保证人：为票据承兑人承担保证责任的金融机构。

（19）贴现保证人：为票据贴现人承担保证责任的金融机构。

（20）最近买入利率。

（21）最近买入日期。

（22）票据状态。

（23）票据流转阶段。

（24）风险票据状态。

（25）库存状态。

（26）库存机构。

（27）出票人行业分类。

（28）出票人企业规模。

（29）出票人是否三农企业。

2.6 票据完成权属初始登记后即可进行交易。处于挂失止付、公示催告等情形的风险票据、处于保证增信流程中的票据、已质押的票据及通过回购式贴现方式取得的票据不得进行交易。

2.7 交易要素是指由交易系统赋予固定名称及相关参数的，构成票据交易报价和成交的组成部分。交易要素根据转贴现、质押式回购、买断式回购等不同交易品种分别展示。

2.8 交易合同

2.8.1 票据成交单、票据交易主协议及补充协议（若有）构成交易双方之间完整的交易合同。

2.8.2 成交单

2.8.2.1 成交单是交易系统根据交易双方就交易要素达成的一致约定生成的格式化的书面合同。

2.8.2.2 成交单一经达成，对交易双方具有法律约束力。

2.8.3 票据交易无须提供转贴现凭证、贴现凭证复印件、查询查复书及票面复印件等纸质材料。

2.9 交易基本参数

2.9.1 交易系统中使用的利率均为年化利率，利率保留至小数点后 4 位。金额精确到分，分以下四舍五入。

2.9.2 票据交易计算利息金额时的日计数基准为实际天数 /360，

即计息天数按实际天数计算（算头不算尾），一年按360天计算。

2.9.3 票据交易的清算速度包括T+0和T+1。T+0是指成交当日清算，T+1是指成交日的下一工作日清算。

2.9.4 结算日是指票据交易中，票据权属变更和资金结算的日期。

票据回购（包括质押式回购和买断式回购）的结算日包括首期结算日和到期结算日。

转贴现结算日（或回购首期结算日）= 成交日 + 清算速度。

回购到期结算日适用经调整的下一工作日的营业日准则，即一般情况下，到期结算日变更为下一工作日；如下一工作日跨月，则到期结算日变更为上一工作日。

2.9.5 票据交易的应付利息、结算金额、收益率等根据票交所确定的计算公式和参数计算。

2.9.6 结算方式是指票据交易中交易双方采用的资金收付和票据权属变更的方式。

票交所提供票款对付（DVP）和纯票过户（FOP）结算方式。

票款对付是指结算双方同步办理票据过户和资金支付并互为条件的结算方式。

纯票过户是指结算双方的票据过户和资金支付相互独立的结算方式。

交易成员开展票据交易应当采用票款对付，同一法人分支机构间的票据交易可以采用纯票过户。

2.10 交易日与交易时间

2.10.1 交易日为每周一至周五，遇法定节假日调整除外。

2.10.2 交易系统运行时间为8:30–21:00。

2.10.3 交易时段为每交易日9:00-12:00，13:30-16:30；特殊情况下，票交所可以应急延长交易时段；如遇变更，票交所将提前发布公告。

第三章 交易方式与一般流程

3.1 询价交易方式

3.1.1 询价交易方式是指交易双方自行协商确定交易价格以及其他交易要素的交易方式，包括报价/询价、格式化交谈和确认成交三个步骤。

3.1.2 报价/询价

询价交易方式下，报价/询价方式包括意向询价和对话报价。意向询价不能直接成交，必须转化成对话报价后才能成交；对话报价经对手方确认即可成交，属于要约报价。

3.1.2.1 意向询价是指交易成员向全市场、特定群组或单个交易员发出的，表明其交易意向的询价。受价方可以将该询价转化成与询价方的对话报价，进行格式化交谈。交易系统提供不同方向意向询价的模糊匹配和推送功能。

3.1.2.2 对话报价是指交易成员向特定单一交易员发出的交易要素完整、明确的报价，受价方确认即可成交。对话报价只能由卖出方或正回购方发起。对话报价一经发出，不得撤回。

3.1.3 格式化交谈是指交易成员与对手方相互发送的一系列对话报价所组成的交易磋商行为。若其中一方确认成交或终止对话，则格式化交谈结束。

3.1.4 成交

3.1.4.1 交易成员通过格式化交谈就交易要素达成一致后可以向交易系统提交确认成交的请求。

3.1.4.2 请求确认成交的交易符合交易规则及其他风险控制指标的，交易系统予以确认成交。

3.2 点击成交交易方式

3.2.1 点击成交是指交易成员向全市场匿名发送包含全部交易要素（卖出/正回购报价）或除票据清单之外的全部交易要素（买入/逆

回购报价）的点击成交报价，对手方直接点击成交（卖出/正回购报价）或提交符合要求的票据后点击成交（买入/逆回购报价）的交易方式。

3.2.2 报价

3.2.2.1 卖出/正回购点击成交报价需包含所有交易要素（包括票据清单）。

3.2.2.2 买入/逆回购点击成交报价包含除票据清单之外的所有交易要素，但需详细注明标的票据或质押票据的要求（如信用主体类型、剩余期限、票据介质、票据类别等）。

3.2.3 成交

3.2.3.1 买入方/逆回购方可以直接点击卖出报价进行成交。

3.2.3.2 卖出方/正回购方在点击买入/逆回购报价时需提交符合要求的标的票据或质押票据，提交完成并校验通过后，直接成交。

3.3 匿名点击交易方式

3.3.1 匿名点击是指交易双方提交包含关键交易要素的匿名报价，交易系统在双边授信范围内按照"价格优先、时间优先"的原则自动匹配，达成交易，未匹配的报价可供直接点击。

3.3.2 报价

交易双方均可以根据交易系统设置的要求完整填写匿名报价所需关键要素，提交匿名报价。

3.3.3 成交

3.3.3.1 交易系统在各交易成员预先设置的双边授信范围内根据"价格优先、时间优先"的原则对所有匿名报价进行自动匹配。

3.3.3.2 未能匹配成功的报价将展示在交易系统中，其他对手方交易员可以在预先设置的双边授信范围内直接点击该报价。

3.3.3.3 交易过程全部匿名，匹配或点击成功后，交易双方才能看到对手方机构，该笔交易正式达成，交易系统自动生成成交单，并由卖出方/正回购方根据交易系统的规则提交标的票据或质押票据。

3.4 票据挑选

3.4.1 票据挑选是指交易员在发起报价时,通过勾选本交易成员托管账户项下票据资产或买断式回购待返售票据包,或上传票据资产Excel清单的方式,确定报价标的资产。

3.4.2 单笔报价挑选的票据张数不得超过交易系统设置的上限。

3.4.3 票据挑选要求

3.4.3.1 票据挑选需从本交易成员票据托管账户项下的可交易状态的票据中挑选,风险票据和处于保管增信流程中的票据不得挑选。

3.4.3.2 点击成交交易方式下,可挑选的标的票据或质押票据仅限于指定信用主体类型、剩余期限、票据类别和票据介质的票据。

3.4.3.3 匿名点击交易方式下,挑选的符合条件的标的票据或质押票据的票面总额不得低于交易金额或回购金额。

3.4.3.4 票据质押式回购交易可以选择按买断式回购待返售票据包挑选,即挑选已办理的票据买断式回购交易项下形成的待赎回票据包。该票据包不提供清单导入,只可整包交易,不可拆分,不可与其他票据资产组合交易。

3.4.3.5 附带票据清单的报价发送后,交易系统对其报价下的票据予以锁定,其他交易员不得挑选该票据。

3.5 成交

3.5.1 成交单

3.5.1.1 成交单上载有交易双方就交易要素达成一致的约定和其他必要内容,并附票据清单。

3.5.1.2 根据交易成员在票交所系统中提交的成员资料,成交单自动显示交易双方的机构信息和账户信息。

3.5.2 成交变更和撤销

3.5.2.1 交易双方应当根据成交单履行合同义务,不得擅自变更或解除。

3.5.2.2 若交易双方因特殊情况确需解除已达成的交易,应当根据《上海票据交易所应急服务规则》向票交所申请应急撤销成交。

3.6 清算结算

3.6.1 结算方式为票款对付的交易，由票交所系统依据成交单为交易双方办理清算和结算；结算方式为纯票过户的交易，票交所系统仅为其办理票据权属变更登记，资金结算由交易双方自行办理。

3.6.2 因回购到期结算日变更而产生的到期应付利息变动，由票交所系统自动计算并且据此调整到期结算金额。

第四章 票据转贴现

4.1 票据转贴现（以下简称转贴现）是指卖出方将未到期的已贴现票据向买入方转让的交易行为。

4.2 转贴现主要交易要素包括：

（1）交易方向：卖出或买入。

（2）票据类别：银票或商票。

（3）票据介质：纸票或电票。

（4）票面总额。

（5）交易利率。

（6）收益率：收益率 =（票面总额/结算金额 − 1）× 360/加权平均剩余期限。

（7）部分成交选项：买入方是否可以删减报价项下标的票据。

（8）报价有效时间。

（9）最晚结算时间：指在达成交易后，交易双方应当在该约定时间前完成结算，否则该笔交易清算失败，导致清算失败的一方判定违约。

（10）应付利息：应付利息 = Σ（票据金额 × 交易利率 × 剩余期限/360）。

（11）结算金额：结算金额 = 票面总额 − 应付利息。

（12）加权平均剩余期限：加权平均剩余期限 = Σ（票据金额 × 剩余期限）/ 票面总额。

（13）票据张数。

（14）结算日：结算日 = 成交日 + 清算速度。

（15）清算速度：T+0 或 T+1。

（16）结算方式：票款对付（DVP）或纯票过户（FOP）。

（17）清算类型：全额清算。

4.3 转贴现可以采用询价交易方式和点击成交交易方式。询价交易方式下，可以采用意向询价和对话报价方式。

4.4 成交单与票据清单

4.4.1 转贴现成交单载有以下内容：成交时间、成交单编号、交易双方机构信息、交易双方交易员信息、票据类别、票据介质、票面总额、应付利息、结算金额、交易利率、加权平均剩余期限、收益率、票据张数、结算日、结算方式、清算类型、最晚结算时间、交易双方账户信息。

4.4.2 转贴现成交单所附票据清单载有以下要素：成交单编号、序号、票据号码、票据类别、票据介质、票据金额、出票日期、到期日期、出票人、承兑行/承兑人开户行、成交日、结算日、剩余期限、交易利率、收益率、应付利息、结算金额。

第五章 票据质押式回购

5.1 票据质押式回购（以下简称质押式回购）是指正回购方在将票据出质给逆回购方融入资金的同时，双方约定在未来某一日期由正回购方按约定金额向逆回购方返还资金、逆回购方向正回购方返还原出质票据的交易行为。

5.2 质押式回购主要交易要素包括：

（1）交易方向：正回购或逆回购。

（2）票据类别：银票或商票。

（3）票据介质：纸票或电票。

（4）回购期限：最短为1天，最长为 Min ["质押票据最短剩余

期限 –1"或"买断式回购待返售票据包的买断式回购剩余期限 –1",365 天]。

（5）首期结算日：首期结算日 = 成交日 + 清算速度。

（6）到期结算日：到期结算日 = 首期结算日 + 回购期限，到期结算日应不为法定休假日。

（7）票面总额。

（8）回购金额：正回购方在回购到期时实际返还的金额。

（9）回购利率。

（10）回购收益率：根据首期结算金额、到期结算金额和回购期限计算出的实际融资成本，回购收益率 =（到期结算金额 / 首期结算金额 –1）× 360/ 回购期限。

（11）部分成交选项：逆回购方是否可以删减报价项下质押票据。

（12）报价有效时间。

（13）最晚首期结算时间：指在达成交易后，交易双方应当在该约定时间前完成结算，否则该笔交易清算失败，导致清算失败的一方判定违约。

（14）应付利息：应付利息 = 回购金额 × 回购期限 × 回购利率 / 360。

（15）首期结算金额：首期结算金额 = 回购金额 — 应付利息。

（16）到期结算金额：到期结算金额 = 回购金额。

（17）票据张数。

（18）清算速度：T+0 或 T+1。

（19）结算方式：票款对付（DVP）或纯票过户（FOP）。

（20）清算类型：全额清算。

5.3 质押式回购可以采用询价交易方式和匿名点击交易方式。询价交易方式下，可以采用意向询价和对话报价方式。

5.4 质押式回购交易要求足额质押，即质押式回购的回购金额不得超过质押票据的票面总额。

5.5 质押式回购的质押票据可以是单张票据的组合，也可以是买断式回购待返售票据包。

5.6 质押式回购期间，质押票据如遇以下情形，交易双方协商一致要求提前回购全部或部分质押票据的，应当向票交所提交书面申请。经票交所同意后，由场务协助完成提前回购所涉票据的相关权属变更。

（1）回购票据遇挂失止付、公示催告或被有权机关采取查封、冻结等保全或执行措施等情形。

（2）承兑人存在破产清算、公司解散或被责令终止业务活动等已明确会严重影响票据到期兑付的情形。

（3）交易一方存在机构合并、分立或撤销等情形。

（4）交易双方协商一致的其他情形。

5.7 质押式回购期间，质押票据如遇挂失止付、公示催告或被有权机关查封、冻结等票据权利受限制的情况，经交易双方协商一致，正回购方应按照交易双方的约定提供其他票据，为逆回购方设置质押登记，该等其他票据的票据金额不得低于原质押票据的票据金额。逆回购方应在正回购方按照约定向其出质该等其他票据后的下一个营业日，解除原质押票据上的质权。

5.8 成交单与票据清单

5.8.1 质押式回购成交单载有以下内容：成交时间、成交单编号、交易双方机构信息、交易双方交易员信息、票据类别、票据介质、票面总额、应付利息、回购金额、首期结算金额、到期结算金额、回购利率、回购期限、回购收益率、票据张数、首期结算日、到期结算日、结算方式、清算类型、最晚首期结算时间、交易双方账户信息。

5.8.2 质押式回购成交单所附票据清单载有以下要素：成交单编号、序号、票据号码、票据类别、票据介质、票据金额、出票日期、到期日期、出票人、承兑行/承兑人开户行、成交日、首期结算日、到期结算日、回购期限、回购利率、回购收益率、应付利息、首期结算金额、到期结算金额。

第六章　票据买断式回购

6.1　票据买断式回购（以下简称买断式回购）是指正回购方将票据卖给逆回购方的同时，双方约定在未来某一日期，正回购方再以约定价格从逆回购方买回票据的交易行为。

6.2　买断式回购主要交易要素包括：

（1）交易方向：正回购或逆回购。

（2）票据类别：银票或商票。

（3）票据介质：纸票或电票。

（4）回购期限：最短为1天，最长为Min["标的票据最短剩余期限–1"，365天]。

（5）首期结算日：首期结算日=成交日+清算速度。

（6）到期结算日：到期结算日=首期结算日+回购期限，到期结算日应不为法定休假日。

（7）票面总额。

（8）回购收益率：根据首期结算金额、到期结算金额和回购期限计算出的实际融资成本，回购收益率=（到期结算金额/首期结算金额–1）×360/回购期限。

（9）部分成交选项：逆回购方是否可以删减报价项下标的票据。

（10）报价有效时间。

（11）最晚首期结算时间：指在达成交易后，交易双方应当在该约定时间前完成结算，否则该笔交易清算失败，导致清算失败的一方判定违约。

（12）首期交易利率：首期交易的交易利率。

（13）到期交易利率：到期交易的交易利率。

（14）首期应付利息：首期应付利息=Σ（票据金额×首期交易利率×首期剩余期限/360），首期剩余期限=票据到期日期–首期结算日。

（15）到期应付利息：到期应付利息 =Σ（票据金额 × 到期交易利率 × 到期剩余期限 / 360），到期剩余期限 = 票据到期日期 − 到期结算日。

（16）首期结算金额：首期结算金额 = 票面总额 − 首期应付利息。

（17）到期结算金额：到期结算金额 = 票面总额 − 到期应付利息。

（18）票据张数。

（19）清算速度：T+0 或 T+1。

（20）结算方式：票款对付（DVP）或纯票过户（FOP）。

（21）清算类型：全额清算。

6.3 买断式回购应当采用询价交易方式。询价交易方式下，可以采用意向询价和对话报价方式。

6.4 买断式回购期间，如遇以下情形，交易双方协商一致要求提前赎回全部或部分标的票据的，应当向票交所提交书面申请。经票交所同意后，由场务协助完成提前赎回所涉票据的相关权属变更。

（1）承兑人存在破产清算、公司解散或被责令终止业务活动等已明确会严重影响票据到期兑付的情形。

（2）交易一方存在机构合并、分立或撤销等情形。

（3）交易双方协商一致的其他情形。

6.5 买断式回购形成的待返售票据包，在回购期间可以再用于办理质押式回购，办理质押式回购的到期结算日应当早于原买断式回购到期结算日。

如买断式回购期间票据包中出现风险票据，逆回购方可以按规定处置风险票据。回购到期时，若仍然存在风险票据，则到期清算失败，不作为交易双方的违约事件。交易双方协商一致后，可以在线下进行资金清算，并向票交所申请办理票据权属变更。

6.6 成交单与票据清单

6.6.1 买断式回购成交单载有以下内容：成交时间、成交单编号、交易双方机构信息、交易双方交易员信息、票据类别、票据介质、票面总额、首期应付利息、到期应付利息、首期结算金额、到期结算金额、首期交易利率、到期交易利率、回购收益率、回购期限、票据张数、首期结算日、到期结算日、结算方式、清算类型、最晚首期结算时间、交易双方账户信息。

6.6.2　买断式回购成交单所附票据清单载有以下要素：成交单编号、序号、票据号码、票据类别、票据介质、票据金额、出票日期、到期日期、出票人、承兑行/承兑人开户行、成交日、首期结算日、到期结算日、回购期限、首期剩余期限、到期剩余期限、首期交易利率、到期交易利率、回购收益率、首期应付利息、到期应付利息、首期结算金额、到期结算金额。

第七章　市场监测

7.1　票交所负责票据市场的日常监测。

7.2　交易成员发现票据业务有违规违约行为的，应当及时向票交所反映或举报。票交所可以根据实际需要向交易双方了解、核实有关情况，当事的交易成员应当积极配合票交所调查，向票交所提供涉及违规违约行为的资料和证明。

7.3　票交所对票据交易中的异常情况，有权向相关交易成员了解情况，交易成员应当根据票交所的要求提供相应说明。

7.4　票交所发现交易成员违反票交所相关业务规则的，可以要求其立即停止相关行为，并根据情节轻重予以通报、暂停交易和取消系统参与资格等处理，同时按照相关规定向中国人民银行报告。

7.5　本规则认定的违规行为包括：

（1）在票交所之外开展已贴现的纸质票据交易的。

（2）恶意操纵票据交易价格，或制造票据虚假价格的。

（3）擅自变更或解除成交单的。

（4）达成票据交易后，恶意不履行合同义务的。

（5）重要资料或信息发生变更但未及时向票交所提交变更后的资料或信息，从而对交易造成不良影响的。

（6）恶意破坏票交所系统或者未按票交所系统使用规范操作系统从而影响票交所系统正常运行的。

（7）非法利用他人账户从事票据交易，或出借自己或者他人的账户的。

（8）其他违反中国人民银行相关管理办法和本规则的行为。

第八章 交易相关服务

8.1 票交所为交易成员在票交所系统达成的票据交易提供权属变更、资金清算等服务。

8.2 票交所通过票交所系统、票交所门户网站及授权信息服务机构向交易成员提供信息服务。票交所可以根据中国人民银行的要求或市场发展需要，调整信息服务的方式和内容。

8.3 票交所向交易成员提供信息服务的，或者授权信息服务机构向交易成员提供信息服务的，交易成员及信息服务机构应当与票交所签订信息服务协议或许可协议，并应当遵守票交所信息管理相关规定。

8.4 未经票交所许可，任何系统参与者及其从业人员不得发布票据交易的即时行情，不得发布、以商业目的使用、传播或经营票交所所有的信息。经票交所许可使用信息的机构或个人，未经票交所同意，不得将信息提供给其他机构和个人使用或予以传播。

8.5 交易成员无法使用交易系统的票据提交、成交等功能，或因特殊情况需要应急撤销报价或成交时，可以依据《上海票据交易所应急服务规则》向票交所申请应急服务。

第九章 附则

9.1 如遇不可抗力，票交所有权决定暂停全部或部分交易。

9.2 本规则由票交所负责解释，自发布之日起施行。

附录三

上海票据交易所票据登记托管清算结算业务规则

第一章 总则

第一条 为规范票据登记托管、清算结算业务行为，维护业务各方合法权益，根据《中华人民共和国票据法》《票据交易管理办法》（中国人民银行公告〔2016〕第29号公布）等法规制度，制定本规则。

第二条 上海票据交易所（以下简称票交所）是中国人民银行指定的提供票据交易、登记托管、清算结算和信息服务的机构。

第三条 系统参与者通过中国票据交易系统（以下简称票交所系统）办理票据登记托管、清算结算业务遵守本规则。

第二章 票据托管账户与资金账户

第四条 票据托管账户是指票交所为系统参与者开立的、用以记载其持有票据的余额及变动等情况的电子簿记账户。系统参与者对其票据托管账户内的票据享有票据权利。

第五条 资金账户是指人民银行或票交所为系统参与者开立的、用于票据业务结算及资金收付的电子簿记账户。

第六条 票据托管账户分设以下三个科目：

（一）可用。用于记载系统参与者持有并能够依法依规开展交易、质押、保证、提示付款及追偿等业务行为的票据余额及变动情况。

（二）质押。用于记载系统参与者作为出质人持有并已质押的票据余额及变动情况，不包括用于质押式回购交易的出质票据。

（三）质押式回购待赎回。用于记载系统参与者作为质押式回购交易正回购方持有且未赎回的票据余额及变动情况。

第七条 系统参与者应当在票交所开立票据托管账户，委托票交所托管其持有的票据。一个系统参与者只能开立一个票据托管账户，人民银行另有规定的除外。

具有法人资格的系统参与者应当以法人名义开立票据托管账户；经法人授权的分支机构系统参与者应当以分支机构名义开立票据托管账户；非法人产品系统参与者应当以产品名义单独开立票据托管账户。

第八条　具有法人资格的系统参与者和非法人产品系统参与者可以在票交所开立非银资金账户。

系统参与者可以将其在支付系统关联的直接参与者清算账户指定为资金账户。如系统参与者和直接参与者不属于同一法人，则需要提供直接参与者出具的清算账户使用授权书。

第九条　系统参与者申请加入票交所后，票交所系统自动为其开立票据托管账户，并生成对应的托管账号。托管账号的第一位为C，后21位为机构编号。

系统参与者在票交所开立非银资金账户的，票交所系统自动为其生成非银资金账号。资金账号的第一位为F，后21位为机构编号。

票据托管账户和非银资金账户采用实名制，不得出租、出借或转让。

第十条　票交所依据系统参与者业务行为指令对其票据托管账户和非银资金账户进行管理和维护，据实记载其票据托管账户和非银资金账户余额及变动情况。

第十一条　非银资金账户持有人应当确保其资金账户余额充足，保证票据业务结算顺利完成。

票交所不为非银资金账户提供透支、垫资或现金存取服务。

第十二条　系统参与者可通过票交所系统查询其票据托管账户和非银资金账户余额及变动情况。对查询结果有异议的，可向票交所申请核查。

第十三条　系统参与者可申请注销票据托管账户和非银资金账户。申请注销时，系统参与者应当确认其票据托管账户和非银资金账户余额为零、且无未了结或未承接的票据权利义务。

非法人产品到期后,其产品管理人应当及时为该产品办理票据托管账户和非银资金账户注销手续。

第十四条 系统参与者连续两年未在票交所发生任何业务且未申请延期的,票交所在确认其票据托管账户和非银资金账户余额为零、且无未了结或未承接的票据权利义务后,有权注销该票据托管账户和非银资金账户,并通知系统参与者。

非法人产品到期后一个月内未主动办理票据托管账户和非银资金账户注销手续的,票交所在确认其账户余额为零、且无未了结或未承接的票据权利义务后,有权注销该票据托管账户和非银资金账户。

系统参与者退出票交所的,退出完成后票交所注销其票据托管账户和非银资金账户。

第十五条 系统参与者对票交所的未履行债务,不因票据托管账户和非银资金账户的注销而解除。

第十六条 系统参与者发生名称变更的,应当于十五个工作日内向票交所申请变更名称信息,票据托管账户和非银资金账户名称相应调整,托管账号保持不变。

第十七条 系统参与者发生合并或分立的,作为存续机构、新设机构、退出机构的系统参与者账户处理规则如下:

存续机构承接原系统参与者的票据托管账户和非银资金账户,涉及名称变更的,应当申请变更名称信息;新设机构应当重新申请加入票交所,新开立票据托管账户和非银资金账户;退出机构退出完成后,注销其票据托管账户和非银资金账户。

第十八条 票交所对系统参与者的票据托管账户和非银资金账户信息保密,未经同意不得公开或向第三方披露,法律法规另有规定的除外。

第三章 票据登记托管

第一节 权属初始登记

第十九条 权属初始登记是指系统参与者将票据权属在票交所

电子簿记系统予以记载并增加其票据托管账户余额的行为。

第二十条 系统参与者应当不晚于票据贴现信息登记的次一工作日完成权属初始登记。

权属初始登记应当包括以下内容：票据类别、票据号码、票据金额、票据到期日、承兑行或付款人开户行行号、承兑行或付款人开户行名称、持票行行号及持票行名称。

第二十一条 系统参与者在票交所系统进行票据权属初始登记，应当确保登记信息真实、有效，并承担因登记信息错误造成损失的赔偿责任。

第二十二条 票据权属初始登记后，系统参与者方可通过票交所系统开展交易、质押、保证等业务。

第二节 变更登记

第二十三条 变更登记是指因交易、非交易等原因导致系统参与者票据权益变动，票交所在其票据托管账户中办理变更的行为。

第二十四条 变更登记包括交易变更登记和非交易变更登记。

系统参与者因办理转贴现、质押式回购、买断式回购等交易业务导致票据权益变动的，票交所为其办理交易变更登记。

系统参与者因办理质押、追偿、非交易过户等业务导致票据权益变动的，票交所为其办理非交易变更登记。

第二十五条 转贴现交易导致系统参与者票据权属发生变动的，票交所依据结算指令将所涉票据权属由卖出方变更至买入方。

第二十六条 质押式回购交易首期结算时，票交所依据结算指令对正回购方所涉票据进行质押登记；质押式回购交易到期结算时，票交所依据结算指令进行质押解除登记。

第二十七条 买断式回购交易首期结算时，票交所依据结算指令将所涉票据权属由正回购方变更为逆回购方；买断式回购交易到期结算时，票交所依据结算指令将所涉票据权属由逆回购方变更为正回购方。

第二十八条　质押式回购交易发生提前赎回、替换质押票据、到期结算失败，以及买断式回购交易发生到期结算失败等情况，票交所依据相关业务的处理结果对所涉票据进行交易变更登记。

　　第二十九条　系统参与者因办理质押、质押解除业务导致票据权益变动的，票交所为其办理质押、质押解除登记。

　　第三十条　票据经追偿，承兑人、出票人以外的被追偿人清偿债务的，票交所将所涉票据权属由票据权利人变更至被追偿人。

　　第三十一条　因法院强制执行、税收、债权债务承继、赠与等原因导致票据权益变动的，票交所依据系统参与者提交的合法有效法律文件，为其办理非交易变更登记。

　　第三十二条　票交所收到系统参与者提交的挂失止付、公示催告、司法冻结等登记信息或解除登记信息后，对所涉票据办理非交易变更登记。

第三节　注销登记

　　第三十三条　注销登记是指因提示付款、追偿、除权判决等情况导致票据结清或作废的，票交所对所涉票据进行注销并相应减少票据托管账户余额的行为。

　　第三十四条　票据经提示付款或追偿，由承兑人或出票人清偿票据债务的，票交所对所涉票据进行注销登记。

　　第三十五条　票据经除权判决被人民法院宣告无效的，票交所依据承兑人或承兑人开户行提交的已生效除权判决书，对所涉票据进行注销登记。

　　第三十六条　票据因虚假登记、关键信息登记错误或被鉴定为伪假票据的，票交所依据系统参与者提交的申请文件，对所涉票据进行注销登记。

第四章　清算结算

　　第三十七条　票交所作为支付系统的直接参与者，在人民银行开立清算账户，为系统参与者的票据业务提供清算结算服务。

第三十八条 系统参与者在票交所开立非银资金账户的，票交所通过该资金账户和票交所在人民银行开立的清算账户为其办理票据业务的资金清算结算。系统参与者未在票交所开立非银资金账户的，票交所通过其在支付系统关联的直接参与者清算账户为其办理票据业务的资金清算结算。

第三十九条 票交所的结算时间与支付系统受理业务时间保持一致。

交易双方可约定最晚结算时间，但不得晚于支付系统业务截止时间。

第四十条 票据交易达成后，票交所依据成交单计算交易双方对该笔交易的应收应付义务，生成结算指令，并于结算日按照实时逐笔的原则办理票据和资金的结算。

第四十一条 票据交易的资金结算完成后，结算指令不可撤销。

第四十二条 票据转贴现交易中，截至双方约定的最晚结算时间，卖出方票据托管账户标的票据不足、买入方资金账户余额不足或交易双方任何一方未进行结算确认的，判定为结算失败。

第四十三条 票据质押式回购和买断式回购交易的首期结算日，截至双方约定的最晚结算时间，正回购方票据托管账户标的票据不足、逆回购方资金账户余额不足或交易双方任何一方未进行结算确认的，判定为结算失败。

票据质押式回购和买断式回购交易的到期结算日，截至支付系统业务截止时间，逆回购方票据托管账户标的票据不足或正回购方资金账户余额不足的，判定为结算失败。

第四十四条 买断式回购交易存续期间，因公示催告等原因导致票据无法正常结算的，判定为结算失败。

第四十五条 票据提示付款日，已付款确认或提示付款应答为同意付款的，票交所系统依据承兑人（或承兑人开户行）、承兑人的保证人委托扣划资金账户款项。

截至支付系统业务截止时间,承兑人(或承兑人开户行)、承兑人的保证人资金账户余额不足的,判定为托收结算失败。

第四十六条 追偿人发出追偿指令的,票交所系统依据追偿顺序扣划被追偿人资金账户款项。

截至支付系统业务截止时间,被追偿人的资金账户余额不足的,判定为追偿结算失败。

第四十七条 非银资金账户持有人办理票据业务的资金清算结算且为应付资金方时,应当提前办理入金业务,将款项汇入其非银资金账户。

非银资金账户持有人办理出金业务时,应当在营业日16:40前向票交所系统发送出金结算指令,将非银资金账户款项划转至其预留的银行结算账户。

第五章 附则

第四十八条 本规则由票交所负责解释,自发布之日起实施。

附录四

票据交易主协议

（2016年版）

为促进票据交易的顺利开展，明确业务参与各方的权利义务，维护业务参与各方的合法权益，根据《中华人民共和国票据法》《中华人民共和国合同法》《中华人民共和国电子签名法》《票据交易管理办法》等法律法规，业务参与各方在平等、自愿的基础上签署《票据交易主协议》。

通用条款

第一条　协议的构成与效力

（一）交易双方关于票据交易的协议（以下简称"交易协议"）由以下部分构成：

1.通用条款。

2.适用的特别条款。

3.适用的补充协议（若有）。

4.成交单。

上述第1项和第2项构成交易主协议（以下简称"主协议"）。

（二）对交易协议下的每一笔票据交易而言，主协议、补充协议（若有）和该笔票据交易的成交单构成交易双方之间就该笔票据交易的完整协议。

（三）通用条款与适用的特别条款不一致的，适用的特别条款有优先效力；补充协议与主协议不一致的，补充协议有优先效力；就单笔票据交易而言，在主协议、补充协议、成交单出现不一致时，效力优先顺序如下：成交单、补充协议、主协议。

第二条　主协议的适用

票据业务参与各方签署主协议之后,在上海票据交易所(以下简称"票据交易所")办理的票据业务适用主协议。

第三条　承诺与遵守

为保障票据交易的顺利开展,维护业务参与各方的合法权益,各主协议签署方郑重承诺遵守以下条款,并承担相应法律责任。

(一)主协议签署方承诺遵守《中华人民共和国票据法》《中华人民共和国合同法》《中华人民共和国电子签名法》《票据交易管理办法》等有关法律法规和票据交易所相关规章制度。

(二)主协议签署方承诺其与相对方签署的其他协议与本条款内容没有冲突。

(三)主协议签署方应采取切实有效的措施以保障自身系统安全稳定运行和业务正常处理。

(四)纸质票据贴现前,主协议签署方办理承兑、质押、保证等业务,应不晚于业务办理的次一营业日在票据交易所完成相关信息登记工作。纸质票据票面信息与登记信息不一致的,以纸质票据票面信息为准。信息登记错误的,应予以纠正。

(五)主协议签署方作为承兑人、承兑人开户行、贴现人、保证增信行、保证人、票据保管人、持票人、出质人或质权人时,应严格履行如下义务,并享有相关权利。

1. 承兑人

(1)完成承兑信息登记工作。信息登记错误的,应予以纠正。若因登记错误给他人造成损失的,应承担相应的赔偿责任。

(2)收到挂失止付通知、公示催告等相关司法文书并确认相关票据确未付款的,立即依法暂停支付并在票据交易所登记相关信息。

(3)收到纸质票据影像确认的付款确认请求或收到实物确认的付款确认请求及票据实物后,应在三个营业日内进行确认,并做出应答。

（4）对付款确认请求做出应答时，有权要求票据保管人移送票据进行实物确认；有权对票据真伪或背书连续性提出异议，但应指出其对背书连续性存在异议的全部理由。

（5）对电子银行承兑汇票承兑后，即视同于已对其进行付款确认。

（6）进行付款确认后，除挂失止付、公示催告等合法抗辩情形外，无条件委托票据交易所在票据到期日划付资金至持票人资金账户。若余额不足，委托票据交易所按票面金额逐日连续扣款。

（7）对纸质票据进行实物确认或影像确认后，若因票据伪假或票据金额、到期日、付款人、出票人、票据号码信息登记错误，给持票人造成损失的，应承担赔偿责任。

（8）因票据伪假或票据金额、到期日、出票人、票据号码信息登记错误承担赔偿责任后，有权向贴现人进行追偿。

（9）未对纸质票据进行实物确认或影像确认的，收到提示付款请求后，在当日做出应答。同意付款的，在提示付款日无条件委托票据交易所划付资金至持票人资金账户；若余额不足，委托票据交易所按票面金额逐日连续扣款。拒绝付款的，在提示付款日出具合法抗辩事由的拒付证明。

2. 承兑人开户行

（1）根据承兑人委托及时、准确、完整登记纸质商业承兑汇票承兑信息。信息登记错误的，应予以纠正。若因登记错误给他人造成损失的，应承担赔偿责任。

（2）收到挂失止付通知、公示催告等相关司法文书并确认相关票据确未付款的，立即通知承兑人并代其依法暂停支付并在票据交易所登记相关信息。

（3）收到纸质票据影像确认的付款确认请求或收到实物确认的付款确认请求及票据实物后，根据承兑人的委托在三个营业日内做出同意或拒绝到期付款的应答。承兑人拒绝到期付款的，应代承兑人说明理由。

（4）对付款确认请求做出应答时，有权根据承兑人的委托要求票据保管人移送票据进行实物确认；有权根据承兑人的委托指出承兑人对票据真伪或背书连续性存在异议的全部理由。

（5）电子商业承兑汇票承兑后，即视同于已根据承兑人委托对电子商业承兑汇票进行付款确认。

（6）根据承兑人委托对商业承兑汇票付款确认后，除挂失止付、公示催告等合法抗辩情形外，应根据承兑人的委托于提示付款日扣划承兑人账户资金，并将相应款项划付至持票人账户。

（7）根据承兑人的委托在提示付款当日进行应答。承兑人存在合法抗辩事由拒绝付款的，在提示付款当日代承兑人出具拒绝付款证明，并通过票据交易所通知持票人。

（8）进行实物确认后，代票据权利人妥善保管纸质商业承兑汇票。

3. 贴现人

（1）办理纸质票据贴现前，通过票据交易所查询票据承兑信息，信息不存在或已登记承兑信息与《中华人民共和国票据法》第二十二条规定的票据必须记载事项不一致的，不办理贴现。

（2）办理纸质票据贴现后，应在票据上记载"已电子登记权属"字样，并对纸质票据进行妥善保管，以确保其不再以纸质形式进行背书转让、设定质押或其他交易行为。

（3）办理纸质票据贴现后，在票据交易所进行票据登记，并确保登记的权属信息真实、有效、准确、完整。

（4）登记票据信息时，因票据伪假或未认真核对承兑信息，导致票据金额、票据到期日、付款人、出票人、票据号码错误，给持票人造成损失的，向持票人支付原登记的票据金额并赔偿其实际损失。

（5）被追索或承担赔偿责任时，无条件委托票据交易所划付相关资金。

（6）被追索或承担赔偿责任后，有权对出票人、承兑人等行使再追索权或要求承担相关赔偿责任。

（7）因票据背书不连续承兑人要求补充说明的，配合票据保管人提供补充说明。

4. 保证增信行

（1）妥善保管纸质票据实物。

（2）被追偿时，无条件委托票据交易所划付相关资金。

5. 保证人

（1）被追索时，无条件委托票据交易所划付相关资金。

（2）履行保证义务后，有权向被保证人及其前手进行追索。

6. 票据保管人

（1）采取切实措施保证纸质票据不被挪用、污损、涂改和灭失，并承担因保管不善引发的相关赔偿责任。

（2）因保管不善或其他原因导致纸质票据遗失、损毁的，应及时通知持票人等相关各方，并配合持票人办理公示催告等相关法律事宜。

（3）向承兑人发起付款确认请求。承兑人要求实物确认的，将票据送达承兑人；因票据背书不连续承兑人要求补充说明的，配合提交补充说明。

（4）在保管的票据发生法律纠纷时，依据有权申请人的申请提供相应票据实物。

（5）在承兑人或出票人付款后将票据实物参照会计档案保管要求保管。

7. 持票人

（1）在提示付款期内通过票据交易所提示付款。

（2）提示付款后承兑人拒绝付款的，可以按照保证增信行（若有）、贴现人、贴现人的保证人（若有）的顺序进行追索或追偿。

（3）放弃对前手背书人行使追索权，但保留对票据出票人、承兑人、承兑人的保证人、贴现人、贴现人的保证人（若有）及贴现人前手背书人的追索权。

（4）将公示催告期间取得的票据返还前手背书人，直至票据被返还至公示催告前的最后一手持票人。

（5）有权在票据发生法律纠纷时请求票据保管人提供相应票据实物。

（6）如遇公示催告等票据权利受限制的情形时，对外主张票据权利，并依法履行相关法律程序。

（7）收到纸质票据被遗失、毁损的通知后，依法办理公示催告等相关法律事宜。

8. 出质人

（1）通过票据交易所向质权人出质票据。

（2）有权在履行债务后要求质权人通过票据交易所解除质押。

9. 质权人

（1）票据质押到期后，通过票据交易所解除质押。

（2）出质人不履行债务的，有权于票据到期日后行使票据权利。

第四条 交易双方声明与保证

交易一方在签署主协议及补充协议（若有）之时向另一方做出下列声明与保证，除本条第1项下的声明与保证视为在交易协议签署后的每日重复做出外，其他各项声明与保证视为在交易达成及根据交易协议的约定履行支付或交付义务之日重复做出。

1. 其系依法合规成立并有效存续。

2. 其有权并已获充分和必要的授权签署交易协议（及其为一方的与交易协议有关的任何其他文件），并履行在交易协议（及其为一方的与交易协议有关的任何其他文件）下的义务，上述行为不违反任何适用于其的法律法规、公司章程与协议。

3. 其已经取得签署和履行交易协议所需的政府机关、监管机构的同意（若适用）。

4. 以其名义达成和签署交易协议的人员已获得充分和必要的授权；以其名义或代表其从事交易的人员，均已获得充分和必要的授权,且通过了票据交易所必须的业务培训并获得了相关机构颁发的资格证书(若适用)。

5. 其提供的且在补充协议或成交单中列明的文件及信息均真实、准确、完整。

6. 其具备独立评估交易风险的能力,能够对交易中所涉及的法律、财务、税务、会计和其他事项自行调查评估(不依赖另一方的意见),且充分认识并愿意承担交易风险,根据自身的利益和判断进行交易。

7. 其对根据交易协议约定需要向另一方支付的款项、交付的票据拥有完整的所有权或处置权,并且未设定任何形式的影响交易双方权利义务行使的第三方权益。

8. 交易双方在补充协议中约定的其他声明与保证事项。

第五条 定义条款

(一)上海票据交易所:是中国人民银行指定的提供票据交易、登记托管、清算结算和信息服务的机构。

(二)成交单:指通过票据交易所进行票据交易后由系统生成的电子交易单据。

(三)电子银行承兑汇票:指出票人依托电子商业汇票系统(以下简称"ECDS")以数据电文形式签发的,由银行业金融机构或财务公司承兑的,承诺在指定日期无条件支付确定的金额给收款人或者持票人的票据。

(四)纸质银行承兑汇票:指出票人签发的,由银行业金融机构承兑的,承诺在指定日期无条件支付确定的金额给收款人或持票人的票据。

(五)电子商业承兑汇票:指出票人依托 ECDS 以数据电文形式签发的,由银行业金融机构或财务公司以外的付款人承兑的,承诺在指定日期无条件支付确定的金额给收款人或者持票人的票据。

(六)纸质商业承兑汇票:指出票人签发的,由银行业金融机构以外的付款人承兑的，承诺在指定日期无条件支付确定的金额给收款人或者持票人的票据。

（七）票据转贴现（以下简称"转贴现"）：指卖出方将未到期的已贴现票据向买入方转让的交易行为。转贴现所涉票据又称为"转贴现票据"。

（八）票据质押式回购（以下简称"质押式回购"）：指正回购方在将票据出质给逆回购方融入资金的同时，双方约定在未来某一日期由正回购方按约定金额向逆回购方返还资金、逆回购方解除出质票据质押的交易行为。质押式回购所涉票据又称为"质押票据"。

（九）票据买断式回购（以下简称"买断式回购"）：指正回购方将票据卖给逆回购方的同时，双方约定在未来某一日期，正回购方再以约定价格从逆回购方买回票据的交易行为。买断式回购所涉票据又称为"回购票据"。

（十）正回购方：指在质押式回购交易中出质票据、融入资金的一方；或在买断式回购交易中，于首期结算日将票据卖给逆回购方，并在约定的未来某一日期以约定价格从逆回购方买回票据的一方。

（十一）逆回购方：指在质押式回购交易中接受出质票据、融出资金的一方；或在买断式回购交易中，于首期结算日从正回购方买入票据，并在约定的未来某一日期以约定价格将票据卖回正回购方的一方。

（十二）结算日：指票据转贴现交易中，票据权属变更和资金结算的日期。

（十三）首期结算日：指正回购方质押／交付票据，逆回购方向正回购方支付相关资金的日期。

（十四）到期结算日：指正回购方向逆回购方支付相关资金，逆回购方将质押票据解除质押或将回购票据返还正回购方的日期。

（十五）最晚结算时间：指交易双方在票据转贴现／回购交易合同中约定的结算截止时间。

（十六）保证增信行：指对纸质票据进行保管，对贴现人在交易协议下的偿付责任进行先行偿付的商业银行。

（十七）票据登记：指金融机构将票据权属在票据交易所电子簿记系统予以记载的行为。

（十八）票据托管账户：指票据交易所为市场参与者开立的，用以记载其持有票据的余额及变动等情况的电子簿记账户。

（十九）资金账户：就在大额支付系统开立清算账户的银行类法人机构和财务公司资金账户而言，指该机构在人民银行开立的备付金账户；就其他机构或非法人而言，指其在票据交易所开立的资金账户。

（二十）营业日：对于任何付款而言，为相关账户所在地商业银行正常营业的日期（不含法定休假日）；对于任何交付而言，为票据交易所正常营业的日期（不含法定休假日）；对通知或通信而言，为接收方提供的通知地址中指定城市的商业银行正常营业的日期（不含法定休假日）。

（二十一）付款确认：指已贴现票据的票据保管人向承兑人提出对票据到期付款责任进行确认的行为，可采用实物确认或影像确认。

（二十二）实物确认：指票据保管人将票据实物送达承兑人或承兑人开户行，由承兑人在对票据真实性和背书连续性进行审查的基础上对到期付款责任进行确认。

（二十三）影像确认：指票据保管人将票据影像信息发送至承兑人或承兑人开户行，由承兑人在对承兑信息和背书连续性进行确认的基础上对到期付款责任进行确认。

（二十四）电子形式背书：指在票据交易所以数据电文形式记载的背书，和纸质形式背书具有同等法律效力。

（二十五）中国法律：指中华人民共和国（仅为交易协议的目的，不包括香港特别行政区、澳门特别行政区及台湾地区）境内有效施行的法律、法规、规章，以及具有立法、司法或行政管理权限或职能的机构依法发布的具有普遍约束力的规范性文件。

第六条 交易项下支付或交付义务的履行

受限于交易协议其他条款的约束，交易一方在票据交易项下负有向另一方付款的义务（即支付义务），付款方应根据交易协议中要求的时间、货币、金额、账户以及支付路径等条件向另一方进行支付；若交易一方负有向另一方交付票据的义务（即交付义务，包括但不限于转让转贴现票据、回购票据，或在质押票据上设立或解除质押等），除非交易双方另有约定，该交付义务应在交易协议中列明的交付日履行完毕。

第七条 违约事件

下列事件构成交易一方在交易协议下的违约事件：

（一）在交易项下，交易一方未按照交易协议的约定履行支付或交付义务（以下简称为"支付/交付违约"）。

（二）交易一方对交易协议项下的全部或部分义务、交易协议的有效性予以否认或明示将拒绝履行。

（三）交易一方在交易协议下做出的某项声明与保证被证实在做出或被视为做出之日存在实质性的不实陈述、误导或重大遗漏。

（四）在交易一方发生分立后仍然存续，或与另一实体联合，合并或重组，或把其实质性资产转移到另一实体的情况下，该最终存续、承继或受让的实体未能履行或明示将不履行前述交易一方在交易协议下的义务。

（五）交易一方发生下列任一情形的，构成该交易一方对交易协议的违约事件：

1. 解散（出于联合、合并或重组目的而发生的解散除外）。

2. 不能清偿到期债务（包括被宣布提前到期的债务），并且资产不足以清偿全部债务或明显缺乏清偿能力的，已经或可能影响到其在交易协议项下义务的履行的。

3. 书面承认其无力偿还到期债务。

4. 为其债权人利益就其全部或实质性资产达成转让协议或清偿安

排，或就其全部或大部分债务的清偿事宜与债权人做出安排或达成和解协议。

5. 自身或其监管部门启动针对其的接管、破产、清算等行政或司法程序；或其债权人启动针对其的接管、破产、清算等行政或司法程序，导致其被依法宣告破产、停业、清算或被接管，或上述程序在启动后30天内未被驳回、撤销、中止或禁止的；或因违法被主管部门责令终止业务活动。

6. 通过其停业、清算或申请破产的决议。

7. 就自身或自身的全部或大部分资产寻求任命临时清算人、托管人、受托人、接管人或其他类似人员或被任命了任何前述人员。

8. 其债权人作为担保权人采取行动取得了其全部或大部分资产，或使其全部或实质部分资产被查封、扣押、冻结或强制执行，且上述情形在30天内未被相关权力机关撤销或中止。

9. 其他任何与本款第1项至第8项有类似效果的事件。

（六）交易一方未履行其在交易协议下的其他义务，且在另一方发出的未履约通知生效后的第三十天届满时仍未纠正的。但是，作为受影响方的交易一方未能在通用条款第十条第（一）款约定的期限内履行通知、确认以及提供相关证明材料的义务，不构成一项违约事件。

第八条 终止事件

交易一方发生下列任一事件时，即构成一项终止事件，受到该终止事件影响的交易一方或交易双方为受影响方，未受到该终止事件影响的交易一方为非受影响方：

（一）在交易达成后，由于适用法律、法规和部门规章的变动导致履行或维持该笔交易变得不合法或不合规，或遵守关于该笔交易的交易协议下的其他实质性条款变得不合法或不合规。

（二）由于不可抗力事件的发生导致履行交易下的义务、或遵守交易协议下的任何其他实质性条款变得不可能或不切实际，且不可抗力导致的上述情形从发生之日起三个营业日后仍然持续。

因上述约定的一项或多项终止事件导致受影响方构成通用条款第七条第（一）款或第（六）款项下的违约事件的，受影响方不就此承担违约责任，但应及时通知另一方，并应在合理期限内提供证明。若同时构成受影响方在主协议通用条款第七条第（二）至（五）款项下的违约事件，则受影响方应承担违约责任。

第九条　违约事件的处理

（一）如果交易一方发生违约事件，交易双方可协商解决。若协商不一致，守约方有权选择书面通知违约方提前终止发生违约事件的交易，或要求违约方继续履行该交易。守约方有权要求违约方就违约所导致的实际损失进行赔偿。

（二）除交易双方另有约定，守约方拟提前终止发生违约事件的交易时，需在有关违约事件发生后（或在守约方知道或应当知道有关违约事件发生后）的三个营业日内向违约方发出有关通知，并在通知中列明截至提前终止日能够被计算出的违约方应向守约方或守约方应向违约方支付/返还的有关金额（包括但不限于票据本金、利息、罚息或其他应付款项等）及其计算依据和应付款日。

（三）如果守约方未在上述三个营业日内发出有关通知，则视为守约方放弃了单方提前终止发生违约事件交易的权利，但违约方应赔偿守约方的实际损失。

（四）主协议签署方由于票据交易所发生系统故障等意外事件导致其无法履行交易协议项下的义务，不承担违约责任。

第十条　终止事件的处理

（一）受影响方应在获悉终止事件后，立即通知另一方该终止事件的发生，并在发出通知后的十五个营业日内提供相关证明材料。

在非受影响方获悉终止事件，且未收到受影响方的终止事件通知时，非受影响方有权通知受影响方；受影响方应在通知生效后两个营业日内予以回应，并在通知生效后十五个营业日内提供相关证明材料。

（二）交易双方可在终止事件通知生效后进行协商，以避免受影响交易的提前终止。

（三）发生通用条款第八条第（一）款约定的终止事件，受影响方可书面通知另一方提前终止尚未履行或尚未到期的受影响交易，且无须向另一方承担违约责任，受影响交易在通知生效之日被提前终止。受影响交易的正回购方应在该提前终止日向逆回购方支付票据金额以及按照回购利率计算得出的截至该提前终止日的应付利息；逆回购方应在该提前终止日向正回购方返还相关回购票据，或解除正回购方在相关质押票据上设置的质权。如果交易一方逾期未履行上述义务，则应按通用条款约定向另一方支付相应的罚息。

（四）发生通用条款第八条第（二）款约定的终止事件后，受影响方在该事件影响消除前可以暂停履行其在受影响交易下的义务，但应在该事件影响消除后立即恢复履行该等义务。如果一项不可抗力事件从发生之日起三个营业日后仍然持续，交易一方有权书面通知另一方提前终止尚未履行或尚未到期的受影响交易（且任一方均无须向另一方支付罚息）。

（五）在本条项下，若交易一方发出书面通知，则根据通用条款第十八条确定的通知送达生效日为提前终止日；若交易双方均发出书面通知，以先生效的书面通知的生效日为提前终止日。

第十一条　公示催告的处理

（一）主张票据权利

交易协议项下的票据如遇公示催告等票据权利受限制的情形，则由持票人对外主张票据权利，并依法履行相关法律程序。

（二）公示催告期间的交易处理

交易协议项下的票据如遇公示催告，公示催告期间转让票据权利的行为无效。

公示催告期间进行票据交易的交易双方中的任一方均可向票据

交易所提出返还申请，由票据交易所按交易所规则将票据权属逐手返还至公示催告前的最后一手票据持有人，并且将公示催告期间交易资金按票据逐手转让时的实付金额返还至交易相关方，返还金额的计算公式为：返还金额=票据金额×（1-原交易利率或回购利率×原剩余期限/360）。

第十二条 罚息

交易一方未按照交易协议的相关条款确定的提前终止日或应付款日向另一方支付一笔应付款项的或交付相关票据的，应对从该提前终止日或应付款日起（含该日）至实际付款日或实际交付日止（不含该日）的期间向另一方支付罚息。罚息以相关票据的票据金额为基数，罚息利率按日利率万分之五计算。罚息的执行不影响违约期间适用的交易利率或回购利率的计息，若存在多个适用的交易利率或回购利率，则违约期间适用的交易利率或回购利率按其中最高的一个交易利率或回购利率计算。

第十三条 不放弃权利

未行使、迟延行使或部分行使交易协议下的任何权利，不应被视为放弃该权利。

第十四条 可分割性

交易协议任何条款无效、不合法或不可执行不影响交易协议本身及其余条款的效力。

第十五条 电话录音

交易一方可对交易双方之间就交易协议下交易或任何潜在的交易的电话交谈进行录音，并可在不违反中国法律的前提下在争议解决过程中出具该等录音作为证据。

第十六条 保密与信息披露

（一）保密

未经另一方事前书面同意，交易一方不得将与交易协议以及交易协议下交易有关的涉及另一方的任何信息向任何人士披露，但根据本条第（二）款、第（三）款约定做出的披露除外。

（二）法定信息披露

本条不限制交易一方根据相关法律的要求，就与交易协议以及交易协议下交易有关的任何信息进行披露。

（三）双方约定的信息披露

除本条上述第（一）款、第（二）款的约定外，交易一方同意另一方将有关交易协议以及交易协议项下交易的信息交流或披露予另一方的关联方、外部专业顾问或服务提供者，但披露方应确保其关联方、外部专业顾问或服务提供者对所披露的信息承担保密义务。

第十七条 适用法律与争议解决

（一）适用法律

交易协议适用中国法律，应根据中国法律解释。

（二）争议的解决方式

交易双方可通过协商方式解决交易协议项下或与交易协议相关的任何争议、索赔或纠纷。

交易双方若不进行协商或协商未果，应将争议、索赔或纠纷提交票据交易所所在地有管辖权的人民法院解决。

第十八条 通知方式与生效

（一）采用专人递送或速递服务的，于送达回执的签收日生效；但是收件方、收件方的代理人、或对收件方行使破产管理人权限的人士拒绝在送达回执上签收的，发件方可采用公证送达的方式，或可根据交易双方在补充协议中约定的公告送达或留置送达方式做出有效通知，且经公证送达、公告送达或留置送达而生效的通知应被视为在一切方面具有与根据原送达方式而生效的通知相同的效力。

（二）采用挂号邮寄方式送达的，于签收日生效。

（三）采用传真发送的，于收件方确认收到字迹清楚的传真当日生效。

（四）采用电子邮件发送的，于通知进入收件方指定的接受电子邮件的系统之日生效。

（五）采用其他方式的，于交易双方另行约定的时间生效。

若以上日期并非营业日，或通知是在某个营业日的营业时间结束后送达、收到或进入相关系统的，则该通知应被视为在该日之后的下一个营业日生效。

交易双方可在补充协议中约定接收交易协议项下通知的联系方式。若交易一方未与其他交易方签署补充协议，则交易一方在主协议签署页上填写的联系方式可用于接收上述通知。

第十九条　费用

在不造成任何重复计算的前提下，就守约方因保障和行使其在交易协议下的相关权利而产生的所有合理费用和其他开支，以及守约方因为任何交易协议下交易被提前终止而产生的所有合理费用和其他开支，违约方应在守约方的要求下予以全部补偿。

上述合理费用和其他开支包括但不限于守约方取得有关拒绝证明和发出通知书的费用，以及守约方发生的公证费、律师费等追偿费用。

第二十条　标题

交易协议名称以及交易协议所列标题仅出于便于参考之目的，并不影响交易协议的结构且不应被用来解释交易协议的任何内容。

第二十一条　协议的修改

在不违反中国法律的前提下，协议签署各方可在补充协议中对主协议有关条款进行特别约定或对主协议未尽事宜进行补充约定，但不得修改或排除主协议的下述内容：

（一）第一条协议的构成与效力。

（二）第二条主协议的适用。

（三）第三条承诺与遵守。

（四）第四条交易双方声明与保证。

（五）第五条中对"中国法律"的定义。

（六）本第二十一条协议的修改。

（七）第二十二条协议签署。

第二十二条 协议签署

主协议为开放式协议，签署方有效签署后即在已签署主协议的各签署方之间生效。主协议签署方应以法定代表人或授权签字人签字或盖章并加盖公章的方式签署三份，一份由签署方留存，另两份分别送票据交易所和中国银行间市场交易商协会（以下简称"交易商协会"）备案。

协议签署各方之间可根据需要签署补充协议，并及时将补充协议（及其修改）送票据交易所和交易商协会备案。

转贴现特别条款

交易双方开展票据转贴现业务适用本特别条款。

第一条 利息与结算金额的计算

（一）利息计算

$$应付利息 = \Sigma（票据金额 \times 交易利率 \times 剩余期限 / 360）$$

其中：

"剩余期限"指从转贴现结算日（含该日）起至票据到期日（遇非营业日顺延至下一营业日，不含该日）止的期限内的天数（不足一天的按一天计算）。

（二）结算金额计算

$$结算金额 = 票面总额 - 应付利息$$

（三）利息和结算金额的计算单位为元，保留至小数点后两位。

第二条 交易双方的权利义务

（一）买入方的权利和义务

1.买入方的权利

买入方有权要求卖出方于约定的结算日将符合交易要求的、卖出方拥有完整所有权或处置权的转贴现票据，足额交付至买入方托管账户。

2.买入方的义务

买入方应于约定的结算日将结算金额足额支付至卖出方资金账户。

（二）卖出方的权利与义务

1.卖出方的权利

若买入方未按约定足额支付结算金额，卖出方有权要求买入方赔偿其由此产生的实际损失。

2.卖出方的义务

（1）卖出方应将符合交易要求的、其拥有完整所有权或处置权的转贴现票据在约定的结算日交付至买入方托管账户。

（2）卖出方承诺其向买入方交付的转贴现票据不存在被利害关系人申请挂失止付、公示催告或被有权机关查封、冻结等票据权利受限制的情形，并将符合交易要求的转贴现票据足额交付至买入方托管账户。

第三条　支付／交付违约及其赔偿金额的计算

（一）就一笔转贴现交易而言，若买入方资金账户内的资金超过最晚结算时间仍不足额，导致票据交易所系统扣款失败，则构成买入方的一项违约事件；若卖出方托管账户内超过最晚结算时间仍无足额的转贴现票据，导致票据交付失败，则构成卖出方的一项违约事件。

（二）违约方向守约方支付赔偿金额的计算公式

$$赔偿金额 = 违约本金 \times 违约期限 \times 罚息利率$$

其中：

"违约本金"在买入方违约时，指买入方未按约定支付的资金额；在卖出方违约时，指卖出方未按约定交付的转贴现票据所对应的票据金额；

"违约期限"指结算日（含该日）至实际履行日（含该日）的期间内的天数（不足一天的按一天计算）；

"罚息利率"指日利率万分之五。

质押式回购特别条款

交易双方开展票据质押式回购业务适用本特别条款。

第一条 利息、首期结算金额与到期结算金额的计算

（一）利息计算

应付利息＝回购金额×回购利率×回购期限/360

（二）首期结算金额计算

首期结算金额＝回购金额－应付利息

（三）到期结算金额计算

到期结算金额＝回购金额

（四）利息和结算金额的计算单位为元，保留至小数点后两位。

第二条 交易双方的权利义务

（一）逆回购方的权利义务

1.逆回购方的权利

（1）有权要求正回购方于约定的首期结算日的最晚结算时间之前将符合交易要求的、正回购方拥有完整所有权或处置权的质押票据，足额质押给逆回购方。

（2）如遇挂失止付、公示催告或被有权机关查封、冻结等票据权利受限制的情形，有权要求正回购方替换涉及的相关质押票据。经交易双方协商一致，可要求正回购方提前回购。

2.逆回购方的义务

（1）应于约定的首期结算日的最晚结算时间之前，将首期结算金额足额存入逆回购方资金账户。

（2）在收到正回购方支付的到期结算金额或提前回购金额后，应于当日解除在相关质押票据上的质权；但是，若收到上述金额时已超过票据交易所系统的营业时间，则在下一个营业日内解除相关质押票据上的质权。

（二）正回购方的权利义务

1. 正回购方的权利

若逆回购方未按约定将回购资金足额于约定的首期结算日的最晚结算时间之前存入其资金账户，正回购方有权要求逆回购方赔偿由此产生的实际损失。

2. 正回购方的义务

（1）在到期结算日将到期结算金额足额存入正回购方资金账户。

（2）在约定的首期结算日的最晚结算时间之前向逆回购方出质符合交易要求的、其拥有完整所有权或处置权的质押票据。

（3）承诺其向逆回购方出质的质押票据不存在被利害关系人申请挂失止付、公示催告或被有权机关查封、冻结等票据权利受限制的情形。

质押票据如遇挂失止付、公示催告或被有权机关查封、冻结等票据权利受限制的情形，正回购方应向逆回购方提供相关证明或说明，并根据逆回购方要求替换相关的质押票据。

若双方协商一致，正回购方提前回购相关的质押票据，正回购方应在收到逆回购方的书面通知后的三个营业日内向逆回购方全额支付提前回购金额，该金额的计算公式为：

提前回购金额＝到期结算金额×[1－回购利率×（回购期限－实际回购天数）/360]

其中：

"实际回购天数"指首期结算日（含该日）至逆回购方全额支付提前回购金额之日（不含该日）的期间内的天数。

第三条　质押票据替换

质押式回购期间，质押票据如遇挂失止付、公示催告或被有权机关查封、冻结等票据权利受限制的情况，或出现真伪存疑、争议冻结的情形，经交易双方协商一致，正回购方应按照交易双方的约定提供其他票据，为逆回购方设置质押登记，该等其他票据的票据金额不得低于原质押票据的票据总额。逆回购方应在正回购方按照约定向其出质该等其他票据后的下一个营业日，解除原质押票据上的质权。

第四条 违约事件时的质押票据处理机制

（一）质押票据到期前的处理

若正回购方未按交易协议约定在到期结算日回购质押票据的，在违约所涉的质押票据到期前，交易双方均不得处置质押票据。

1. 经交易双方协商一致，正回购方可在最早到期的质押票据到期日前，足额向逆回购方支付该质押票据对应的票据款项。正回购方完成该款项支付后，由交易双方持相关划款证明，向票据交易所申请恢复该质押票据的正常交易。

2. 若交易双方未协商一致，通过诉讼或仲裁方式解决纠纷的，交易一方可依据法院或仲裁机构的生效法律文书向另一方主张权利，并据此要求票据交易所协助做相应处理。

（二）质押票据到期后的处理

逆回购方有权向承兑人提示付款，并收取票据款项。

第五条 支付/交付违约及其赔偿金额的计算

（一）质押式回购的支付/交付违约事件

就一笔质押式回购而言：

1. 若正回购方未能在首期结算日的最晚结算时间之前向逆回购方出质质押票据，或未能在到期结算日向逆回购方足额支付到期结算金额，或未能按照逆回购方的通知足额支付提前回购金额或按照交易双方的约定替换质押票据，则构成正回购方的一项违约事件。

2. 若逆回购方未能在首期结算日的最晚结算时间之前向正回购方足额支付首期结算金额，或在收到正回购方支付的到期结算金额后未能在到期结算日将质押票据解除质押，或未能在收到正回购方替换质押票据或足额支付的提前回购金额之后按照约定将质押票据解除质押，则构成逆回购方的一项违约事件。

（二）违约方向守约方支付赔偿金额的计算公式

1.若在首期结算日发生违约事件，则违约方应向守约方支付的赔偿金额为：

首期违约赔偿金额 = 违约本金 × 违约期限 × 罚息利率

其中：

"违约本金"指回购金额。

"违约期限"指首期结算日（含该日）至实际全额履行支付或交付义务之日（含该日）的期间内的天数（违约期限不足一天的按一天计算）。

"罚息利率"指日利率万分之五，下同。

2.若在到期结算日发生违约事件，则违约方应向守约方支付的赔偿金额为：

（1）正回购方为违约方时，除应向逆回购方足额支付违约本金之外，还应向逆回购方支付到期违约赔偿金额，该金额的计算公式如下：

到期违约赔偿金额 = 违约本金 × 违约期限 × 罚息利率

其中：

"违约本金"指正回购方未付的到期结算金额；

"违约期限"指到期结算日（含该日）至正回购方实际全额履行支付义务之日（不含该日）的期间内的天数。

（2）逆回购方为违约方时，除应向正回购方解除质押票据上的质权之外，还应向正回购方支付到期违约赔偿金，该金额的计算公式如下：

到期违约赔偿金额 = 违约本金 × 违约期限 × 罚息利率

其中：

"违约本金"指逆回购方未解除质押的质押票据所对应的票面金额。

"违约期限"指到期结算日（含该日）至逆回购方实际解除质押之日（不含该日）的期间内的天数。

3. 若在提前回购或替换质押票据项下发生违约事件，则违约方应向守约方支付的赔偿金额为：

（1）正回购方为违约方时，除应按照约定替换原质押票据或经协商一致向逆回购方足额支付提前回购金额之外，还应向逆回购方支付赔偿金额，该金额的计算公式如下：

$$赔偿金额 = 违约本金 \times 违约期限 \times 罚息利率$$

其中：

"违约本金"指正回购方未付的提前回购金额或未替换的质押票据所对应的票据金额。

"违约期限"指正回购方应支付提前回购金额或应完成替换质押票据之日（含该日）至正回购方实际履行该支付或替换义务之日（不含该日）的期间内的天数。

（2）逆回购方为违约方时，除应向正回购方解除原质押票据上的质权之外，还应向正回购方支付赔偿金额，该金额的计算公式如下：

$$赔偿金额 = 违约本金 \times 违约期限 \times 罚息利率。$$

其中：

"违约本金"指逆回购方未解除质押的原质押票据的票据金额。

"违约期限"指逆回购方应解除质押之日（含该日）至逆回购方实际解除质押之日（不含该日）的期间内的天数。

第六条　其他约定

（一）交易协议一旦生效，交易双方不能擅自变更或解除，如经双方协商一致，确有必要对协议内容进行变更或解除协议的，应向票据交易所提出申请，经票据交易所同意后方可办理。

（二）到期结算日如遇法定休假日，统一适用"经调整的下一营业日"准则，即到期结算日变更为下一营业日，若下一营业日跨月，则到期结算日变更为上一营业日。因到期结算日变更而产生的利息变动，由票据交易所系统自动计算并且据此调整到期结算金额，调整利息金额的计算公式为：

调整利息金额＝回购金额×回购利率×调整计息天数/360

其中：

"调整计息天数"指适用"经调整的下一营业日"准则后增加或减少的计息天数。

增加的计息天数表示为正数，由此计算得出的调整利息金额应加入根据未调整的到期结算日计算得出的原到期结算金额；减少的计息天数表示为负数，由此计算得出的调整利息金额应从根据未调整的到期结算日计算得出的原到期结算金额中扣减。

买断式回购特别条款

交易双方开展买断式回购业务适用本特别条款。

第一条 利息、首期结算金额以及到期结算金额的计算

（一）利息计算

首期应付利息＝Σ（票据金额×首期交易利率×首期剩余期限/360）

到期应付利息＝Σ（票据金额×到期交易利率×到期剩余期限/360）

（二）首期结算金额计算

首期结算金额＝票面总额－首期应付利息

（三）到期结算金额计算

到期结算金额＝票面总额－到期应付利息

（四）利息和结算金额的计算单位为元，保留至小数点后两位。

第二条 交易双方的权利义务

（一）逆回购方的权利义务

1. 逆回购方的权利

（1）在首期结算日，有权要求正回购方交付其拥有完整所有权或处置权的回购票据。

（2）在到期结算日，有权要求正回购方支付到期结算金额，以回购相关的回购票据。

2. 逆回购方的义务

（1）在回购期间，不得与其他交易方就回购票据再次办理转贴现业务或买断式回购业务，但可以办理质押式回购业务。

（2）在到期结算日，应按照约定将其拥有完整所有权或处置权的回购票据交付给正回购方。

（二）正回购方的权利义务

1. 正回购方的权利

（1）在首期结算日，有权要求逆回购方按照约定向其支付首期结算金额。

（2）在到期结算日，有权要求逆回购方按照约定向其交付拥有完整所有权或处置权的回购票据。

2. 正回购方的义务

（1）在首期结算日，应将其拥有完整所有权或处置权的回购票据按照约定交付给逆回购方。

（2）在到期结算日，应按照约定向逆回购方支付到期结算金额，以回购相关的回购票据。

第三条　违约事件时的回购票据处理机制

若正回购方在到期结算日未按照约定向逆回购方回购相关的回购票据，则逆回购方有权自行处置该回购票据。

若逆回购方在到期结算日未按照约定向正回购方交付相关的回购票据，则正回购方有权要求逆回购方立即向其返还该回购票据，并在逆回购方完成返还之前暂停应向逆回购方进行的支付。

第四条　支付／交付违约事件及其赔偿金额的计算

（一）买断式回购的违约事件

就一笔买断式回购而言：

1. 若正回购方未能在首期结算日的最晚结算时间之前向逆回购方足额交付回购票据，或未能在到期结算日向逆回购方足额支付到期结算金额,则构成正回购方的一项违约事件。

2.若逆回购方未能在首期结算日的最晚结算时间之前向正回购方足额支付首期结算金额,或在收到正回购方足额支付的到期结算金额后未能在到期结算日将回购票据足额交付给正回购方,则构成逆回购方的一项违约事件。

(二)违约方向守约方支付赔偿金额的计算公式

1.若在首期结算日发生违约事件,则违约方应向守约方支付的赔偿金额为:

首期违约赔偿金额 = 违约本金 × 违约期限 × 罚息利率

其中:

"违约本金"指首期结算金额。

"违约期限"指首期结算日(含该日)至实际全额履行支付或交付义务之日(不含该日)的期间内的天数(违约期限不足一天的按一天计算)。

"罚息利率"指日利率万分之五,下同。

2.若在到期结算日发生违约事件,则违约方应向守约方支付的赔偿金额为:

(1)正回购方为违约方时,除应向逆回购方足额支付违约本金之外,还应向逆回购方支付到期违约赔偿金额,该金额的计算公式如下:

到期违约赔偿金额 = 违约本金 × 违约期限 ×(回购利率 + 罚息利率)

其中:

"违约本金"指正回购方未付的到期结算金额。

"违约期限"指到期结算日(含该日)至正回购方实际全额履行支付义务之日(不含该日)的期间内的天数。

(2)逆回购方为违约方时,除应向正回购方足额交付回购票据之外,还应向正回购方支付到期违约赔偿金,该金额的计算公式如下:

到期违约赔偿金额 = 违约本金 × 违约期限 × 罚息利率

其中：

"违约本金"指逆回购方未交付的回购票据所对应的票据金额。

"违约期限"指到期结算日（含该日）至逆回购方实际履行交付义务之日（不含该日）的期间内的天数。

第五条　其他约定

（一）交易协议一旦生效，交易双方不能擅自变更或解除，如经双方协商一致，确有必要对协议内容进行变更或解除协议的，应向票据交易所提出申请，经票据交易所同意后方可办理。

（二）回购到期结算日如遇法定休假日，统一适用"经调整的下一营业日"准则。即一般情况下，到期结算日变更为下一营业日；如下一营业日跨月，则到期结算日变更为上一营业日。因回购到期结算日变更而产生的到期应付利息变动，由票据交易所系统自动计算并且据此调整到期结算金额，调整后的到期应付利息和到期结算金额的计算公式为：

调整后的到期应付利息＝Σ（票据金额 × 到期交易利率 × 调整后的剩余期限 / 360）

调整后的到期结算金额＝票面总额 － 调整后的到期应付利息

其中：

"调整后的剩余期限"指从根据"经调整的下一营业日"准则调整后的到期结算日（含该日）起至票据到期日（遇非营业日顺延至下一营业日，不含该日）止的期限内的天数（不足一天的按一天计算）。

《票据交易主协议（2016年版）》签署页

签署机构：

法定代表人或授权签字人姓名：

法定代表人或授权签字人签字（盖章）：

签署时间：

签署地点：

签署机构公章：

签署机构地址：

联系电话：

传真号码：

联系人：

电子邮箱：

票据交易主协议（2016年版）
补充协议

本补充协议由：

_____（"甲方"）

和

_____（"乙方"）

于_____年_____月_____日签署并生效。

鉴于甲乙双方均已签署《票据交易主协议》（2016年版）（以下简称"主协议"），为进一步明确双方的权利义务，双方在主协议基础上签署本补充协议，对下列事项做出补充或特别约定。

本补充协议中的一项定义的含义与主协议中的相同定义的含义相同，但本补充协议对该定义的含义另有约定的除外。

一、关于"声明与保证"

为通用条款第四条第5项之目的，就交易一方适用的文件及信息为：

甲方：

乙方：

为通用条款第四条第8项之目的，其他声明与保证事项如下：

_____

_____

_____

_____

二、关于通用条款第十八条通知方式

甲方接收通用条款第十八条第（一）、（二）、（三）、（四）款约定的通知的联系方式包括：

地　　址：_____

收 件 人：＿＿＿＿＿＿＿＿＿＿＿＿＿＿＿＿＿＿＿

邮政编码：＿＿＿＿＿＿＿ 电　　话：＿＿＿＿＿＿＿

传　　真：＿＿＿＿＿＿＿电子邮箱：＿＿＿＿＿＿＿

乙方接收通用条款第十八条第（一）、（二）、（三）、（四）款约定的通知的联系方式包括：

地　　址：＿＿＿＿＿＿＿＿＿＿＿＿＿＿＿＿＿＿＿

收 件 人：＿＿＿＿＿＿＿＿＿＿＿＿＿＿＿＿＿＿＿

邮政编码：＿＿＿＿＿＿＿ 电　　话：＿＿＿＿＿＿＿

传　　真：＿＿＿＿＿＿＿电子邮箱：＿＿＿＿＿＿＿

双方同意采用公告送达、留置送达的有关约定：

＿＿＿＿＿＿＿＿＿＿＿＿＿＿＿＿＿＿＿＿＿＿＿＿＿

＿＿＿＿＿＿＿＿＿＿＿＿＿＿＿＿＿＿＿＿＿＿＿＿＿

＿＿＿＿＿＿＿＿＿＿＿＿＿＿＿＿＿＿＿＿＿＿＿＿＿

三、其他补充约定

＿＿＿＿＿＿＿＿＿＿＿＿＿＿＿＿＿＿＿＿＿＿＿＿＿

＿＿＿＿＿＿＿＿＿＿＿＿＿＿＿＿＿＿＿＿＿＿＿＿＿

＿＿＿＿＿＿＿＿＿＿＿＿＿＿＿＿＿＿＿＿＿＿＿＿＿

＿＿＿＿＿＿＿＿＿＿＿＿＿＿＿＿＿＿＿＿＿＿＿＿＿

＿＿＿＿＿＿＿＿＿＿＿＿＿＿＿＿＿＿＿＿＿＿＿＿＿

（本页以下无正文）

《票据交易主协议（2016年版）补充协议》
签署页

甲方：_____ 乙方：_____

授权代表签字：_____ 授权代表签字：_____
单位公章：   单位公章：

附录五

上海票据交易所客户服务协议

(2018年版)

甲方：
法定代表人：
地址：
邮编：

乙方：上海票据交易所股份有限公司
法定代表人：
地址：上海市黄浦区半淞园路 377 号 A 区
邮编：200011

双方同意由乙方向甲方提供票据集中登记托管、报价交易、清算结算以及相应的信息资讯服务，并且双方一致同意遵守本协议。

总则

双方承认，乙方依法制定发布的业务规则是本协议的当然组成部分，甲乙双方负有遵守的义务，但乙方制定业务规则时事先应采用适当方式听取甲方意见并公告实施。

甲方应当在使用乙方服务之前认真阅读全部协议内容，但无论甲方事实上是否在使用乙方服务之前认真阅读了本协议内容，只要甲方使用乙方服务，则本协议对甲乙双方产生约束，届时甲方不得以未阅读本协议的内容或者未获得乙方对甲方关于本协议问询的解答等任何理由，主张本协议无效，或要求撤销本协议。

资格及授权

甲方签署本协议,表明甲方选择直接或通过集中接入与乙方运营的相关系统(以下简称票交所系统)联网的方式接受乙方提供的服务。票交所系统目前包括中国票据交易系统、电子商业汇票系统,如有增、减,解释权归乙方所有。

乙方为甲方提供服务所使用的用户前端包括通用客户端和以接口方式连接的内部系统。甲方可以按照乙方提供的应用程序接口(API)以直连方式与内部系统对接,通过票交所系统的接入点发送和接收相关业务。同时,甲方也可以按照乙方的技术要求搭建客户端硬件、软件环境以及配套通信设施,通过乙方的通用客户端办理相关业务,必要情况下乙方可提供协助。

乙方根据甲方提交的真实有效的证明文件和入市申请,通过票交所系统为甲方创建生成机构信息,并设置机构权限。甲方根据所具有的相关业务权限,通过内部系统或通用客户端办理相关业务。甲方如需修改相关机构信息和机构权限,应向乙方提出书面证明材料,乙方凭以在票交所系统内进行相关信息修改。

甲方申请入市时,乙方应为甲方参与本协议项下的业务创建两名机构管理员用户并进行管理赋权,乙方通过数字证书绑定甲方的机构管理员。甲方如变更或取消机构管理员用户的资格,应向乙方提出书面要求,乙方凭以在票交所系统内办理变更或禁用手续。

甲方其他参与本协议项下业务的操作人员及其下属系统参与者的机构管理员用户的赋权、修改和禁用等管理由甲方机构管理员依据乙方相关业务规则通过票交所系统自行完成。

乙方根据甲方提交的开户资料及入市申请,通过票交所系统为甲方创建生成交易账户、托管账户和资金账户。

乙方向甲方提供甲方票据业务及市场行情等相关信息服务。甲方有权通过系统直连或客户端查询、打印与其票据业务相关的单据、凭证、数据、报表等各类账户和业务信息。

乙方通过在票交所系统中为甲方设置票据业务相关信息查询权限和主动推送的方式,实现票据业务相关信息通知功能。除因乙方系统原因甲方无法获取信息通知外,视同已将票据业务相关信息送达甲方。

因乙方系统原因造成甲方无法获取信息通知的,乙方应当及时补救;非因乙方系统原因造成甲方无法获取信息通知的,乙方应当协助甲方及时获取。

甲方承诺,在本协议存续期间,向乙方提供的所有证件、资料均真实、准确、完整、合法。由于甲方提供的证件、资料有误或发生变更时未及时通知乙方,由此发生的风险和损失由甲方自行承担。

甲方相关操作人员应经乙方培训并认定合格后方可进行本协议项下票据交易业务的操作。

账户

甲方的账户包括其内部各系统参与者的交易账户、托管账户和资金账户。

甲方不得利用在乙方开立的账户进行洗钱及其他违法犯罪活动;不得出租、出借在乙方开立的账户。

甲方应通过交易账户参与票据交易。

甲方有权支配其托管账户中的可用票据。甲方在乙方开立的托管账户中持有的票据不得在非乙方提供的平台或线下进行票据交易。

乙方依据甲方发出的指令及其他有效证明文件,通过票交所系统对甲方托管账户中持有票据的变更情况如实进行记载。

双方承认,票交所系统内托管账户中的记录结果表明该账户持有人所拥有的票据。双方约定,票交所系统的上述记载结果即为符合法律、法规规定的书面要求和文件保存要求的票据表现形式或票据行为背书。同时,票交所系统的上述票据记载结果视为满足法律、法规规定的原件形式要求。双方不得因票交所系统的上述票据记载结果是以电子、光学、磁或者类似手段生成、发送、接收或者储存而被拒绝作为证据使用。

未经甲方书面许可，乙方无权支配或处分甲方托管账户中持有的票据，法律法规、票交所业务规则或双方协议有特别规定或约定的情形除外。

乙方对甲方托管账户中的票据负有妥善托管及保密的义务，未经甲方许可不得擅自对外提供甲方托管账户的相关资料。但在有权机构依据法律法规提出查询、冻结、扣划等要求时，乙方应予配合，无须征得甲方许可。

甲方应指定票据业务资金账户专门用于甲方票据业务的清算交收和相关资金收付。

甲方在人民银行支付系统开立清算账户的，其票据业务资金账户为甲方清算账户。

甲方未在人民银行支付系统开立清算账户的，乙方为其开立非银资金账户，其票据业务资金账户为非银资金账户。

1.1.1 甲方为非银资金账户的实际持有人，非银资金账户中的资金归甲方所有和支配。甲方享有非银资金账户中的资金孳息（主管部门另有规定的除外），并承担和履行相关责任和义务。

1.1.2 甲方享有非银资金账户查询权限，可查询其非银资金账户的资金变动情况。

1.1.3 甲方根据自身结算需要，可按照乙方公布的规则转出其相应非银资金账户中的资金，但该资金只能自其在乙方开立的非银资金账户划转至该账户同名的银行结算账户。对于甲方不按乙方公布的规则或甲方超出其对应非银资金账户余额的资金汇出申请，乙方不予办理。

1.1.4 乙方不得挪用或擅自动用甲方非银资金账户中的资金，但法律法规、业务规则及双方另有约定的除外。乙方不为甲方非银资金账户提供垫资、透支或现金存取服务。

甲方有权自行修改系统参与者的内部系统账户名称和账号，但应施行相关内部审批流程。因内部系统账户名称和账号信息错误造成的损失，由甲方承担相应责任。

乙方有权使用票交所系统数据用于统计、分析及综合管理。

乙方对与甲方票据业务相关的资金结算情况及甲方非银资金账户资金的变动情况、资金账户资料等内容保密，法律法规另有规定的除外。

乙方为甲方的非银资金账户提供应急服务。甲方需办理应急业务时，应按照乙方公布的应急业务相关规则执行。

甲方因任何原因办理账户注销，乙方应将甲方非银资金账户中的应付利息以及甲方应向乙方支付的各项费用进行结清，并将资金余额划至甲方指定账户。

指令管理

甲方系统为甲方内部系统或票交所系统客户端，乙方系统为票交所系统，电子指令到达对方系统视为已有效送达对方。

双方发出的电子指令，应附有符合《电子签名法》等法律法规规定的可靠电子签名或采取密码验证等安全有效的验证方式。双方应对电子签名或密码等进行形式验证，经形式验证为有效的，即视为该电子指令由对方发出并授权确认。

甲方应对发出指令的真实性、准确性和完整性负责。如甲方的指令不真实、不准确或不完整，因此而导致的任何损失由甲方承担。

当乙方认为一项来自甲方的指令可能使票交所系统有关安全防卫措施遭受破坏时，乙方享有保留不执行或延迟执行该指令的权利。若乙方决定不执行或延迟执行的，乙方应当及时将此等决定通知甲方。

乙方可根据甲方合法有效的书面委托办理税收、继承、赠予、债务清偿等非交易过户。乙方对根据甲方委托办理上述业务的后果不承担任何责任。

如乙方因按本协议执行甲方的指令而造成甲方或第三方的损失，乙方不承担任何责任；如造成第三方索赔和/或乙方损失的，甲方应承担全部赔偿责任。

乙方执行甲方指令存在过错而造成甲方或第三方损失的，乙方应承担赔偿责任。

票据交易

甲方应在乙方提供的票交所系统中开展票据交易活动，并遵守乙方制定的业务规则。

乙方应保障所提供的票交所系统在交易时间内顺畅运行，并提供交易便利。出现交易障碍的特殊情况下，乙方应根据《票据交易所应急服务规则》提供特殊申请路径协助甲方完成票据交易。

乙方向甲方提供票据交易服务的时间安排如下：

1.1.5 提供交易服务的交易日为法定工作日。

1.1.6 每个交易日的交易时段为：9:00-12:00及13:30-16:30，交易时段提供全部交易服务功能。在特殊情况或接中国人民银行通知情况下，乙方可应急延长交易时段。交易时段变更的，乙方需提前发布市场公告。

1.1.7 每个交易日的8:30-9:00和12:00-13:30时段内，乙方提供意向询价等交易服务功能，不提供对话报价发送、点击成交报价发送、匿名报价发送、确认成交等交易服务功能。

1.1.8 每个交易日8:30-16:30以外的其他时段内，乙方暂不提供询价、报价、确认成交的交易服务功能。

非交易业务

甲方开展承兑、贴现、保证、质押、提示付款和追偿业务等非交易票据业务，均应根据人民银行有关规定和乙方制定的业务规则，在乙方提供的票交所系统中开展或登记。

甲方应保障在乙方票交所系统登记的纸质商业汇票信息真实无误。甲方承认，登记信息与纸质商业汇票实物记载不一致的，以纸质商业汇票实物记载的信息为准。由于甲方登记的信息有误，由此发生的风险和损失由甲方承担。

甲方办理纸质商业汇票贴现业务前，应向乙方票交所系统查询票据承兑信息。甲方应认真核对票据承兑信息与票据实物的一致性，贴现后因承兑信息与票据实物不一致发生的风险和损失，由甲方承担。

甲方作为票据贴现人或保证增信行可向承兑人请求付款确认。甲方委托乙方在其未发起付款确认的情况下，自动向承兑人或承兑人开户行以影像确认方式发起付款确认。

甲方作为票据承兑人或承兑人开户行在收到挂失止付通知及公示催告、协助票据司法冻结等司法文书并确认相关票据确未付款的，应于当日在乙方票交所系统进行相关登记；乙方应及时将相关信息通知持票人以及其他相关方。

甲方作为持票人委托乙方办理提示付款的，在票据到期日通过乙方票交所系统自动发出提示付款申请，付款人同意付款的，票款划付至甲方资金账户。

已质押票据在票据到期日办理提示付款，票款划付至质权人资金账户。

甲方作为持票人在提示付款被拒绝付款后，可通过乙方票交所系统办理追偿业务。追偿按保证增信行（若有）、贴现人、贴现人的保证人顺序进行。

公示催告期间，乙方不接受甲方提出的追偿业务申请。

甲方作为承兑人在乙方票交所系统中已经做出付款确认或对提示付款申请做出同意应答的，除挂失止付、公示催告等合法抗辩情形外，应在票据到期日当日足额付款并委托乙方票交所系统自动将款项由甲方资金账户划至持票人资金账户。

甲方同意付款但因资金账户资金不足导致提示付款日结算失败的，应承担被追偿的付款责任并无条件委托乙方票交所系统根据持票人的追偿申请自动将款项由甲方资金账户划至持票人资金账户。

甲方存在合法抗辩事由拒绝付款的，应在提示付款当日做出拒绝付款证明，并通过乙方通知持票人。

甲方作为在乙方票交所系统中登记的贴现人、保证增信行或贴现人的保证人的，在票据被承兑人拒付的情况下应按保证增信行、贴现人、贴现人的保证人的付款顺序承担被追偿的责任，并无条件委托乙方根据持票人的追偿申请自动将款项由甲方资金账户划至持票人资金账户。

甲方在承担被追偿责任后，如该票据为已经付款确认的银行承兑汇票，乙方票交所系统提供其向承兑人进行再追偿的服务。

甲方作为在乙方票交所系统中登记的承兑人的保证人，承担票据承兑保证责任，并无条件委托乙方在承兑人做出付款确认或对提示付款申请做出同意应答但资金不足以支付票据款项的情况下自动将款项由甲方资金账户划至持票人资金账户。

甲方作为在乙方票交所系统登记的票据保管人，应妥善保管票据实物，因甲方保管不善造成保管票据遗失、损毁等情况，所造成的损失由甲方承担。

清算结算

甲方委托乙方办理票据业务相关清算结算的，可采用票款对付（DVP）、纯票过户（FOP）方式办理结算业务。

甲方与已签署本协议的机构之间应采用 DVP 方式办理结算业务；甲方内部系统参与者之间可采用 FOP 方式办理结算业务，但其内部非法人类的系统参与者之间仍应采用 DVP 方式办理结算。

DVP结算是指结算双方同步办理票据过户和资金支付并互为条件的结算方式。

FOP结算是指结算双方的票据过户与资金支付相互独立的结算方式。

甲方指定DVP结算方式，则表示委托乙方依据清算结果办理票据资产和资金的同步结算，包括：授权乙方委托支付系统办理指定的清算账户的借记、贷记转账；授权乙方办理指定资金账户的借记、贷记转账；授权乙方办理指定资金账户中结算资金退回的借记、贷记转账。甲方承认，在执行该指令中的借、贷记转账时基于甲方的委托，并非是乙方的自主行为，亦非支付系统或乙方票交所系统的自主行为。

甲方采用DVP结算方式，应向乙方提供其开立在人民银行支付系统的清算账户，或指定其开立在乙方票交所系统的非银资金账户，作为指定的DVP资金账户。

甲方应将真实完整的DVP资金账户信息事先书面提交乙方。如DVP资金账户信息发生变更，甲方亦应及时书面通知乙方。如因甲方提供的DVP资金账户信息有误，或DVP资金账户信息变更未及时通知乙方，由此导致的损失和责任，由甲方承担。

乙方通过甲方的资金账户为甲方提供与甲方票据业务相关的资金清算业务，包括：交易结算、托收结算、追偿结算、费用扣收及其他资金相关服务。乙方分别根据甲方的交易、非交易数据进行支付交收义务的清算，清算结果作为甲方完成票据资产、资金交收义务的依据，甲方应当及时获取。

甲方对乙方提供的清算结果存有异议的，应当及时反馈乙方，但甲方不得因此拒绝履行或延迟履行交收日的交收义务。经双方核实，确属乙方清算差错的，乙方将予以更正并承担差错范围内实际造成甲方的直接损失。

乙方依据清算结果，按照相关业务规则在交收日为甲方完成最终不可撤销的票据资产与资金交收处理。

甲方在结算时应保证履行结算义务所需的票据资产或款项足额，业务一旦处理完成即不可撤销。由于票据资产不足或款项不足导致结算失败的，由违约方承担相应责任。

票交所系统安全维护

乙方有义务维护票交所系统的平稳顺畅运行，安全保管甲方在票交所系统内的数据和资料。

乙方应采取合理的安全防护措施，尽最大努力避免票交所系统中心端遭受外来侵害和攻击。

乙方保证票交所系统所应用的软件为合法软件，不会侵害任何第三方的知识产权。

乙方要尽合理的努力使票交所系统所应用的软件最大程度实现功能和性能上的要求，并使之不断改进和完善。

甲方接受乙方为票交所系统安全问题而采取的管理控制措施和其他合理要求。甲方同意并保证票交所系统客户端软件仅在受甲方控制的地点和计算机上使用。甲方同意维护和定期检查客户端安全措施，并对其负责。

甲方应根据自身业务管理要求和电子签名制作数据介质的特性制定相应的安全管理制度，以防止其专有和控制的电子签名制作数据或密码遗失或被非法盗用。如甲方将电子签名制作数据丢失或密码遗忘、泄密，应及时提出正式书面挂失申请，并须重新获得新的电子签名制作数据或密码。

甲方如因管理不善，其使用的用户前端遭受计算机病毒感染或电子签名制作数据、密码被盗用而影响票据业务的正常运作，应对此承担全部责任。

双方责任及免责

因乙方过错致使甲方遭受损失的，乙方对甲方及第三方因此而遭受的直接损失承担相应赔偿责任。

若票交所系统出现处理失误，乙方应积极采取措施尽快纠正失误并承担相应责任。在此期间内，如因乙方票交所系统失误而重新办理的属于收费范围的业务，甲方无须再承担该项费用，但甲方利用系统故障或错误进行非法或违约操作的除外。

甲方可根据乙方票交所系统输出的成交单、结算交割单、缴费通知、账簿及回单等电子单证进行登记、核对账务，确认票据承兑、保管以及持有情况。若甲方发现并怀疑对账单有未经甲方授权的交易记录，应及时告知乙方。

甲方如认为乙方业务处理及账务记录有差错，应在知道或应当知道差错发生之日起5个工作日内以书面方式通知乙方。在通知中应说明怀疑错误发生的原因、有关的账号、票据号码、金额、到期日等详细情况。乙方应在自接到通知之日起5个工作日内告知甲方调查结果。如乙方查明错误确已发生并系乙方原因，应在告知甲方调查结果后3个工作日内对错误加以纠正并承担相应责任。如乙方查明错误并未发生或错误虽发生但并非系乙方原因，应在调查结束后3个工作日内以书面方式告知甲方并做出解释。

上海票据交易所门户网站是票据业务主管部门和乙方发布文件、公告、通知的重要信息载体，甲方应经常主动上网查看。除非特别必要，乙方在上海票据交易所门户网站发布的上述信息不再以纸质邮寄方式传递甲方。

如果乙方中断或部分中断提供服务是由于网络通信传输障碍、电力供应障碍、与票交所系统相连接的其他第三方机构业务系统的故障和地震、火灾、洪水、战争等不可控灾害，或其他在合理范围内无法控制的、预见亦不能避免的或不可预见的意外事件等原因造成，由此引起的损失或损害，甲乙双方均有及时排除障碍和采取补救措施的义务，但不承担赔偿责任。发生上述情况后，发生情况的一方应就有关情况及损失程度向另一方及时通告并提供书面说明。

对以下情况乙方不承担任何责任：

1.1.9 甲方或交易对手方因票据托管账户或资金账户余额不足不能履行结算义务，致使结算失败。

1.1.10 如甲方发送的指令缺乏必要的要素，或未对指令进行确认，或指令所附的电子签名不符合规定，或未对某些有特殊要求的交易行为进行确认，致使指令执行延误或失败。

1.1.11 因托管账户中的票据被法定有权机构冻结造成结算失败的。

1.1.12 甲方不遵守乙方依法制定的业务规则，或未能正确依据乙方业务规则的说明办理业务。

1.1.13 甲方或交易对手方的行为出于欺诈或其他非法目的。

在任何情况下，乙方对甲方因使用或无法使用乙方提供的服务所导致的间接损失都不承担赔偿责任。

乙方在必要的情况下可采取如下措施，但应通过上海票据交易所门户网站或其他有效方式及时通知甲方：

1.1.14 因超出乙方力所能及控制的任何情况（包括但不限于不可抗力使票交所系统或与之相联接的支付系统发生功能障碍或通信故障或其他紧急情况）而采取全部或局部暂时中止系统服务措施或更改运营时间，必要时启动异地灾备系统。在采取以上措施时，甲方应积极配合。

1.1.15 乙方在主管部门特殊要求或市场整体利益需要的情况下，可更改或持续性更改运营时间，或暂时中止票交所系统，或停止提供部分服务，对中止期限乙方应依据实际情况做出必要及恰当的解释。

费用

甲方使用乙方提供的服务，应按照乙方规定的收费标准及方式支付相关服务费用。费用标准及支付方式依据为乙方另行发布生效的收费规则。甲方不得将相关费用直接转嫁至企业客户。

乙方根据实际情况需要可调整费用标准、收费项目及费用支付方式。如涉及调高收费标准或进行结构性调整时，乙方应事先采用适当方式听取甲方意见并公告实施。

甲方应按时向乙方支付相关服务费用，或委托乙方扣划甲方指定账户并保证指定账户余额充足。如甲方逾期缴纳服务费用超过7个法定工作日且乙方催缴后在规定时限内仍未补齐的，则乙方有权暂停向甲方提供服务，并在乙方网站予以公示，同时每日按欠缴费用的万分之五加收违约金。

其他

乙方有权根据有关法律、法规的变化、技术的发展以及公司经营状况和经营策略的调整等情况适时修订本服务协议，并以本协议11.5条款约定的方式通知甲方，同时做出修订说明。甲方如需继续使用乙方提供的服务，应对修订后的服务协议进行仔细阅读和重新确认。甲方在新的服务协议公布或收到后10个工作日内未提出异议或提出终止本协议，即视为同意接受该内容。

在下列情况下，乙方有权视情节暂停或终止向甲方提供服务：

1.1.16 当甲方违反本协议及与乙方签订的其他协议时。

1.1.17 当甲方违反乙方制订的业务规则时。

1.1.18 当甲方违反有关法律法规、规章制度，乙方执行政府有关部门的相关处罚时。

在甲方票据托管账户中没有任何持有的票据且没有任何已登记未到期票据债务的情况下，甲方和乙方均有权以书面形式通知对方终止本协议。

协议终止将不影响任何一方在终止日之前的权利，也不能消除因终止前的业务所带来的任何法律责任。

甲方申请账户注销的，乙方自甲方账户注销之日起终止为甲方提供服务，且没有义务为甲方保留原账户。但甲方可以通过乙方有关业务部门查询协议终止日之前合理年份的账务资料。此外,乙方不就终止提供服务而对甲方或任何第三方承担相关责任。

关于此协议的修改或终止通知,乙方应在上海票据交易所网站上发布;乙方还可通过中国票据交易系统场务公告方式发送通知,通知发送10个工作日后视为甲方已收到该通知。

未经乙方的事先书面同意,甲方不得转让本协议及本协议项下的任何权利或义务。未经乙方书面同意的转让行为无效。

本协议的任一条款如因任何原因而被确认无效,都不影响本协议其他条款的法律效力。

本协议适用中华人民共和国法律,应依法律、行政法规、部门规章和乙方依法制定的业务规则进行解释。对于本协议有关的某一特定事项,上述法律法规和业务规则没有明确规定,则参照商业惯例或行业通行做法。双方同意,因本协议引出任何争议,应尽可能协商解决;如协商不成,按照有关法律法规通过诉讼方式处理。

本协议的各章标题仅出于方便起见使用,双方具体的权利义务以本协议条款的内容为准。

本协议自双方盖章及其法定代表人(或授权代理人)签字(或盖章)之日起生效。

《上海票据交易所客户服务协议（2018年版）》签署页

甲方：

法定代表人或授权代理人姓名：

法定代表人或授权代理人签章：

签署机构单位公章：

签约日期：　　年　　月　　日

乙方：上海票据交易所股份有限公司

法定代表人或授权代理人姓名：

法定代表人或授权代理人签章：

签署机构单位公章：

签约日期：　　年　　月　　日

后记

2016年冬天，我接手中国民生银行总行票据业务部，至今已经有两个多年头。这段时间正是中国票据市场在经历高速发展之后的快速衰退期，监管层出台的一系列票据市场治理整顿措施和新监管政策，使原本如火如荼的票据市场急速冷却，短短几年间，市场呈现出冰火两重天的局面。

剧烈的市场震荡，一方面促使从业者反思票据市场问题产生的深层根源，另一方面，也引起人们对未来市场发展趋势的深刻思考。这期间，民生票据人积极探索和尝试新的市场方向，也与同业进行广泛的沟通交流。2017年春夏之交，由民生银行票据部组织在广东南昆山召开的票据同业研讨会上，与各家银行同业机构的深入交流，让我感触颇深，也因此萌发了写作本书的念头。

呈现在读者面前的这本书，正是笔者亲历过去两年多票据市场发展实践，回顾和反思票据业的矛盾与问题的根源，并探索和追寻票据市场出路与发展方向的结果。本书的出版凝结了民生票据人的集体思考与探索实践，参加本书初稿部分写作的有黄永军、芦江涛、王洪朋、苗伟、崔洪略、罗璇、吴少欧、梁佑良等同事，在此对大家利用自己的业余时间参与本书的写作表示感谢。此外，总行票据部副总经理杨栋和李敏、吴晓虹、铁慧和黄菁等中层负责人也曾参与过本书的部分讨论。中信出版集团墨菲工作室的许志女士一直给予我很多帮助，对我多部著作的出版给予支持，在此深表谢意！

由于时间仓促，本书不足之处在所难免，作为写作提纲的拟定者、主要执笔人和最终定稿人，我理应承担全部文责。同时，也请同业和市场人士不吝赐教。

参考文献

[1] 上海票据交易所. 中国票据市场：历史回顾与未来展望[M]. 北京：中国金融出版社，2018.

[2] 钟俊. 中国票据市场：制度与逻辑[M]，北京：中国金融出版社，2016.

[3] 上海票据交易所编写组. 中国票据市场发展报告2017[M]. 北京：中国金融出版社，2018.

[4] 中国银行业协会. 中国票据市场发展报告2015—2016[M]. 北京：中国财政经济出版社，2017.

[5] 中国银行业协会. 中国票据市场发展报告2016—2017[M]. 北京：中国财政经济出版社，2018.

[6] 中国银行业协会. 中国票据市场与实体经济发展问题研究[M]. 北京：中国财政经济出版社，2015.

[7] 肖小和. 中国票据市场发展研究[M]. 上海：上海财经大学出版社，2016.

[8] 肖小和. 中国票据市场框架体系研究[M]. 上海：上海财经大学出版社，2017.

[9] 上海票据交易所. 2017年票据市场运行分析报告[EB/OL]. 上海票据交易所网站，2018.

[10] 谢石松. 票据法学[M]. 北京：中国人民大学出版社，2009.

[11] 吕来明. 票据法学 [M]. 北京：北京大学出版社，2011.

[12] 谢怀栻. 票据法概论（增订二版）[M]. 北京：法律出版社，2017.

[13] 王小能. 票据法教程 [M]. 北京：北京大学出版社，2001.

[14] 宋炳方. 银行票据业务培训教程（第2版）[M]. 北京：经济管理出版社，2012.

[15] 江西财经大学九银票据研究院. 票据基础理论与业务创新 [M]. 北京：中国金融出版社，2018.

[16] 梁宇贤. 票据法新论（修订新版）[M]. 北京：中国人民大学出版社，2004.

[17] 徐连金. 票据业务基础 [M]. 上海：上海财经大学出版社，2011.

[18] 任彦. 银行票据实务 [M]. 上海：上海大学出版社，2014.

[19] 金锦花. 票据法 [M]. 北京：中国政法大学出版社，2015.

[20] 李惠斌、张红. 票据与结算实务 [M]. 北京：中国社会科学出版社，1995.

[21] 李婷. 分析师评农行39亿票据案：造成较大流动性危机概率低 [EB/OL]. 新浪财经，2016.

[22] 徐忠，姚前. 数字票据交易平台初步方案 [J]. 中国金融，2016（17）.

[23] 刘筱攸. 银行票据业务荣光散尽，"辉煌"团队全部转岗 [EB/OL]. 证券时报，2017.

[24] 张艳花. 关注信贷资金的表外循环——解析票据融资乱象 [J]. 中国金融，2011（18）.

[25] 肖小和，邹江，汪小政. 中国工商银行票据业务协同发展战略研究 [J]. 金融管理与研究，2012（9）.

[26] 汪办兴. 票据融资的影子银行属性辨析与票据市场监管及创新发展——基于制度创新的视角 [J]. 金融理论与实践，2012（5）.

[27] 章叶英. 关于民间票据市场的现状考察及思考 [J]. 中国商贸，

2012（9）.

[28] 肖小和，邹江，汪小政. 商业银行票据资产管理业务发展的研究 [J]. 经济与金融，2013（11）.

[29] 晏露蓉，黄宁. 台湾地区票券市场发展经验与启示 [J]. 征信，2014（6）.

[30] 赵胤. 融资性票据的立法建言 [J]. 浙江纺织服装职业技术学院报，2011（9）.

[31] 肖小和，张雯，曹文峰. 对我国票据转贴现业务发展的思考 [J]. 金融与经济，201（2）.

[32] 中国工商银行票据营业部课题组. 发挥票据在支持"一带一路"国际化战略中作用的探讨 [J]. 上海金融学院学报，2016（1）.

[33] 肖小和，邹江，汪办兴. 票据融资支持实体经济发展的现状、问题与对策研究 [J]. 金融与经济，2012.（12）.

[34] 陈卫东，曾一村，付萱. 票据与同业存单、短期融资券价格的驱动因子及相关性分析 [J]. 上海金融，2017（7）.

[35] 包燕萍. 票据市场创新服务实体经济研究 [J]. 上海金融学院学报，2015（6）.

[36] 伍佳昱，汪小政. 浅论全国统一的票据市场建设 [J]. 上海金融学院学报，2016（5）.

[37] 王峙焯，曹锦秋. 票据行为无因性理论清源与我国票据法修订研究 [J]. 江西社会科学，2014（6）.

[38] 庹政萍. 针对《票据法》中票据关系无因性的探讨 [J]. 理论探讨，2016.

[39] 刘菊. 票据实务视角下票据法的修订建议 [J]. 金融改革，2016.

[40] 王艳萍. 中期票据法律制度构建的体系性思考 [J]. 中央财经大学学报，2011（5）.

[41] 王红霞，曾一村，汪武超. 商业银行票据业务跨界创新与融合发展 [J]. 上海金融学院学报，2016（3）.

［42］汪武超，曾一村.商业银行票据业务多元化发展与跨界创新[J].上海立信会计金融学院学报，2016（2）.

［43］钟俊，罗俊.我国民间票据中介研究：模式与争论[J].金融市场，2015（10）.

［44］江西财经大学九银票据研究院.票据市场发展新变化、新趋势和新思考[J].上海立信会计金融学院学报，2017（4）.

［45］肖小和.新时代中国票据业务发展创新的探索与展望[J].金融与经济，2017（12）.

［46］汪办兴.票交所运行模式下银行票据业务经营转型前瞻[J].上海立信会计金融学院学报，2017,（6）.

［47］关于加强票据业务监管，促进票据市场健康发展的通知，2016.

［48］2009—2015年央行货币政策执行报告，中国人民银行官方网站.

［49］中华人民共和国票据法，1996.

［50］关于对城商行票据业务风险进行排查的通知，2016.